Lecture Notes in Computer Science

Lecture Notes in Computer Science

Vol. 1: GI-Gesellschaft für Informatik e.V. 3. Jahrestagung, Hamburg, 8.–10. Oktober 1973. Herausgegeben im Auftrag der Gesellschaft für Informatik von W. Brauer. XI, 508 Seiten. 1973. DM 32,–

Vol. 2: GI-Gesellschaft für Informatik e. V. 1. Fachtagung über Automatentheorie und Formale Sprachen, Bonn, 9.–12. Juli 1973. Herausgegeben im Auftrag der Gesellschaft für Informatik von K.-H. Böhling und K. Indermark. VII, 322 Seiten. 1973. DM 26,–

Vol. 3: 5th Conference on Optimization Techniques, Part I. (Series: I.F.I.P. TC7 Optimization Conferences.) Edited by R. Conti and A. Ruberti. XIII, 565 pages. 1973. DM 38,–

Vol. 4: 5th Conference on Optimization Techniques, Part II. (Series: I.F.I.P. TC7 Optimization Conferences.) Edited by R. Conti and A. Ruberti. XIII, 389 pages. 1973. DM 28,–

Vol. 5: International Symposium on Theoretical Programming. Edited by A. Ershov and V. A. Nepomniaschy. VI, 407 pages. 1974. DM 30,–

Vol. 6: B. T. Smith, J. M. Boyle, B. S. Garbow, Y. Ikebe, V. C. Klema, and C. B. Moler. Matrix Eigensystem Routines – EISPACK Guide. X, 387 pages. 1974. DM 28,–

Vol. 7: 3. Fachtagung über Programmiersprachen, Kiel, 5.–7. März 1974. Herausgegeben von B. Schlender und W. Frielinghaus. VI, 225 Seiten. 1974. DM 20,–

Vol. 8: GI-NTG Fachtagung über Struktur und Betrieb von Rechensystemen, Braunschweig, 20.–22. März 1974. Herausgegeben im Auftrag der GI und der NTG von H.-O. Leilich. VI, 340 Seiten. 1974. DM 26,–

Vol. 9: GI-BIFOA Internationale Fachtagung: Informationszentren in Wirtschaft und Verwaltung. Köln, 17./18. Sept. 1973. Herausgegeben im Auftrag der GI und dem BIFOA von P. Schmitz. VI, 259 Seiten. 1974. DM 22,–

Lecture Notes in Computer Science

Edited by G. Goos, Karlsruhe and J. Hartmanis, Ithaca

9

GI-BIFOA

Gesellschaft für Informatik e.V., Fachausschuß 8
„Methoden der Informatik für spezielle Anwendungen"

Betriebswirtschaftliches Institut für Organisation und Automation an der Universität zu Köln

Internationale Fachtagung: Informationszentren in Wirtschaft und Verwaltung

Köln, 17./18. September 1973

Herausgegeben im Auftrag der GI und dem BIFOA von P. Schmitz

Springer-Verlag
Berlin · Heidelberg · New York 1974

Prof. Dr. P. Schmitz
Herausgeber und Vorsitzender
des Programmkomitees
Lehrstuhl für Informatik
der Universität zu Köln

Programmkomitee
R. Dierstein
H. Fiedler
R. Gnatz
E. Grochla
W. Jähnig
P. Schmitz
N. Szyperski

AMS Subject Classifications (1970): 68-00, 68-02, 68A50, 90-00, 90-02

ISBN 3-540-06703-5 Springer-Verlag Berlin · Heidelberg · New York
ISBN 0-387-06703-5 Springer-Verlag New York · Heidelberg · Berlin

Vorwort

Der anwendungsbezogene Aspekt der Informatik ist in der letzten Zeit verstärkt deutlich geworden. Es überrascht daher nicht, daß dieser internationalen Fachtagung, die gemeinsam von der Gesellschaft für Informatik (GI) und dem Betriebswirtschaftlichen Institut für Organisation und Automation an der Universität zu Köln (BIFOA) veranstaltet wurde, ein sehr großer Erfolg beschieden war.

Das Programmkomitee, dem die Herren

R. Dierstein
H. Fiedler
R. Gnatz
E. Grochla
W. Jähnig
P. Schmitz
N. Szyperski

angehörten, hat sich bemüht, aus den Vortragsanmeldungen diejenigen herauszufinden, die die wichtigsten und interessantesten Ergebnisse versprachen. Das Spektrum der Vorträge reichte daher von theoretischen Ansätzen bis hin zur Schilderung von Realisierungen im Bereich von Informationszentren.

Allen, die zum Gelingen der internationalen Fachtagung beitrugen, sei an dieser Stelle herzlichst gedankt. Der Dank gilt insbesondere

dem Bundesministerium für Forschung und Technologie,
der Stadt Köln,
der Universität zu Köln,
den Mitgliedern des Programmkomitees,
den Mitgliedern des Organisationskomitees
und - nicht zuletzt - den Vortragenden und Diskussionsteilnehmern.

Für ihre Hilfe bei der Herausgabe dieses Bandes danke ich besonders meinen Mitarbeitern, Fräulein K. Ruetz und Herrn H. Pohl.

Köln, im Oktober 1973 P. Schmitz

INHALTSVERZEICHNIS

Grußwort des Innenministers W. Weyer in Vertretung des Ministerpräsidenten des Landes Nordrhein-Westfalen auf dem Empfang im Gürzenich anläßlich der internationalen Fachtagung

Meine Damen und Herren,

im Namen des Herrn Ministerpräsidenten und der Landesregierung darf ich Sie recht herzlich begrüßen.

Ich freue mich darüber, daß Sie zu dieser internationalen Fachtagung hierher gekommen sind - in ein Land und in eine Stadt, in denen Wirtschaft und Verwaltung in besonderer Konzentration zu Hause sind.

Hier in Köln fällt es stets leicht, Beziehungen zwischen dem Thema einer Tagung und der Historie bis hin zu den alten Römern herzustellen. Das gilt auch für diese Tagung: Wer je die Geschichte dieser Stadt studierte, wer jemals in die Ruinen des Prätoriums unter dem Kölner Rathaus hinabstieg, weiß oder ahnt zumindest, daß Köln schon in frühester Zeit ein Zentrum der Wirtschaft und Verwaltung war, in dem Informationen aus einem weiten Einzugsbereich zusammenflossen.

Aber das Thema Ihrer Tagung hat selbstverständlich nicht einen historischen Bezug. Es ist vielmehr in höchstem Maße aktuell. Wir alle, die wir in Wirtschaft oder Verwaltung tätig sind, sind auf umfassende, aktuelle, zuverlässige Informationen ständig angewiesen. Diese Informationen werden mehr und mehr in zentralen Einrichtungen, in Datenverarbeitungsanlagen, in Informationszentren zusammengefaßt und mit modernen Methoden aufbereitet.

Ich selbst nutze selbstverständlich in meinem Geschäftsbereich diese modernen Möglichkeiten:

- So sind z.B. in einer zentralen Datenbank im Rechenzentrum des Landeskriminalamtes die Informationen für die Personen- und Sachfahndung der Polizei gespeichert und über Terminals bei den Polizeidienststellen abrufbar.

- Als zentrales Instrument für Exekutive und Legislative ist im Statistischen Landesamt eine Landesdatenbank aufgebaut worden. Mit ihr ist mein Haus durch ein Datensichtgerät verbunden.

Informationszentren und Verbundsysteme bieten aber nicht nur neue Möglichkeiten, sondern bringen auch mannigfache Probleme und Gefahren mit sich. Das Problemspektrum reicht von der Frage der Einordnung dieser neuen Hilfsmittel in die Verwaltungsstruktur bis hin zu dem wichtigen Aspekt des Datenschutzes. Wir alle wollen eine Verbesserung der Informationsbasis und des Informationsflusses, selbstverständlich wollen wir das uns von der modernen Technik gebotene Instrumentarium nutzen; es muß aber zugleich verhindert werden, daß dieses Hilfsmittel uns beherrscht und daß die modernen Informations- und Kommunikationsmöglichkeiten zu einer Beeinträchtigung der Privatsphäre unserer Bürger führen.

Diese Problematik bedarf der wissenschaftlichen Durchdringung und der Diskussion. Deshalb begrüße ich es, daß Sie eine Tagung gerade mit dieser Thematik abhalten und die vielfältigen Probleme diskutieren.

Als Politiker kann ich selbst mich allerdings nicht darauf beschränken zu diskutieren: Der Politiker muß agieren! Er muß handeln - einerseits im Interesse der Leistungsfähigkeit der Verwaltung und andererseits im Interesse des Schutzes unserer Bürger vor einer übermächtigen Bürokratie. Deshalb habe ich für die Landesregierung ein ADV-Organisationsgesetz im Landtag eingebracht und werde ein Datenschutzgesetz vorlegen, sobald der Stand des Bundesentwurfs, mit dem unser Landesgesetz abgestimmt werden soll, dies zuläßt.

Meine Damen und Herren, mit diesem Hinweis möchte ich schleunigst schließen. Es gibt nämlich an dieser Stätte kölnischer Gastlichkeit keinen größeren Frevel als den, ein Glas Kölsch verschalen zu lassen.

Ich heiße Sie nochmals herzlich willkommen und wünsche Ihrer Tagung weiterhin einen guten Verlauf!

Ansprache von Herrn Assessor Rüdiger Dierstein M.S.

Meine sehr verehrten Damen,
Magnifizenz,
sehr geehrte Herren,

Es ist mir eine Ehre und eine Freude zugleich, Sie im Namen der Gesellschaft für Informatik und in Vertretung von Herrn Professor Händler, dem Vorsitzenden des Fachausschusses 8 der Gesellschaft herzlich begrüßen zu dürfen.

Seit ihrer Gründung im Jahr 1969 hat die Gesellschaft für Informatik, die sich als wissenschaftliches Forum für die Diskussion aller Fragen aus dem weiten Gebiet der Informatik versteht, ihr besonderes Augenmerk auf die Anwendungen dieses noch jungen Wissenschaftszweiges gerichtet. Von Anfang an standen im Blickpunkt ihres Interesses zwei Aspekte der gesamten Entwicklung:

- auf der einen Seite die wissenschaftlichen Grundlagen der Informationsverarbeitung, von den Problemen der Rechnerarchitektur, der Programmierung, der Sprachen bis hin zu den abstrakten Grundlagen der Automation;
- auf der anderen Seite ganz klar die Anwendungen der Informationsverarbeitung und alle Probleme, die sich aus dem Zusammentreffen von Praxis in Wirtschaft, Wissenschaft und Verwaltung mit dem neuen Instrument "Computer" und dem hinter ihm stehenden neuen Zweig der Wissenschaft, der Informatik, ergaben.

Sehen Sie es bitte, meine sehr verehrten Damen und Herren, als einen deutlichen Hinweis auf den Gang der Entwicklung und auf die Wichtigkeit der Themenstellung an, daß die zweite vom Fachausschuß 8 "Methoden der Informatik für spezielle Anwendungen" gemeinsam mit einem Anwender veranstaltete Fachtagung sich gerade mit dem Thema "Informationszentren" befaßt.

Als James Watt vor genau 200 Jahren die erste wirklich brauchbare Dampfmaschine konstruierte, schuf er zunächst nur eine Vorrichtung, die dem Menschen von der unwürdigen Fronarbeit befreien sollte, mit Hilfe seiner physischen Kräfte Energie erzeugen zu müssen. Was er tatsächlich auslöste, war eine Revolution der menschlichen Gesellschaft.

Energie hat es immer gegeben, und wo immer Menschen auf der Erde lebten, wußten sie, sich Energie nutzbar zu machen. Ob aus menschlicher oder tierischer Arbeit, ob aus den Kräften von Wasser und Wind, der Mensch verstand es, aus natürlichen Gegebenheiten Energie zu gewinnen und sie für seine Bedürfnisse umzuformen und einzusetzen. Die Erfindung von James Watt jedoch erst setzte ihn in den Stand, über Energie in bis dahin ungeahnter Menge und an fast jedem beliebigen Ort zu verfügen. Erst mit der Dampfmaschine konnte das industrielle Zeitalter beginnen und damit eine Entwicklung in Gang gesetzt werden, die James Watt aller Wahrscheinlichkeit nach weder gewollt noch geahnt haben dürfte.[+)]

Als Konrad Zuse 1941 der Deutschen Versuchsanstalt für Luftfahrt (DVL) in Berlin-Adlershof den ersten funktionstüchtigen, programmgesteuerten Rechenautomaten der Welt, die ZUSE Z3, übergab, hatte er ein Gerät geschaffen, mit dem er, wenn auch nicht alle Menschen, so doch eine bestimmte Spezies, die Mathematiker, von der Fronarbeit schlimmster Zahlenrechnerei - die Amerikaner nennen es treffend 'number crunching' - für immer befreite. Daß er eine Revolution auslöste, die in ihrer Wirkung dem Umbruch vergleichbar ist, den Watt's Erfindung bewirkte, ahnte das Genie Zuse vielleicht, geplant hatte er es sicher nicht.

Information hat es gegeben, seit Menschen miteinander verkehren. Gutenbergs Erfindung hatte für die Weitergabe und die Vervielfältigung, noch allgemeiner gesprochen: für die Bereitstellung von Information, neue quantitative Maßstäbe gesetzt. Was wir heute mit Informationslawine bezeichnen, ist erst durch die Buchdruckerkunst möglich geworden. Jedoch erst Zuses Erfindung war der Ausgangspunkt für eine Entwicklung, die uns heute schon

+) Wie unauflöslich industrielle Entwicklung und Vorhandensein von Energie miteinander verquickt sind, wird in diesen Monaten der Ölkrise auch dem einsichtig, der sich über solche Abhängigkeiten sonst keine Gedanken gemacht hat.

unser Jahrhundert als das "Jahrhundert der Informatik" bezeichnen läßt. Erst mit dem Computer ist in die Informations-Verarbeitung eine neue Dimension, eine neue Qualität eingeführt worden. Stichworte wie Datenbanken, Datenschutz, Informationssystem, Time-Sharing und nicht zuletzt Informationszentrum weisen darauf hin, daß die Informationsverarbeitung sich anschickt, unsere Gesellschaft einschneidend zu verändern.

Bis in die jüngste Zeit hinein und in vielen Fällen auch heute noch werden Struktur und Leistungsfähigkeit eines Wirtschaftssystems (und damit einer Gesellschaftsordnung) durch zwei Faktoren wesentlich gekennzeichnet:

- durch die vorhandenen oder verfügbaren Hilfsquellen, im wesentlichen Rohstoffvorräte und Energiereserven;
- durch das verfügbare menschliche Potential, angenähert beschreibbar durch die Anzahl der Menschen und ihre Leistungsfähigkeit.

Alle ökonomischen Theorien und Systeme greifen bisher auf diese beiden Grundelemente zurück. (Auch die für die Marx'sche Theorie kennzeichnenden "Produktionsmittel" sind letztlich Hilfsquellen auf höherer Stufe). Es ist offenbar unserer Zeit vorbehalten, diesen beiden Grundbausteine jeder Gesellschaft einen neuen, dritten hinzuzufügen: die in einem und über ein System vorhandene Information.

Betrachten wir zunächst - vereinfachend - Information, also ein gewisses, ggf. auch mathematisches Maß für Struktur, so ist es letztlich dieses Phänomen "Information", d.h. die Kenntnis von Strukturen, die den Menschen befähigt, seine Umwelt zu beherrschen und zu meistern. Naturwissenschaftliche Forschung ist letztlich das Bemühen, in der Vielfalt der Erscheinungen eindeutig beschreibbare Strukturen zu erkennen, Technik der Versuch, nach Maßgabe bekannter Strukturen, also vermöge vorhandener Information, die Umwelt zu gestalten und zu beherrschen. Information in diesem Sinne verstanden ist aber dann zwangsläufig Macht. Die Fähigkeit des Computers, sehr große Datenmengen auch auf sehr komplexe Modelle in vertretbarer Zeit anzuwenden, hat uns ein Mittel in die Hand gegeben, Strukturen auch dort zu erkennen und anzuwenden, wo eine zu große Zahl von Meßwerten oder zu komplizierte Zusammenhänge eine klärende Einsicht bisher versperrten. Ich darf, nur um zwei Beispiele zu nennen, an die statistische Auswertung von Experimenten in der Kernforschung oder an die Berechnung übergroßer Matrizen in der Statik erinnern, Probleme die ohne Computer völlig unangreifbar wären.

Eben diese Fähigkeit des Computers aber erlaubt es uns auch, Informationen in Bereichen unserer Gesellschaft zu sammeln und zu verarbeiten, die sich einer mathematischen Betrachtung und damit einer Einflußnahme durch technische Mittel bisher völlig entzogen hatten. Es ist nur zu gut verständlich, daß die "öffentliche Meinung" sich instinktiv gegen eine Verknüpfung von Computer und Medizin, Computer und Jurisprudenz, Computer und Soziologie wehrt, weil sie spürt, daß hier die gefährlichste Eigenschaft der Technik, die gleichzeitig ihre fruchtbarste ist, nämlich ihre Macht etwas zu bewirken, in Bereiche hineingetragen wird, die bislang als ureigenster Bereich dessen galten, was man vage mit "geistes-wissenschaftlich" oder "humanistisch" oder kurz "a-technisch" zu kennzeichnen pflegte.

Informationszentren sind in diesem Sinne Zentren von Macht, Besitz von Information ist gleichzeitig Besitz von Macht. Welche Gefahren darin verborgen sind, brauche ich in diesem Kreise nicht zu erwähnen. Es ist gut, sich so früh wie möglich Gedanken darüber zu machen, wie Informationszentren in Wirtschaft und Verwaltung möglich sind; denn nur diese Kenntnis kann helfen, darüber zu entscheiden, wie ihre Gefahren für eine Gesellschaft überwunden werden können.

Ich darf Ihnen, meine sehr verehrten Damen und Herren, einen erfolgreichen und fruchtbaren Verlauf dieser Fachtagung wünschen.

Köln, den 17. September 1973

KONZEPTIONEN FÜR INFORMATIONSZENTREN

Prof. Dr. Erwin Grochla
Geschäftsführender Direktor des
Betriebswirtschaftlichen Instituts
für Organisation und Automation
an der Universität zu Köln (BIFOA)

Magnifizenz, meine sehr verehrten Damen und Herren,

im Namen des Betriebswirtschaftlichen Instituts für Organisation und Automation an der Universität zu Köln (BIFOA) darf ich Sie herzlich zu der internationalen Fachtagung "Informationszentren in Wirtschaft und Verwaltung" begrüßen.

Das BIFOA hat sich gern als Mitveranstalter dieser internationalen Fachtagung zur Verfügung gestellt. Dies liegt u.a. darin begründet, daß von der Zielsetzung her das Institut der anwendungsbezogenen Forschung und Wissensvermittlung besonders verpflichtet ist. So haben die hier im Mittelpunkt der Thematik stehenden Informationszentren nicht nur in einem vom BIFOA bearbeiteten Forschungsprogramm [1] Berücksichtigung gefunden, sondern wurden auch im Rahmen der BIFOA-Fachtagung 1972 [2] und eines internationalen Symposiums 1973 als Teilaspekt angesprochen. Um so mehr begrüße ich es, daß dieser aktuellen Anwendungsproblematik eine eigene Fachtagung gewidmet wird.

A. Betriebswirtschaftlich-organisatorische Grundproblematik neuer Informationstechnologien

Die Entwicklung der automatisierten Datenverarbeitung in den letzten Jahren zeigt ganz deutlich, daß wir uns heute in einer Phase befinden, in der die organisatorisch-ökonomischen Gesichtspunkte beim Einsatz von ADV-Anlagen zunehmend Beachtung in Wissenschaft und Praxis finden. Dieser Trend spiegelt sich auch in dem Themenkreis der heutigen Fachtagung wider, der durch die Behandlung der Einsatzmöglichkeiten und -grenzen von Informationszentren einen deutlichen Anwendungsbezug des ADV-Einsatzes aufweist.

Das soll nicht heißen, daß auf dem Gebiete der Computer-Science weitere Fortschritte nicht wünschenswert und notwendig sind. Ohne die Entwicklungen auf dem Gebiet der Computer-Science stoßen anwendungsbezogene Forschungen zwangsläufig an die durch den technologischen Stand bestimmten Grenzen.

Jedoch muß von der wirtschaftswissenschaftlichen Position her festgestellt werden, daß ohne eine verstärkte Berücksichtigung betriebswirtschaftlich-organisatorischer Kategorien der Einsatz von ADV-Systemen zum heutigen Zeitpunkt kaum noch zu vertreten ist.

B. Konzeptionen von Informationszentren in Wirtschaft und Verwaltung

In der relativ jungen Geschichte des Computers ist bereits eine Reihe von Konzeptionen für dessen Anwendung entwickelt worden. Neben unternehmungsspezifische Konzeptionen, wie integrierte Datenverarbeitung, Management-Informationssysteme, computer-gestützte Steuerungssysteme u.a., ist in den letzten Jahren eine weitere Form des Einsatzes von ADV-Anlagen in komplexen Informationssystemen getreten - das Konzept der "Informationszentren", das offensichtlich sowohl für den Computereinsatz in der Wirtschaft als auch in der öffentlichen Verwaltung eine große Bedeutung hat.

Allerdings hat dieser Begriff - ähnlich wie andere Begriffe im ADV-Bereich - sowohl hinsichtlich seiner Extension als auch Intension unterschiedliche Interpretationen erfahren, d. h. diesem Begriff liegen unterschiedliche Ansätze zugrunde. Diese Tatsache ist auch aus dem weiten Spektrum der Themen dieser Fachtagung deutlich zu erkennen. Ich möchte daher auf die dem Begriff "Informationszentrum" zugrundeliegenden unterschiedlichen Ansätze eingehen. Dies scheint mir zur Vorbereitung auf die differenzierten Beiträge der Referenten dieser Fachtagung ein sinnvolles Vorgehen zu sein.

Geht man vom Phänomen der Zentralisation aus, so impliziert der Begriff "Informationszentrum" die Zusammenfassung informationsverarbeitender Aufgaben in organisatorischen Einheiten. Zunächst ist zu betonen, daß Zentralisation der Information bzw. Informationsverarbeitung ein historisch bekanntes, generelles und damit vom Computer grundsätzlich unabhängiges Phänomen ist [3]. Es konnte jedoch festgestellt werden, daß durch den Einsatz von Computersystemen ein verstärkter Trend zur Informationszentralisation entsteht [4]. Die hierdurch induzierte Zusammenfassung der Informationsverarbeitungsaufgaben verschiedener Funktionsbereiche in Rechenzentren ist vor allem aus dem Bestreben zu verstehen, eine möglichst kostenoptimale Auslastung der eingesetzten Computersysteme zu erreichen.

Durch die Entwicklung neuer Hardware- und Softwaretechnologien zeigt sich darüber hinaus heute die Möglichkeit, die einzelnen Teilphasen der Informationsverarbeitung, nämlich:

1. die Beschaffung (Erfassung)
2. die Transformation
3. die Speicherung
4. die Bereitstellung und
5. den Absatz (Marketing)

der Informationen räumlich und zeitlich unabhängig voneinander zu erfüllen. Hierdurch werden vollkommen neue Möglichkeiten organisatorischer Gestaltung und funktionaler Aufgabenerfüllung eröffnet.

Legt man für eine weitere Analyse des Konzepts "Informationszentren" das genannte Phasenmodell der automatisierten Datenverarbeitung zugrunde, so wird deutlich, daß der Begriff "Informationszentrum" sowohl für die Zusammenfassung sämtlicher Phasen informationsverarbeitender Akte als auch für die zentrale Erfüllung einzelner Phasen Verwendung finden kann.

Wird beispielsweise das Konzept der Informationszentren als zentrale Erfüllung sämtlicher Informationsverarbeitungsaufgaben interpretiert, so ergibt sich das traditionelle System zentralisierter automatisierter Datenverarbeitung, also das zentrale Rechenzentrum herkömmlicher Prägung.

Betrachtet man nun die Datenverarbeitung nach dem Phasenschema im Detail, so zeigt sich, daß grundsätzlich jede der einzelnen Phasen bzw. Kombinationen aus mehreren Phasen zentral erfüllt werden können.

1. Dies ist schon möglich, wenn eine zentrale Datenerfassung erfolgt und die Daten (einem) oder verschiedenen aufgabenadäquaten Computersystem(en) zur Verarbeitung zugeführt werden. Sicherlich handelt es sich um einen konstruierten Grenzfall, da in der Konzeption des Informationszentrums - wie noch dargestellt wird - der dokumentativ-auskunftsorientierte Aspekt im Vordergrund steht. Allerdings geben gerade neuere Entwicklungen auf dem Datenerfassungssektor in interaktiven Systemen den Anlaß [5], Informationszentren auch von dieser Seite aus zu beleuchten.

2. Ein anderer Fall liegt vor, wenn eine zentrale Transformation einschließlich einer Zwischenspeicherung durchgeführt wird, jedoch Datenerfassung, Datenspeicherung und Bereitstellung dezentral erfüllt werden. Dies kann z. B. bei einem externen Rechenzentrum oder bei einem Rechenzentrum der öffentlichen Verwaltung der Fall sein, wenn ausschließlich die Informationsproduktion zentralisiert ist. Hierbei kann die räumliche Überbrückung entweder durch einen Daten-

trägeraustausch oder mittels der Datenfernübertragung erfolgen. Im zweiten Fall ist noch zu unterscheiden, ob die "Intelligenz" (also die Rechen- und Steuerfunktion) allein dem Informationszentrum vorbehalten bleibt oder ob die "Intelligenz" teilweise im Informationsnetz verteilt ist (distributed Intelligence) [6].

Bei dezentralisierter Intelligenz im Informationsnetz übernimmt die Zentrale neben der Informationsproduktion die Steuerung und Koordination der angeschlossenen dezentralen Einheiten.

3. Erfolgt in der Informationszentrale primär eine zentrale Datenspeicherung und werden die zusammengehörigen Daten mittels einer ADV-Anlage nach einer Vielzahl von Gesichtspunkten geordnet, aufbereitet, bereitgehalten und ausgegeben, so wird dieses Konzept allgemein als Datenbank bezeichnet. Hierbei besteht die Möglichkeit, entweder eine einheitliche Einrichtung zu schaffen, die sämtliche Datenbestände erfaßt, verwaltet und zur Verfügung stellt, oder man strebt die organisatorisch vorzuziehende Lösung an, die einzelnen Wissensgebiete Fachinformationsbanken zuzuordnen. Diese Fachinformationsbanken als spezialisierte Informationszentren können in einem Verbund zueinander stehen, ihrerseits vielfältig gegliedert sein und dabei Fachdifferenzierungen und regionalen Gesichtspunkten entsprechen [7].

4. Eine andere Dimension wird angesprochen, wenn das Informationszentrum nicht mehr als Informationsproduktionsstelle gesehen wird, sondern die Betonung auf die Informationsbereitstellung verlagert wird. Hierbei ist es unwesentlich, wie und wo die Information erfaßt, verarbeitet und gespeichert wird, sondern es ist von Bedeutung, in welcher Form die relevanten Informationen dem interessierten Benutzer zur Verfügung gestellt werden. Als typisches Beispiel kann hier das Olympische Informationszentrum München 1972 genannt werden.

Insbesondere in der Diskussion um die öffentlichen Informationszentren wird dieser Bereitstellungskonzeption großes Gewicht beigemessen, und zwar durch die geplante Einrichtung von Informationsvermittlungsstellen. Diese sollen persönliche und sachliche Hilfsmittel zum benutzerfreundlichen Wissenstransfer umfassen. Es wird angestrebt, das Informationsangebot an Parlament, Verwaltung, Wirtschaft und Öffentlichkeit zu beschleunigen und zu steigern.

5. Während bei dem oben beschriebenen Konzept der Informationsbereitstellung das Informationszentrum nur auf Anfragen des Benutzers reagiert, also bei Bedarfsartikulation sich passiv verhält, wird weiterhin (insbesondere bei der Diskussion von Management-Informationszentren) ein Ansatz vertreten, der das Informationszentrum als aktive Stelle beim Informationstransfer betrachtet. Hier stehen über die Bereitstellung hinausgehend eindeutig Absatzfragen der vorhandenen Informationen im Mittelpunkt des Interesses, und man könnte von einem "Informationsmarketingzentrum" sprechen.

Dieser Ansatz - den ich wegen seiner Aktualität ein wenig intensiver behandeln möchte - geht von dem Sachverhalt aus, daß moderne Entscheidungssysteme Manager-Computer-Systeme sind. Diese Ausgangsbasis ist zwar grundsätzlich richtig, aber man hat m. E. in jüngster Vergangenheit das Phänomen "Manager-Computer-Kommunikation" zu wörtlich genommen. Inzwischen haben Untersuchungen gezeigt, daß der direkte Dialog des Managers mit dem Computer über Terminals in der Praxis zu großen Schwierigkeiten geführt hat. Die Probleme liegen u. a. in einer umfangreichen Vorprogrammierung zu erwartender Abfragen bzw. in Akzeptanz- und Ausbildungsproblemen des Benutzers. So geht der Trend nunmehr dahin, zwischen Manager und Terminal eine Vermittlungsstelle einzuschalten - das Management-Informations-Zentrum (MIZ) -, das den Manager von der direkten Interaktion und der benutzergerechten Aufbereitung entlastet. Solche Vermittlungsstellen sind sehr ähnlich den Informationsstäben, die bei den traditionellen Stapelverarbeitungssystemen errichtet wurden.

Ein Management-Informationszentrum bildet bei dieser Konzeption eine organisatorische Einheit, die verantwortlich ist für die Bereitstellung, das Angebot, die Verteilung und den Schutz aller zur Aufgabenerfüllung des Managements erforderlichen Informationen [8)]. Die Grundidee eines solchen Informationszentrums ist die "Schaffung eines innerbetrieblichen Daten-Marktes", auf dem Informationsinteressenten durch "Fachverkäufer" individuell bedient werden [9)]. Dieses Zentrum kann als Katalysator aufgefaßt werden, der die Funktion hat, die Informationslücke zwischen Informationsangebot und -nachfrage zu schließen. Es ist eine Stelle, deren Aufgabe darin besteht, die Manager mit zeit- und gebrauchsgerechten Informationen zu versorgen [10)].

Allerdings ist darauf hinzuweisen, daß schon in den bisherigen betrieblichen Dokumentationsstellen ein solcher Informations-Service-Gedanke realisiert wurde. Hierbei handelt es sich um zentrale Einrichtungen, deren Aufgabe vor allem in der benutzergerechten Aufbereitung technisch-wissenschaftlichen Fachwissens, der Patent-Dokumentation u.a. mehr besteht. Da bei diesen Systemen der Informationsbedarf, bedingt durch die Determiniertheit technisch-wissenschaftlicher Zusammenhänge, weitgehend strukturiert ist, ist in erster Linie die Retrieval-Problematik von gestalterischer Relevanz.

Anders hingegen haben Management-Informationszentren sowohl hinsichtlich der Informationsbedarfsinhalte, des zeitlichen Bedarfsanfalls und des persönlichen Bedarfsverhaltens einen kaum zu schematisierenden "Kundenkreis". Entsprechend flexibel müssen Datenquellen, Aufbereitungsmöglichkeiten und -formen sein. Im Vergleich zu vorwiegend technisch orientierten Informationszentren ist bei Management-Informationszentren ein im höheren Maße novativer Informationsbedarf zu befriedigen bzw. ist aufgrund mangelnder Problemtransparenz von der Nachfrageseite her umfangreiche Unterstützung bei der Bedarfsartikulation zu stellen [11)]. So bedarf es besonderer Anforderungen an das Management-Informationszentrum. Dies gilt sowohl hinsichtlich der Qualität der Aktionsträger als auch ihrer Einordnung in die Unternehmungsorganisation.

Ein solcher zentraler Informationsbereich greift seiner Natur nach in die Aufgaben und speziell in die Entscheidungsbereiche anderer Leitungsstellen ein; es bedarf daher einer gut durchdachten organisatorischen Einordnung. Es bietet sich an, einen solchen Bereich einem Informationsdirektor zu unterstellen, der Mitglied der obersten Leitung ist [12]. Daraus ergibt sich eine grundsätzlich neue Konzeption für die Gestaltung des Stellengefüges sowie für die bislang den konventionellen Funktionen entsprechende hierarchische Ordnung der Unternehmung bzw. Verwaltung.

C. Probleme beim Aufbau von Informationszentren

Die Diskussion der unterschiedlichen Konzeptionen von Informationszentren dürfte bereits deutlich gemacht haben, daß sich aus der Realisation der einen oder anderen Konzeption unterschiedliche Probleme sowohl bezüglich des Gestaltungsprozesses als auch der implementierten Systeme ergeben.

Hierbei sind natürlich Problemunterschiede zu berücksichtigen, z. B. in Abhängigkeit davon, ob der Träger des Informationszentrums eine Unternehmung oder eine öffentliche Institution ist.

Aus dem angedeuteten Problemkreis möchte ich drei Aspekte herausgreifen, die beim Aufbau von Informationszentren in Wirtschaft und Verwaltung, zwar mit Akzentverschiebungen, aber dennoch generell von Bedeutung sind: der Koordinations-, der Datenschutz- und der Machtaspekt. Die einzelnen Aspekte werden im Laufe der Fachtagung noch ausführlicher behandelt werden. Dennoch sollen die einzelnen Punkte kurz angesprochen werden.

1. Koordinationsprobleme

Die Einrichtung neuer Stellen bzw. Institutionen, wie es bei Informationszentren der Fall ist, induziert zusätzliche Koordinationsprobleme, und zwar sowohl innerhalb der geschaffenen organisatorischen Einheiten als auch in den Beziehungen zu anderen Elementen des Gesamtsystems. Hier soll besonders auf die externe Koordinationsproblematik hingewiesen werden, wie sie sich bei der Erstellung eines allgemeinen arbeitsteiligen Informationsbankensystems ergibt, das aus einer aufeinander abgestimmten Zahl von Fachinformationsbanken besteht. Die hierbei zu lösenden Probleme können exemplarisch wie folgt umschrieben werden: Die innere Struktur eines solchen Systems, insbesondere seine Organe, muß den organisatorischen und rechtsstaatlichen Anforderungen entsprechen. Es muß eine fachbezogene Leitung und Steuerung vorgesehen werden, die die einzelnen Fachinformationsbanken untereinander und im Verhältnis zu einer zu schaffenden Dachorganisation koordiniert sowie Abstimmungen mit ausländischen und internationalen Einrichtungen wahrnimmt [13]. Ferner sind diese Informationszentren in das bestehende Informationssystem einzugliedern.

Wie sich aus dieser kurzen und sicher unvollständigen Aufzählung ergibt, sind also neben der Lösung informationstechnologischer Probleme zusätzlich Gestaltungsaktivitäten zu erwarten, die sich aufgrund der intensiven Verflechtung solcher Informationszentren mit der Umwelt ergeben.

2. Datenschutzprobleme

Die im Konzept der Informationszentren verwirklichte Konzentration umfangreicher Datenmengen auf eine oder wenige Stellen und die hohen Datenübertragungsraten im Verbund dezentral organisierter Informationsfilialen eines Systems von Informationszentren werfen die in jüngster Zeit intensiv diskutierten Fragen des Datenschutzes und der hiermit eng verbundenen Datensicherung auf. Handelt es sich bei der Datenschutzproblematik primär um den rechtlichen Schutz vor einer <u>unbefugten</u> Datenweitergabe und -verwertung, so will die Datensicherung aufgrund organisatorischer, hardware- oder softwaremäßiger Vorkehrungen die Erhaltung und Sicherung des Datenbestandes gegen Überschreibung, Löschung, Verfälschung und dgl. gewährleisten [14]. Bei der Gestaltung von Informationszentren dürften beide Aspekte von großem Interesse sein. Es ist daher sehr zu begrüßen, daß sich am morgigen Tag im Rahmen einer eigenen Sektion die Möglichkeit zur Diskussion mit juristischen Fachkollegen über diese Frage ergibt.

3. Machtprobleme

Abschließend möchte ich noch eine Problematik ansprechen, die sich nicht aus dem Objekt des "Informationszentrums" als zentrale Datentransformations- und/oder -speicherstelle ergibt, sondern durch den Sachverhalt induziert wird, daß nur ein ausgewählter Benutzerkreis Zugang zu dem abgespeicherten Informationsvolumen hat: Ich meine die Möglichkeit des Informationsmißbrauchs durch befugte Benutzer, sowohl in Wirtschaft als auch in Verwaltung.

In diesem Zusammenhang möchte ich nur den Fall ansprechen, daß befugte Benutzer sich allein aus dem Privileg, Daten abrufen oder zusammenstellen zu können, Machtpositionen in einem sozialen System aufbauen können. Diese Machtpositionen können einerseits zur Stärkung der individuellen Stellung eines befugten Benutzers verwendet werden, etwa indem er sich den Anschein des Unentbehrlichen oder des stets Informierten zulegt. Andererseits kann - was weit gefährlicher ist - die Machtposition zur Beeinflussung politischer Konstellationen benutzt werden, etwa durch gezielte Selektion, Manipulation oder Zurückbehalten relevanter Informationen. Sicher ist dies immer möglich gewesen, aber durch die starke Konzentration und leichte Zugänglichkeit zu einem großen Informationsvolumen erhöht sich die Neigung zum Informationsmißbrauch. Aus diesem Grund sind organisatorische Sicherungen und rechtliche Schutzmaßnahmen vorzusehen, die einem Mißbrauch mit dem in Informationszentren abrufbaren Informationspotential vorbeugen.

D. Zusammenfassende Schlußbetrachtung

Wie meine Ausführungen zeigten, stehen hinter den Konzeptionen für Informationszentren je nach unterstelltem Ansatz unterschiedliche Inhalte. Hinzu kommt, daß unterschiedliche Kombinationen der Ansätze möglich sind. Vom organisatorischen Standpunkt aus ist diese sowohl in Intension und Extension weite Begriffsverwendung durchaus zu vertreten, da der Sachverhalt der Zentralisation die zentrale Erfüllung beliebiger Aufgaben bzw. Teilaufgaben umfaßt. Unterschiede ergeben sich dann natürlich in den organisatorischen Auswirkungen, je nachdem welcher Ansatz realisiert wird. Dabei sind einerseits Auswirkungen zu unterscheiden, die sich innerhalb der zu schaffenden Einheiten ergeben, zum anderen Probleme, die sich in den Beziehungen zum Umsystem ergeben. Hierdurch werden zusätzliche Gestaltungsaktivitäten induziert.

Die im Zusammenhang mit Informationszentren entstehenden Koordinations-, Datenschutz- und Machtfragen scheinen mir unter Ausnutzung rechtlicher und organisatorischer Instrumente keine unlösbaren Probleme darzustellen, sofern sie erkannt und entsprechende Maßnahmen ergriffen werden. Diese Probleme und sicher eine Vielzahl weiterer, die in dieser kurzen Einführung nicht angesprochen werden konnten, werden im Laufe der Fachtagung sicherlich noch ausführlich diskutiert. Ich wünsche der Tagung einen guten Verlauf und Ihnen allen fachliche Anregungen.

Literaturverzeichnis

1) Vgl. Vorschlag für ein MIS-Forschungsprogramm vom BIFOA - Betriebswirtschaftliches Institut für Organisation und Automation an der Universität zu Köln. Forschungsbericht DV 71-01 Datenverarbeitung. Herausgegeben vom Bundesministerium für Bildung und Wissenschaft 1971, S. 133 ff.

2) Die Ausführungen zu dem Problemkreis Informationszentrum der BIFOA-Fachtagung 1972 sind zusammengefaßt in: Struktur und Steuerung der Unternehmung bei Automatisierter Datenverarbeitung. 6. BIFOA-Fachtagung 12./13. April 1972 Köln, Teil 2. Herausgegeben von E. Grochla und N. Szyperski, WISON-Verlag, Köln 1973

3) Vgl. Grochla, E.: Unternehmungsorganisation. Neue Ansätze und Konzeptionen. Reinbek bei Hamburg 1972, S. 56 f., S. 116

4) Vgl. im einzelnen hierzu Grochla, E.: Zur Diskussion über die Zentralisationswirkung automatischer Datenverarbeitungsanlagen. In: Zeitschrift für Organisation, 38. Jg. 1969, H. 1 und 2, S. 47-53

5) Vgl. Grochla, E.: Gegenwärtige Bedeutung und Entwicklungstendenzen der MDT. In: Bürotechnik, 21. Jg. 1973, S. 482 f.

6) Vgl. Amstutz, S.R.: Distributed Intelligence in Data Communications Network. In: Computer, Vol. 4, No. 6 1971, P. 27-32

7) Vgl. Hölder, E.: Informationsbankensystem für die Bundesrepublik Deutschland. In: Dokumentation und Information. Auf dem Weg ins Informationszeitalter. Herausgegeben von E. Lutterbeck, Frankfurt/Main 1971, S. 290 f.

8) Vgl. Innerhofer-Innhof, H.: Das Management Informationszentrum als Bindeglied zwischen Computer und Manager. In: Struktur und Steuerung der Unternehmung bei Automatisierter Datenverarbeitung. A.a.O., S. 5

9) Vgl. Weigand, K.H.: Informations-Operator (INFOP) - Skizze eines neuen Berufsbildes - . In: Struktur und Steuerung der Unternehmung bei Automatisierter Datenverarbeitung. A.a.O., S. 7

10) Vgl. Meltzer, M.F.: The Information Center - Management's Hidden Asset - New York 1967, S. 39

11) Vgl. Weigand, K.H.: Informations-Operator (INFOP) - Skizze eines neuen Berufsbildes -. A.a.O., S. 8

12) Vgl. Grochla, E.: Organisatorische Aspekte der automatisierten Datenverarbeitung. In: Die Ankerkette, Mai 1967, H. 47. S. 17

13) Vgl. Hölder, E.: Informationsbankensystem für die Bundesrepublik Deutschland. A.a.O., S. 291

14) Vgl. Seidel, U.: Datenschutz und Persönlichkeitsrecht. Köln 1972, S. 130, 172

HAUPTVORTRAG

PLANNING INFORMATION UTILITIES FOR COMMUNITY EXCELLENCE

Prof.Dr. Harold Sackman

The Rand Corporation, Santa Monica, California

1. HISTORICAL BACKGROUND

Although the high-speed electronic computer is only as recent as the single human generation since World War II, computers have been with us since time immemorial. The position of the sun in the sky and the length of shadows cast by the sun are examples of analog computers with continuous measures. The fingers of the human hand were probably the first digital, or counting computer.

The fixed idea associated with analog and digital computers throughout practically all of recorded human history was that computers were devices exclusively for counting or measuring. Examples are the adding machines devised by Pascal and Leibnitz,and later Babbage, in reducing the endless human labor expended in calculating mathematical tables by the use of computers. The first electronic computers were spawned in World War II for their value in solving tedious equations and in preparing various mathematical tables, such as printouts of ballistic trajectories.

The transition from computers as calculators to computers as potential mediators of virtually any type of social infomation, came about through the stark necessity of responding to the threat of atomic warfare. In World War II, a kill level of 10 percent was sufficient to break the back of the Luftwaffe in the Battle of Britain; but in atomic warfare, a kill level in excess of 90 percent was required to protect targets against total devastation. The necessity to cope with this situation, led to outstanding scientific activities out of which emerged the concept of the real time command and control system integrated by a central computer. The genes and chromosomes of the idea of mass information utilities were embedded in the computer-aided air defense system (SAGE) where people interacted conversationally with central computers to achieve the goal of meeting the manned bomber threat in a geographically distributed network. The successful implementation of integrated SAGE computer networks over the North American continent demonstrated the feasibility of computer-serviced subcultures where thousands of people in geographically dispersed areas could interact with each other in an extremely complex and fast-changing environment to achieve common organisational goals.

It was an easy step, conceptually and technologically, to move from real time computer systems to time-shared systems. Time-sharing developments, proliferating exponentially throughout the 1960's, generated the next major advance toward mass information utilities - the ability to switch computer power to many users working independently of each other with unrelated programs and data, the ability to service consumers in a manner similar to the public telephone utility.

The late 1960's and the early 1970's witnessed the final building blocks for the emergence of mass information utilities. Diversified computer services appeared in various forms of online, time-sharing systems as computer firms competed for the fast-growing market. Airline reservations, banking, stock quotations, accounting, computer-assisted instruction, scientific simulation, computer graphics and engineering design are only a few of innumerable computer applications.

In addition to the expansion of information services, improved and less expensive modes of computer communications developed. The advent of CATV networks (Community Antenna Television) in large metropolitan areas created a lowcost communications highway into the American living room, with the home TV screen as the potential display device for computer services.

But technological advance has not been matched by social accomodation. Until now, less than one percent of the total population of the United States has been involved in significant, direct interaction with computers. The next generation will probably witness a change of computer usage from one percent to virtually 100 percent of the population. The future impact of mass information utilities on society was the subject of the Chicago conference, our next topic.

2. The Chicago Conference

This conference was jointly sponsored by the University of Chicago, The American Federation of Information Processing Societies (AFIPS), and the Encyclopaedia Britannica. The author and Professor Norman Nie were co-chairmen. Proceedings of this conference have been published (Sackman and Nie, 1970). The present account is an abridged version of the conference as reviewed in another publication by the author (1971). It cannot possibly do justice to the original articles which should be consulted for full details.

a) Introductory papers

LICKLIDER's paper, "Social Prospects of Information Utilities", pointed out that the necessary elements were already available in computer-communications, and that only a cost-effective synthesis remained to universalize mass information services. He envisioned pluralistic information utilities, as a "network of networks" with decentralized, competitive information services fueled by the energy of virtually unlimited technological advances in computer wares. On the negative side, he pointed to persistent problems in programming large-scale systems.

In "The Emerging Technology of Information Utilities" DUNLOP concentrated on the emergence of CATV . He put forth many arguments for CATV as the most cost-effective choice among the various alternatives for penetration of the mass market.

PARKER's paper,"Information Utilities and Mass Communication" raised a key social option in planning for mass information utilities. In the absence of social planning, a reasonable estimate is that information utilities would more or less repeat the dreary history of TV, following the path of maximum immediate profits aimed at the largest common denominator in the consumer market.

b) Social directions

KESTENBAUM presented a paper on "The Regulatory Context of Information Utilities", which may become a classic in its field. Kestenbaum stressed the great flexibility of the current regulatory spectrum and indicated that the introduction of computer utilities would probably exacerbate existing dissatisfaction.If effective social planning is to occur, new roles must be developed in the executive branch with the power to develop policy, command appropriate budgets, implement plans, and evaluate the effectiveness of authorized programs in meeting the public interest.

DUNN's paper, "The Information Utility and the Idea of the Public Data Bank" described the controversy between the misleading impression of a monolithic, national information service and the privacy problem, which stresses the implementation of a priori, foolproof safeguards before any venture is made into national data systems. Dunn urged a rational evolutionary compromise in the development of experimental prototypes of national information systems. To accomplish this end, Dunn, as with preceding participants, recommended the establishment of a joint executive-legislative commission to study the need for a national information policy.

BORKO presented a paper on "Experimental Prototypes for International Information Utilities". He reviewed the status of UNISYST, a world science information system sponsored by the United Nations. The fundamental social option raised by Borko, is to what extent do we wish to pursue the development of international information utilities for the benefit of world cooperation and world peace?

c) Political implications

MARVICK's paper was on "Some Effects of the Information Utility on Citizen Participation." It distinguished between two main types of information services - entertainment utilities and organizational intelligence utilities. The entertainment utilities were predicted to encourage privatization, tending to insulate and remove individuals from the mainstream of political activity, while the organizational intelligence utilities were likely to encourage individual participation because of the possibilities of extensive feedback and meaningful interaction on the part of the user.

BRADBURN addressed himself to "Survey Research in Public Opinion Polling with the Information Utility". He sketched the potential revolutionary impact of mass information utilities on polling. Online polling would be much cheaper, faster, more automatic, and more accurate,among other effects.

EULAU's paper was concerned with "Some Potential Effects of the Information Utility on Political Decision-Makers and the Rule of the Representative." Eulau attacked the stereotype that sheer increase in the amount of information, coupled with sheer acceleration in the rate of transmission of information would,by itself, improve the political process. He was specially sensitive to the problems of information overload and information pollution but overlooked the technological possibilities of information utilities on quality and selectiveness of information.

The next paper, by ZEIGLER, was on "The Communications Revolution and the Future of Interest Groups". Zeigler anticipated various changes in the role of the lobbyist whose role as transmitter of political information might be substantially reduced. With the advent of online polling of spezialized publics, both the lobbyist and the legislator would have fewer degrees of freedom and "less to bargain about". For special interest groups it would be possible to appear suddenly and organize themselves at unprecedented speed, particularly under the stimulus of a public policy debate on their core issue.

NIE, co-chairman of this conference, wrote a paper on "Future Developments in Mass Communications and Citizen Participation", prepared after the conference. Nie argued that direct democracy, in spite of its utopian appeal to some idealists, is undesirable and infeasible, even with mass information utilities. There must be a rational division of labor between the executive, legislature, judiciary and the constituency. Nevertheless a continuing useful role for information utilities would be citizen polling. With

competition between citizen polling, entertainment and other features of the CATV/information utility in mind, Nie asks the pivotal question of this paper - will information utilities turn the public toward politics or away from politics? By looking at the history of TV, Nie predicts that the CATV/information utility is likely to decrease political activism and increase privatization in American life. Nie's paper has the merit of laying out a significant line of empirical research on explicit hypotheses associated with political activity in the United States with the introduction of mass information utilities.

MAC REA's paper, also written after the conference, is on "Some Political Choices in the Development of Communications Technology". MacRea raised social options in the area of the distribution of information, options that were intimately linked with the economics of information utilities. One suggested way to neutralize the negative effects of an information utility operated according to prices could be government subsidy of such service so that key services are available to all at a low price. MacRae envisioned the emergence of the information gatekeeper who "may be the interpreter, the screener of inputs, the censor, or the summarizer." This new class would be especially pivotal because of the inability of the human consumer of information to sift, interpret, and assimilate vast amounts of information coming from all sides. MacRae touched upon a key variant of privacy likely to emerge with mass information utilities - privacy from unwanted information overload.

3. SCOPE AND GROUND RULES FOR PROTOTYPE INFORMATION UTILITIES

Despite the many points of controversy over information utilities in the Chicago conference, there was one area of agreement:

"There is a real need for substantial amounts of research both technical and social before we plunge headlong into the development of information utilities. This research should include the construction of relatively large prototype systems in particular communities where we can observe their social ramifications."

Thus, our concept of initial community prototypes is an experimental concept requiring social experimentation. In the absence of definitive knowledge on the social consequences of information utilities, we need to maximize the yield of early experience by deliberate research design.

a) Definition and objectives

Information utilities refer to mass communications systems in which the consumer interacts directly with a central computer and its associated information files from a remote terminal at his home, office, or school - in his natural environment - in a manner such that he receives the information at his terminal almost immediately after requesting it. Information utilities are also referred to in the broader sense of the various elements contributing to the total system, such as television displays, communication lines, computers, data stores, and support facilities. Prototype community information utilities refer to initial experimental efforts to develop and field-test such utilities in the live community setting.

Information utilities are quite different from traditional public utilities such as gas, water, and electric power. These commodities are homogeneous whereas information is heterogeneous. Traditional utilities serve material needs, information utilities serve intellectual, emotional, and spiritual needs. In many respects, information utilities are meta-utilities in perhaps the same sense that mind transcends the body. Information utilities accordingly have the potential to help shape and direct social intelligence and social values. The overriding objective for mass information utilities is nothing less than the quest for social excellence in its broadest sense.

Before any prototype information utilities can be launched, there should be a guiding plan, which is the main burden on research right now. The first step in effective planning is to be clearly aware of leading objectives, and determination of objectives hinges on explicating underlying social values. In many respects, the key social value is to dedicate information utilities to all of society rather than to part of society. This basic value underscores the role of information utilities as true public utilities.

b) Services

Given the above general objective - social excellence for every man, woman and child over the long run - the outline of basic prototype information services can be discerned. These can be summarized under six basic headings: municipal, educational/libraries, online polling/voting, telepurchasing/personal, industrial/vocational, and entertainment/news.

Note that the first three are essentially public services, currently supported out of the general tax base. The last three are personalized and business-oriented services, more likely to be paid directly by consumers on a metered basis. The proposed mix of services covers a representative variety of community activities for all citizens: education for students, telepurchasing for the housewife, vocational services for the white-collar worker and the professional, industrial services for managers and employees, entertainment for personal leisure, and municipal and voting services for the community. In this design, there is something significant for everyone, there is a mix of public and private information, there are free services and paid services, and the opportunities for positive evolutionary growth of these information services cut across the entire socio-economic-political spectrum.

c) Prototype system design

In developing a system design concept, certain ground rules were followed within our overall objectives. We had little choice as far as time frame and assumed technology were concerned. The time-table suggests pre-prototype planning, design and development by the mid-seventies, with prototype development in the late seventies. Operational experience with the prototype would occur in the early 1980's. With this prototype design time-table confined essentially to the 1970's, it follows that assumed technology would be restricted either to off-the-shelf items, current developments, or relatively imminent advances.

In seeking an appropriate size community, we believed that a municipality of about 100.000 people would be large enough to exercise each of the basic public and private services, and yet small enough to be a manageable prototype. As a concrete example, we took Santa Monica, California which has a population of 87.000. Other cities of equivalent size could have served as well.

What would the information utility look like to the user? For ordinary requests, the user would have a simple keyboard for input, as in a touch-tone telephone. For more complex or for high-cost transactions, the user could call a specialist at the information service center, place his order verbally, and verify the service at his console. The request display would appear on the home TV screen, transmitted by CATV lines. If hard copy printout were required, a low-cost photocopy of the display on the screen could be a suitable attachment to the TV set. For many low datarate purposes, a low-cost typewriter terminal could alternatively be used.

To understand system design, and to appriciate the system management problem, the basic elements of the community information utility should be kept clearly in mind. First there is the consumer who has a terminal in his natural environment, a terminal providing him with capability for requesting services, getting information displays, and obtaining hard copy records when needed. Then there are the information suppliers of public and private services with their associated data files and programs. To link the suppliers and the consumers together, communication carriers are required, as with CATV and telephone lines. The operational processing necessary to handle the information traffic is provided by the central computers and associated executive programs. The entire process is monitored and continuously tested in real time by appropriate regulatory agencies and authorized management to ensure legal standards for service, and safeguards for all participants.

d) Management

The range of possible management configurations is almost staggering. Management could assume practically any one of existing forms of public utility and community management - from municipally-owned utilities, to co-op arrangements, to nonprofit corporations, to community corporations, to quasi-public consortia and conglomerates. Management could conceivably be focused in a particular city department, such as education, it could also be delegated to an entirely new type of city department concerned exclusively with information and communication.

The economic base for the community information utility is ambiguous. Public-related services such as education voting, and municipal functions would presumably come out of the community tax base, whereas personal services such as telepurchasing and commercial services, would be paid by the consumer; entertainment and news would probably involve a mix of free and paid services. Complicating the economic picture further is the potential of the information utility to generate its own income through various forms of online polling.

In the Chicago conference, the recommendation was repeatedly made that a national information policy was required from federal leaders to provide planning and guidance for states and communities. No such policy has been forthcoming in the United States. Accordingly, the current planning effort may be accused of plunging into prototypes without master guidelines, without a definite configuration or management concept. However, it is precisely the most crucial contribution of initial social prototypes that they expose leading social options, moral as well as technical, and generate some experience with them, so that more intelligent policy can be formulated as a consequence of such prototype experience. Thus, experimental prototypes deal as much with experimental social policy as they do with experimental technology. As planners, we are not sidestepping the need for social policy, we are helping to create policy and expose it in the open forum through the instrumentality of community prototypes. Morality meets technology most intimately at the point of creation. The institutionalization of experimental community prototypes facilitates participatory social planning.

4. COMMUNITY RESEARCH DESIGN: PARTICIPATORY TEST AND EVALUATION

The general objective of this section is to review current concepts of test and evaluation of prototype community programs from a systems point of view, with particular emphasis on the new challenges and opportunities posed by information utilities. The current approach does not continue in the tradition of piecemeal, fragmented, isolated and often unrelated research efforts of the past. It is consonant with integrated and comprehensive community action programs, an approach that links knowledge with action in a planned, evolutionary systems framework. It is the task of this section to make this participatory evolutionary community systems framework more explicit. Most of the highly summarized material that follows is adapted and updated from the author's works (1967, 1971).

a) An evolutionary systems framework

Why should an evolutionary framework for system test and evaluation be necessary, let alone desirable, or even useful? This question stems from a more fundamental question - what is the nature of system development, the object of system test and evaluation? There are two basic alternatives. One is that system development is an antecedently determined process marked by a fixed progression of logical steps as spelled out by system analysis, design and specification. The other alternative is that system development is an evolutionary process in which original system design serves as a best initial estimate of projected system growth, subject, however to continual revision, adaption, and reconstruction in response to changing conditions in internal and external system environments.

The evolutionary approach is not inconsistent with exacting system analysis, with planning and budgeting, and with sticking to specifications and resources as closely as human foresight and skill will allow. It does insist that ample elbow room be allotted for the unexpected, for human error, for a changing environment, and for the system improvements that are the fruit of real-world experience. It is precisely for these reasons that system test and evaluation are vital for system survival.

Adequate initial provision of resources and facilities for community test and evaluation can provide impartial, objective feedback for all concerned on whether the system delivers the goods as promised. Community test and evalration is the best hedge that the prototype system has against uncertainty, and the most powerful general scientific means for corrective feedback to improve performance at all points in system evolution.

A simplified, but suggestive illustration of the system development process in relation to the role of system test and evaluation, is shown in Figure 1 (from the authors book, 1967) which shows the gross flow of man-machine system evolution from precursor manual systems to first- and second-generation computer-aided systems, with primary attention directed toward the initial computerized system.

Figure 1, see page 15

For community information utilities, the precomputerized community information network represents the starting point, the prototype information utility is the first generation system, and the successor is the second generation system. The expanded phase in first-generation system evolution shows three main tributaries - hardware, software (information processing), and people - tributaries that continually interact with each other and finally converge into an integrated system at the installation phase, followed by iterative operational versions. For prototype community information utilities, personnel categories refer to the entire user population in the community. The overall system development process is mediated by management control (at the top of Figure 1) and system test and evaluation (at the bottom), both involving public participation in community information utilities.

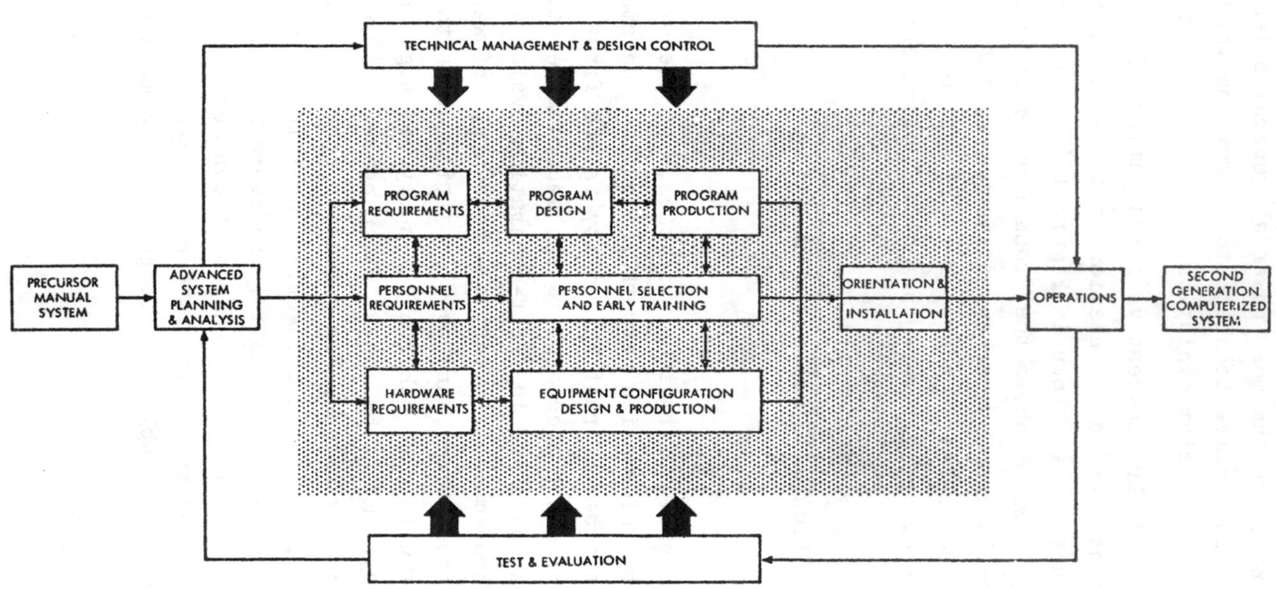

Figure 1 - Evolutionary System Development

Figure 1 only hints at the diverse types of tests and evaluation that occur throughout system development. Test and evaluation may occur at component, subsystem, system and at multisystem levels. Test and evaluation may occur at the system planning phase (e.g., cost-effectivness analyses and gaming), at the design and production phase (e.g., simulation and initial training), at the installation and operational phase (e.g., live field tests). Test goals are reflected over a crowded spectrum including rehearsals, degradation, quality control, contingency, reliability, procedural, retrofit and shakedown objectives as well as more specialized types of tests unique to the object system. The wary system tester will make allowance for pilot tests and informal exercises before leaping into full-scale system tests. Very few systems have developed the discipline for longitudinal testing to keep tabs on long range trends in system effectiveness. A taxonomy of testing is beyond the scope of this paper and is treated elsewhere at greater length by the author (1967). Suffice it to say that the varieties of testing are legion, that test and evaluation are pervasive evolutionary activities regulating system development at all levels throughout the life-cycle of large-scale systems, including public evaluation in community systems.

b) Participatory social experimentation

The field of large-scale, real-world social experimentation is just beginning to unfold. Perhaps the most dramatic element in this movement toward large-scale experimentation in a social context is the growing role of citizen participation, not merely as subject in experimentation, but also as experimenter evaluating the results of social innovation. This trend has not yet materialized in a coherent, formal manner, but with the advent of mass information utilities, it could receive accelerated impetus. Preconditions for its emergence are presented in Carroll's sketch of "Participatory Technology" (1971).

"The term p a r t i c i p a t o r y t e c h n o l o g y refers to the inclusion of people in the social and technical processes of developing, implementing, and regulating a technology, directly and through agents under their control, when the people included assert that their interests will be substantially affected by the technology and when they advance a claim to a legitimate and substantial participatory role in its development or redevelopment and implementation." (p.647)

Carroll cites three initial forms of participatory technology. The first is litigation, as when a citizen challenges the right of an electric power company to deface the natural scenery or add pollution to a community with proposed hydroelectric installations.

The second he calls technologyassessment. This term was defined in a bill introduced by Representative Daddario in 1967 as a "method for identifying, assessing, publicizing, and dealing with the implications and effects of applied research and technology." Technology assessment is an attempt to provide formal social early warning for new or changed technology.

The third form of participatory technology is called "ad hoc activity," a miscellaneous category including any special interest group aimed at redirecting technology. These three forms of participatory technology are quite recent, and are undergoing rapid change.

Carroll did not take participatory technology to its next logical evolutionary phase, the formalization of citizen feedback in technological system development throughout the life-cycle of any technology in the community. Mass information utilities have the inherent capability of interactive citizen feedback to guide and direct its own growth in the community. This cápability is online polling, the home voting system. Not only should this new social force be tested for its application to existing political processes, but for application to new possibilities, such as participatory technology, and to directed evolution of the community information utility itself. This capability opens up the possibility of a major evolutionary mutation in system development from elite test and evaluation by managers and technologists, to participatory test and evaluation, the *sine qua non* of democratic social experimentation.

c) Research framework

Research requirements for the experimental prototype cover a vast, eclectic terrain. We need research on how the community enterprise is conceived and coordinated, how the management team is formed, how municipal leaders enter into the process, how the community is altered and educated to the prospects of mass information utilities, and how the community begins to participate. Once community sanction is authorized we will need continuing research on design, installation, shakedown and operation of the system for consumers, information suppliers, communications carriers, computer system personnel, managers and regulators.

In another publication (1971), I have reviewed research needs for prototype information utilities. These are only briefly sketched here to provide some notion of the extent and depth of needed social experimentation in community prototypes. Four broad research areas may be described: methodological, normative, behavioral, and social effectiveness.

The *methodological* area refers to concepts, tools and techniques for experimental investigation of system and user performance. The central computer in information utilities serves as a built-in laboratory in its own right, making it possible to record interactive behaviors of users in a manner so that the complete real-time interaction between the user and the system may be rerun at any time. The methodological approaches for research studies should include longitudinal studies, online opinion surveys, case histories of users and classes of users, and broader sociological studies of community response to prototype development.

The *normative* research area refers to baseline empirical statistics on system and user performance, to associated classification of system facilities and services, and to user tasks and bahaviors. Normative research thus constitutes a kind of continuing census on the variety and level of information services and what users are doing with such services. Very few time-sharing systems have developed effective accounting procedures that provide a profile of the user and his behavior in seeking online services. The collective normative data will enable managers to develop characteristic user profiles by age, occupational category, geographic area, time of day, and socio-economic status for evolutionary system planning.

The *behavioral* area of research, the third category, goes beyond relatively straightforward description of consumer activity. It is more directly concerned with experimental hypotheses and behavioral theories that attempt to explain and generalize user and community effectiveness in the information utility context. A major behavioral area is consumer learning and adaptation in the process of man-computer interaction. The computer world has been negligent in pursuing the scientific study of the human use of computers. There are very few computer science departments in universities featuring courses and advanced degrees in man-computer communication, human learning in computer environments, and in human attitudes and stereotypes toward computers. Unfortunately, these key behavioral areas will have to be researched almost from scratch in prototype information utilities to make up for the applied scientific vacuum surrounding the human use of computers.

The *social effectiveness* category is the most important and the most diffuse research area. It covers research directed toward formulating public problems and serving the public interest. Here we have online public evaluation of system effectiveness, participation in planning and developing information utilities, comparative cost-benefit analyses of competitive information services, making more knowledge available more easily to the entire public, improvement of online voting procedures, pooling and dissemination of user experience, impact of information utilities on education and the economy, measurement of community progress through information utility social indicators, and adjudication of consumer/vendor conflicts by meditation, arbitration, and conciliation agencies. The list is virtually endless, and the information utility is bound to generate many unique problems in social effectiveness.

The main burden of this short run through the research requirements for information utilities has been to show the need for cooperative, participatory research at all levels throughout all stages of information utility evolution. No one can design and install a community information utility that just needs to be plugged in to work. There is no technological fix that can fake a profound community learning experience. No set of managers, no team of researchers can handle the research task alone - it will be everyone's task. The price of progress in mass information utilities is vigilant social experimentation.

5. SOCIAL EXCELLENCE

For the first time in human history, it is becoming technically possible, at least in principle, to make the accumulated store of computer-accessible social knowledge available to every man, woman and child on Earth. The mass information utility, conceived with extended improvements over the indefinite future, can make this dream a reality. With increasing access of humanity to the store of social knowledge comes the most profound revolution of all, the transformation and enlargement of effective human and social intelligence. As the printing press made it possible to raise the average order of human intelligence from an illiterate world to a literate world, so will the mass information utility generate an even greater quantitative and qualitative upward leap in human intelligence. Everyman will have the innovative benefit of the accumulated store of social knowledge at his fingertips.

As mentioned earlier in reviewing the results of the Chicago conference, the information utility should be equitably designed to prevent the information rich from getting richer while the information poor get poorer. Information is power, and in democracies, power should be democratically distributed to all the people. Social excellence accordingly calls for social design to distribute the knowledge and power of mass information utilities in a democratic manner to the entire public.

Even hard-boiled critics may agree with the above sentiments on evolutionary social excellence for all of mankind. But how are such precepts of excellence put into practice? The answer is disarmingly simple in principle. Build the initial community prototypes so that everyone has the right of free access to social knowledge, and the right to express his opinion in the new electronic domocratic forum. More simply put, guarantee free educational information services and free online voting, and dedicate mass information utilities to these services above others. This guarantees equitable distribution of social knowledge and information power to everyone right off the bat.

The critic, who has been patient with this utopian sentimentalizing, now asks who will pay the bill? The answer is again disarmingly simple. First, there is the general tax base in the community - we already pay for public education, public libraries, and municipal services from tax base - if these public services are embodied in part in the form of mass information utilities, then they deserve their fair share of the public revenues. Second, all private, commercial and industrial services would pay their proportionate shares according to services rendered. Third, revenues from online polling of the public for a great variety of public and private needs, should be used to help defray the cost of mass information utilities. We have here a vast new public resource - the opinion of the people - which is the priceless ultimate source of power in a democracy, and which can be harnassed to command a fair and just price in the open market under regulated forms of polling.

Some mix of these three forms of revenue, - public, private and online polling - should be sufficient to design, install and operate mass information utilities in pursuit of public excellence. And by public excellence we mean the right of everyone to free access to accumulated social knowledge in the computerized public domain throughout his lifetime, and the universal right to the democratic franchise in this electronically interactive medium.

It would be cheaper and easier to build initial community prototypes as a low-cost extension of CATV, with selective pay-TV services via the initiative of private enterprise. But once such purely commercial services gain a foothold, mass information utilities would become the province of essentially private interests and educational, voting and municipal services would become second-class tenants in privately wired cities.

The stakes for civilization are too great to allow the richest plum of all to fall into private hands. Either we deliberately design mass information utilities for universal social excellence or, by default, we allow them to evolve for the benefit of the few. Mass information utilities, the extension of computer services to the entire public, represents the climactic fallout of the vast investment in the birth and growth of computers and information technology since World War II by the public treasury. The public, which deserves nothing less than the best, should stake out its rightful claim in no uncertain terms. The day is short, the task is long, and no one is exempt - the die will be cast before this decade is out.

ANLAGE 1

Das MITRE - Projekt "Interactive Television"+

(Anmerkung d. Herausgeber : Als Anlage 1 und 2 zu den grundlegenden Ausführungen werden zwei aktuelle Beispiele von "Information Utilities" vorgestellt, auf die Prof. Sackman in seinem Hauptreferat näher eingegangen war. Eine intensivere Beschreibung der beiden Konzeptionen sowie weitere aktuelle Beispiele können folgender Schrift entnommen werden, deren Erscheinen für Mitte 1974 vorgesehen ist: Norbert Szyperski, Klaus Nathusius, Informationstechnologie und die Effizienz von Wirtschaftssystemen.)

Der von der MITRE Corporation entwickelten Konzeption "Interactive Television" liegt die spezifische Zielsetzung eines an sozialen Bedürfnissen aller Schichten orientierten Kommunikationsinstruments zugrunde. Die MITRE Corporation ist eine gemeinnützige Unternehmung der Tätigkeitsbereiche Systemanalyse und Systementwicklung mit Sitz in McLean, Virginia. Zu einem großen Teil wird sie über öffentliche Aufträge finanziert.

Als Initialzündung für das MITRE Projekt kann die Entwicklung des Systems TICCIT (Time-shared, Interactive, Computer-Controlled Information Television) angesehen werden, dessen Entwicklung durch MITRE im Jahr 1968 begann. Gegenstand des TICCIT Projekts war die Verbindung des kommerziellen Fernsehens in den USA mit der modernen Computer-Technologie unter ausdrücklicher Berücksichtigung des vom Auftraggeber (National Science Foundation) gewünschten Schwerpunkts im Bereich des computergestützten Unterrichts - Computer-Assisted Instruction (CAI) - in Schulen und Colleges. Der augenblickliche Stand dieses Programms kann damit gekennzeichnet werden, daß im Studienjahr 1973/74 zwei Colleges beginnen werden, ein System mit 128 Terminals zu benutzen. Dabei werden die Projektkosten pro Arbeitsstunde eines einzelnen Studenten mit dem Computer auf

+ Textbearbeitung: Nathusius

weniger als 1 US Dollar geschätzt, was ungefähr einem Drittel der augenblicklich gültigen Kosten im traditionellen Lehrsystem entspricht.

Die Entwicklung des Systems für computergestützten Unterricht regte zu dem Konzept, Informationen in der häuslichen Umgebung durch Zuhilfenahme des Kabelfernsehens bereitzustellen, an. MITRE wollte damit die Vorteile und neuen Erkenntnisse aus dem CAI Programm auf die Gestaltung von Information Utilities für Haushalte übertragen. Folgende positiven Gesichtspunkte stehen im Vordergrund:

- die Möglichkeit, den normalen Farbfernsehempfänger zu benutzen,
- die Vorrichtung der Ton-Unterstützung von visuellen Darstellungen,
- die große Anzahl von Terminals für die Befriedigung unterschiedlichster Anforderungen,
- die geringen Kosten der Terminals,
- die geringen Kosten der Einweisung in das System.

Interaktives Kabelfernsehen, wie es von MITRE entwickelt wird, bietet individuelle Informationsverarbeitungs-Kapazitäten nach der jeweiligen Bedarfslage des Benutzers. Es handelt sich dabei bisher um ein Versuchssystem, das sich im Augenblick in der ersten Phase eines dreiphasigen Entwicklungs-Programms befindet. Dieses Programm baut auf den Erfahrungen auf, die 1971/72 mit einer ersten Version, basierend auf TICCIT, gemacht wurden. Diese Version sowie die inzwischen modifizierte Konzeption wurde unter realen Umweltbedingungen in der Stadt Reston getestet, wo auch die weiteren Versuchsläufe in Phase I durchgeführt werden sollen.

Schwerpunkte der augenblicklich aktuellen Version sind der computergestützte Unterricht in Schulen und

Haushalten sowie die Kommunikation innerhalb der Gemeinde und soziale Leistungen für Benutzer in Haushalten. Im einzelnen werden Dienstleistungen in den folgenden Bereichen angeboten.

Der U n t e r r i c h t in Schulen und bei Bedarf zu Hause erfährt eine Unterstützung und Ergänzung durch die Leistungen des MITRE Prototypsystems. Dazu werden drei Volksschulen mit jeweils 15 Terminals ausgestattet, wobei zusätzlich die Möglichkeit besteht, das gleiche Material auch am Terminal in der häuslichen Umgebung zu bearbeiten oder zu wiederholen. Eine zweite Unterrichtshilfe bietet das System in Reston durch die Bereitstellung einer extrem einfach zu lernenden Programmiersprache, die es dem Lehrer ermöglicht, je nach individuellem Bedarf vom Terminal aus besondere Routinen abzurufen.

Die Programmteile zum Schwerpunkt G e s e l l i g k e i t richten sich an diejenigen Benutzer, die körperlich oder familienbedingt an den Haushalt gebunden sind, wie z.B. Kranke, sehr alte Menschen, Mütter mit kleinen Kindern und sonstige in Isolation lebende Menschen. Diesen soll das System durch die Bereitstellung von Informationen helfen, aktiver am Umweltgeschehen teilzunehmen, Kontakte innerhalb der Gemeinde aufzubauen und damit der Entfremdung entgegenzuwirken. Dies ist z.B. möglich durch die Vermittlung von Hobby-Partnern, durch Spiele per Bildschirm oder nur durch Bekanntgabe von Aktivitäten in unterschiedlichsten Betätigungsfeldern.

Der G e m e i n d e - O m b u d s m a n n ist ein Serviceteil, der Informationen über öffentliche Leistungen auf Gemeinde-, Kreis-, Länder und Bundesebene bereitstellt. Die Leistungen und Leistungsbedingungen der öffentlichen Hand sind bei zunehmender Übernahme sozialer Leistungen in die Zuständigkeit der öffentlichen

Verwaltung zumeist ungenügend bekannt. Ein Hilfesuchender ist oft nicht in der Lage, sich über die ihn betreffenden Leistungen umfassend zu informieren und sich an die entsprechende amtliche Instanz zu wenden. Besonders trifft dies für Personen mit niedrigem Bildungsstand zu, denen durch das MITRE Programm vorrangig geholfen wird.

Die "G e m e i n d l i c h e   R e d n e r t r i b ü n e " soll als Teil des Programm-Angebots allen interessierten Benutzern die Gelegenheit geben, ihre Meinung zu bestimmten Problemen öffentlich darzulegen. Der Raum für solche Meinungskundgebungen ist in den traditionellen Medien sehr beschränkt, wodurch viele Stimmen ungehört bleiben.

Der G e m e i n d l i c h e   Z u s a m m e n h a l t ist Gegenstand von Programmteilen, die eine größere Aktivität des Bürgers in gemeindepolitischen Angelegenheiten unterstützen wollen. Mit dem Konzept des "Interactive Television" bietet sich die Gelegenheit, die aktuellen Probleme innerhalb der Gemeinde darzulegen sowie ein Forum für die Präsentation unterschiedlicher Ansichten zu entwickeln.

Mit der B e n u t z e r - P r o g r a m m g e n e r i e r u n g ist die Unmöglichkeit angesprochen, das gesamte Programm-Paket durch die Systemschöpfer quasi im Elfenbeinturm zu entwickeln und dabei die jeweiligen Bedürfnisse der Benutzer zu treffen. Vielmehr sind die mit dem Versuchssystem in Reston angebotenen Programmteile nur als vorläufige Vorschläge zu verstehen, die im Laufe der Zeit im Prozeß der experimentellen Benutzung etliche Modifikationen durchlaufen sowie durch weitere Programme ergänzt werden sollen. Deshalb werden die Benutzer die Möglichkeit erhalten, am Heim-Terminal Programme zu generieren.

Der G e s u n d h e i t s d i e n s t wird in Zusammenarbeit mit einer erst kürzlich in Reston entstandenen Organisation, der "Health Maintenance Organization", entwickelt. Diese Organisation versucht, neue Wege der Maximierung des Wirkungsgrades von ärztlichem Personal zu finden. Dabei werden die Möglichkeiten der Zusammenarbeit mit dem MITRE Programm intensiv analysiert. So ist z.B. an Arztbesuche per Bildschirm und an problemorientiert aufgebaute medizinische Datenbanken gedacht.

Die technische Ausrüstung der in den Haushalten installierten Terminals entspricht dem explizit vertretenen Grundsatz weitestgehender Einfachheit in Aufbau und Bedienung. Für den überwiegenden Teil der angebotenen Programme genügt neben dem normalen Fernsehempfänger ein üblicher Tastfernsprecher mit 12er-Tastatur.

Die Kosten für das Reston-System mit dem oben beschriebenen Programmangebot werden nach vorläufigen Berechnungen pro Benutzer und Monat ungefähr 14 US Dollar betragen, wobei die üblichen Gebühren für das Kabelfernsehen noch nicht enthalten sind. Während der Versuchsphasen werden keine Gebühren erhoben.

Nach der augenblicklichen Leistungscharakteristik des Systems können jeweils 20 Benutzer gleichzeitig mit dem System arbeiten. Für die Zukunft ist geplant, die Kapazität so aufzustocken, daß 100 Benutzer zur gleichen Zeit Zugriff haben.

Als Hauptproblem wird durch die MITRE Corporation die Frage der Kontrolle der Datenbasis und die Frage, wer zu den gespeicherten Informationen Zutritt haben darf, angesehen. Eine Beantwortung der Frage wird nur durch schrittweises Vorgehen innerhalb des experimentellen Systems in realen Umweltbedingungen einer Gemeinde möglich sein.

ANLAGE 2

Das japanische Projekt "Video Information System"+

Das Projekt eines "Video Information System" ist vom japanischen Ministerium für internationalen Handel und Industrie ins Leben gerufen worden. Es arbeitet als Konzeption hauptsächlich mit sichtbaren Informationen (Video) und basiert auf der technischen Möglichkeit, eine große Anzahl von Übertragungskanälen gleichzeitig an einer Vielzahl von Orten durch Kabelfernseheinrichtungen bereitzustellen. Das "Video Information System" kombiniert diese technischen Voraussetzungen mit dem Einsatz von Computersystemen, die große Mengen an Informationen handhaben können und einen Dialogverkehr zwischen Benutzer und Computer unmittelbar nach Anfrage durch den Benutzer möglich machen.

Die Entwicklung des Systems und das starke Engagement der japanischen Regierung in diesen Fragen werden durch folgende Argumente begründet.

(1) Bisher wurde der Computer vornehmlich für betriebliche oder öffentliche Verwaltungsaufgaben eingesetzt. Dabei sind die Anwendungsmöglichkeiten im sozialen Bereich unter Aktivierung breiter Bevölkerungsschichten bisher nicht in ausreichendem Maß berücksichtigt worden.

(2) Bei konventionellen Medien, wie Fernsehen, Rundfunk und Presse konnte eine Dialogfähigkeit bisher überhaupt nicht oder nur in geringem Umfang erreicht werden. Daraus ergibt sich, daß das Informationsangebot in vielen Fällen nicht der individuellen Bedarfslage der Benutzer entspricht.

(3) Von ständig zunehmender Bedeutung für den einzelnen Bürger ist im Zeichen einer wachsenden Informationsflut das Selektionsvermögen. Es müssen Mittel bereitgestellt werden, die es dem Einzelnen ermöglichen, die für seine Belange optimalen

+ Textbearbeitung: Nathusius

Informationen zu erhalten und in der seinen Präferenzen entsprechenden Art zu verarbeiten.

(4) Durch die Entwicklung von "Video Information Systems" können neue Industriezweige entstehen. Von japanischer Seite aus wird erwartet, daß die wissensintensive Industrie die Hauptstütze der japanischen Wirtschaft in den siebziger Jahren sein wird und daß dabei die Video-Industrie eine zentrale Stelle einnehmen dürfte.

(5) Nicht zuletzt erwartet man von der Entwicklung und Einführung der geplanten "Video Information Systems" eine Humanisierung der Lebensbedingungen. Sicherheit im persönlichen Lebensraum und ein ausreichendes Maß an Freizeit sind Vorbedingungen für eine echte Selbstverwirklichung des Menschen und für ein allgemeines Anheben des kulturellen und gesellschaftlichen Niveaus. Um dies zu erreichen, können entsprechende Informationssysteme wertvolle Hilfen geben.

Die generelle Zielsetzung des japanischen Systems, bei dem es sich wie beim MITRE Projekt um ein Versuchssystem zum Sammeln von Erfahrungen handelt, ist in dem Wunsch zu sehen, Informations-Servicebereiche zur Verfügung zu stellen, die a l l e n Bürgern zugute kommen. Folgende Leistungen sind im Konzept des "Video Information System" vorgesehen:

- Fernsehen nach persönlichem Wunsch, womit auf individuelle Programmwünsche eingegangen wird,
- computergestützer Unterricht mit der Möglichkeit des individualisierten Lernens,
- Bereitstellung spezifischer Informationen für den persönlichen Gebrauch (Allgemeinwissen, Fachwissen, statistische Daten etc.),

- Einkauf per Bildschirm, womit sich die Möglichkeit ergibt, von der häuslichen Umgebung aus Angebote einzuholen, zu prüfen und Einkäufe zu tätigen,
- computergestützte Reservierungsdienste, die ebenfalls den Vollzug einer Dienstleistung (Reservierung nach vorangegangener Prüfung) im Haushalt möglich machen,
- Bereitstellung von Faksimiles, womit erstens Faksimile-Zeitungen und zweitens Abdrucke von Informationen vom Bildschirm angesprochen sind,
- Gesundheitsdienst mit Computerunterstützung, z.B. durch Informationen über medizinische Einrichtungen, Informationen in Notfällen aber auch durch Arztbesuch per Bildschirm,
- Weiterübertragung von Fernsehprogrammen, was heute ja schon durch die Kabelfernsehsysteme wahrgenommen wird,
- Bereitstellung unabhängiger Programme für Börsennachrichten, Zeitansage, Wettermeldungen, örtliche Nachrichten etc,
- Rundfunksendungen nach persönlichem Wunsch, ähnlich dem oben erwähnten Fernsehen nach Wunsch,
- Fernmessung von Verbräuchen im Haushalt, wie z.B. das Ablesen des Wasser-, Elektrizitäts- und Gasverbrauchs ,
- Fernsteuerung von Haushaltseinrichtungen, um gegebenenfalls eine Klimaanlage oder Heizung durch Fernbedienung anstellen oder einstellen zu können,
- Diebstahl- und Feueralarm durch Computerüberwachung, wobei mit eingebauten Detektoren Annormalitäten automatisch an den Computer gemeldet werden, der weitere geeignete Schritte veranlasst,

- Bargeldloses Zahlungssystem, wobei mit maschinenlesbaren Scheckkarten gearbeitet werden kann, um Kreditwürdigkeit des Scheckkartenbenutzers und unverzügliches Ab- bzw. Zubuchen auf den jeweiligen Konten ohne Austausch von Zahlungsmitteln zu ermöglichen.

Hauptbestandteile des Versuchssystems werden die zentralen Einrichtungen, die Kommunikationseinrichtungen, die Terminal-Ausrüstung in den Haushalten, die Service-Software und die für den Betrieb notwendige Software sein. Genauere Angaben zu den einzelnen Bestandteilen sind bisher nicht erhältlich.

Die Entwicklung und Implementierung des Versuchssystems in einer ausgewählten Stadt soll im Rahmen eines Sieben-Jahr Planes ablaufen. Erstes Planjahr war das Jahr 1972, in dem eine grobe Festlegung der Systemkonzeption sowie die Gründung einer Entwicklungsgesellschaft erfolgten.

ANLAGE 3

LITERATURVERZEICHNIS

1. Argyris , Chris, Some Unintended Consequences of Rigorous Research, in: Psychological Bulletin, Vol. 7, No. 3, 1968, S. 185-197

2. Bengelsdorf, Irving S., Information Utility and Social Change: A Summary, in: The Information Utility and Social Choice, hg.v. H. Sackman und Norman Nie, AFIPS Press, Montvale, New Jersey, 1970, S. 123-141

3. Borko, Harold, Experimental Prototypes for International Information Utilities, in: The Information Utility and Social Choice, hg.v. H. Sackman und Norman Nie, AFIPS Press, Montvale, New Jersey, 1970, S. 123-141

4. Bradburn, Norman M., Survey Research in Public Opinion Polling with the Information Utility - Promises and Problems, in: The Information Utility and Social Choice, hg.v. H. Sackman und Norman Nie, AFIPS Press, Montvale, New Jersey, 1970, S. 275-286

5. Campbell, Donald T., Reforms as Experiments, American Psychologist, Vol. 24, No. 4, 1969, S. 409-429

6. Carroll, James D., Participatory Technology, in: Science, Vol. 151, February 19, 1971, S. 647-653

7. Dunlop, Robert A., The Emerging Technology of Information Utilities, in: The Information Utility and Social Choice, hg.v. H. Sackman und Norman Nie, AFIPS Press, Montvale, New Jersey, 1970, S. 25-49

8. Dunn, Jr. Edgar S., The Information Utility and the Idea of the Public Data Bank, in: The Information Utility and Social Choice, hg.v. H. Sackman und Norman Nie, AFIPS Press, Montvale, New Jersey, 1970, S. 103-122

9. Eulau, Heinz, Some Potential Effects of the Information Utility on Political Decision-Makers and the Role of the Representative, in: The Information Utility and Social Choice, hg.v. H. Sackman und Norman Nie, AFIPS Press, Montvale, New Jersey, 1970, S. 187-199

10. Fairweather, George W., Methods for Experimental Social Innovation, Wiley & Sons, Inc., New York , 1967

11. Hitch, Charles J., und Roland N. McKean, The Economics of Defense in the Nuclear Age, Harvard University Press, Cambridge, Massachusetts, 1963

12. Juran, J.M., Leonhard A. Seder, Frank M. Gryna, Jr., Hrsg., Quality Control Handbook, McGraw-Hill, New York, 1962

13. Kestenbaum, Lionel, The Regulatory Context of Information Utilities: Varieties in Law and Public Policy, in: The Information Utility and Social Choice, hg.v. H. Sackman und Norman Nie, AFIPS Press, Montvale, New Jersey, 1970, S. 73-101

14. Licklider, J.C.R., Social Prospects of Information Utilities, in: The Information Utility and Social Choice, hg.v. H. Sackman und Norman Nie, AFIPS Press, Montvale, New Jersey, 1970, S. 3-24

15. Marvick, Dwaine, Some Potential Effects of the Information Utility on Citizen Participation, in: The Information Utility and Social Choice, hg.v. H. Sackman und Norman Nie, AFIPS Press, Montvale, New Jersey, 1970, S. 249-262

16. McRae, Jr., Duncan, Some Political Choices in the Development of Communications Technology, in: The Information Utility and Social Choice, hg.v. H. Sackman und Norman Nie, AFIPS Press, Montvale, New Jersey, 1970, S. 201-216

17. Michigan University, Willow Run Laboratories, Symposium on Prediction of Performance of Large-Scale Systems, Report No. 2354-11-S, January 1959

18. Ministry of International Trade and Industry Heavy Industry Bureau, Development of a Video Information System, o.O. (Japan), April 1972

19. Nie, Norman H., Future Developments in Mass Communications and Citizen Participation, in: The Information Utility and Social Choice, hg.v. H. Sackman und Norman Nie, AFIPS Press, Montvale, New Jersey, 1970, S. 217-248

20. Parker, Edwin B., Information Utilities and Mass Communications, in: The Information Utility and Social Choice, hg.v. H. Sackman und Norman Nie, AFIPS Press, Montvale, New Jersey, 1970, S. 51-70

21. Planning-Programming-Budgeting, Bureau of the Budget, Bulletin No. 66-3, Washington, D.C., October 12, 1965

22. Prewitt, Kenneth, Information and Politics: Reflections on Reflections, in: The Information Utility and Social Choice, hg.v. H. Sackman und Norman Nie, AFIPS Press, Montvale, New Jersey, 1970, S. 287-299

23. Rivlin, Alice M., Systematic Thinking for Social Action, The Brookings Institution, Washington, D.C., 1970

24. Sackman, Harold, Computers, System Science, and Evolving Society, Wiley & Sons, Inc., New York, 1967

25. Sackman, Harold, Mass Information Utilities and Social Excellence, Auerbach Publishers, Princeton, New Jersey, 1971

26. Sackman, Harold, B. Boehm, Hrsg., Planning Community Information Utilities, AFIPS Press, Montvale, New Jersey, 1972

27. Sherwin, Chalmers W., Raymond S. Isenson, Project Hindsight, in: Science, June 23, 1967, S. 1571-77

28. Stetten, Kenneth J., John L. Volk, A Study of the Technical and Economic Considerations Attendant on the Home Delivery of Instruction and other Socially Related Services via Interactive Cable TV, Vol. I: Introduction and Interim Summary, The MITRE Corporation, M 72-200, May 1973

29. Suchman, Edward A., Evaluative Research, Russell Sage Foundation, New York, 1967

30. Zeigler, Harmon, The Communication Revolution and the Future of Interest Groups, in: The Information Utility and Social Choice, hg.v. H. Sackman und Norman Nie, AFIPS Press, Montvale, New Jersey, 1970, S. 263-274

1. Sektion

GRUNDGEDANKEN ZUR ENTWICKLUNG VON INFORMATIONSZENTREN

CONCEPTS OF AN INFORMATION SYSTEM

K. Boskma

A. Bosman

Department of Management Science,
Economics Faculty,
University of Groningen,
The Netherlands

1. Introduction

This paper gives an outline of the main points of our concept of an information system. The exposition is divided in three parts:

I A description of the essential features of an organization as a system.

II The organization as an information system.

III Information system and data processing.

In a paper it is not possible to give more than the general outlines. Therefore, we use propositions (prop.) to state the essential features of our approach. In a number of cases these propositions are explained with a comment and/or with a reference to the literature.

Prepared for delivery at a Seminar on "Informationszentren in Wirtschaft und Verwaltung", on 17 and 18 september 1973 at Cologne, Germany.

Part I The organization as a system

Prop. 1: We define an organization as a interrelationship between a number of components. These components belong to two main groups, namely: production factors, including men, and procedures. Organizations are formed as a mean to reach a set of goals. To solve the problems of an organization we have to define a structure, specifying the interrelationships.

Comment: In figure 1 we give a sketch of some of the relationships in organizations. We start with figure 1b. In that figure we distinguish two parts. The lower part is the process of production. In it production factors x_i (i = 1, 2, ... n) are transformed into final products y_j (j = 1, 2, ... m). The decisions how to execute this process of transformation are taken in the upper part of figure 1b. In accordance with management literature we make in the upper part of figure 1b a distinction between three levels. These are the well-known levels of operational, administrative and strategic decisions[1]. The set of decisions in figure 1b is mapped onto a set of functions in figure 1a. The result of this mapping is a partially ordered set of functions, depicted in figure 1a. If we take a function its content consists of three parts: planning, control and execution, see figure 1c. If we take one part of the contents of a function, namely planning, it can be subdivided in a number of parts, see figure 1d. We call the contents of the box in figure 1d a decision element. We regard a decision element (d.e.) as the basic notion for analyzing the behavior of an organization.

Prop. 2: A decision element consists of four parts, see figure 1d. These parts can be regarded as procedures with the function to achieve that the behavior of a d.e. is in accordance with its goal. The procedures are interrelated. It is the function of the procedure "operating system" to specify the interrelationship. In figure 2 we give a specification of the relations between the parts of a d.e. that is consistent with the philosophy that problem solving, decision making and planning are three approaches of the organization problem that are covering each other to a great extent[2].

---

1) R.N. Anthony: Planning and Control Systems: A Framework for Analysis, Boston, 1965.
H.I. Ansoff: Corporate Strategy, Penguin Books, 1968.

2) For a formal proof of this statement, see M.D. Measarovic: "Systems Theoretic Approach to Formal Theory of Problem Solving", Theoretical Approaches to Non-Numerical Problem Solving, eds. R. Banerji and M.D. Mesarovic, New York 1970; A. Bosman: Ill-Structured Problems and Information Systems, Groningen 1973, M.D. Mesarovic, D. Macko and Y. Takahara: Theory of Hierarchical, Multilevel, Systems, New York 1970.

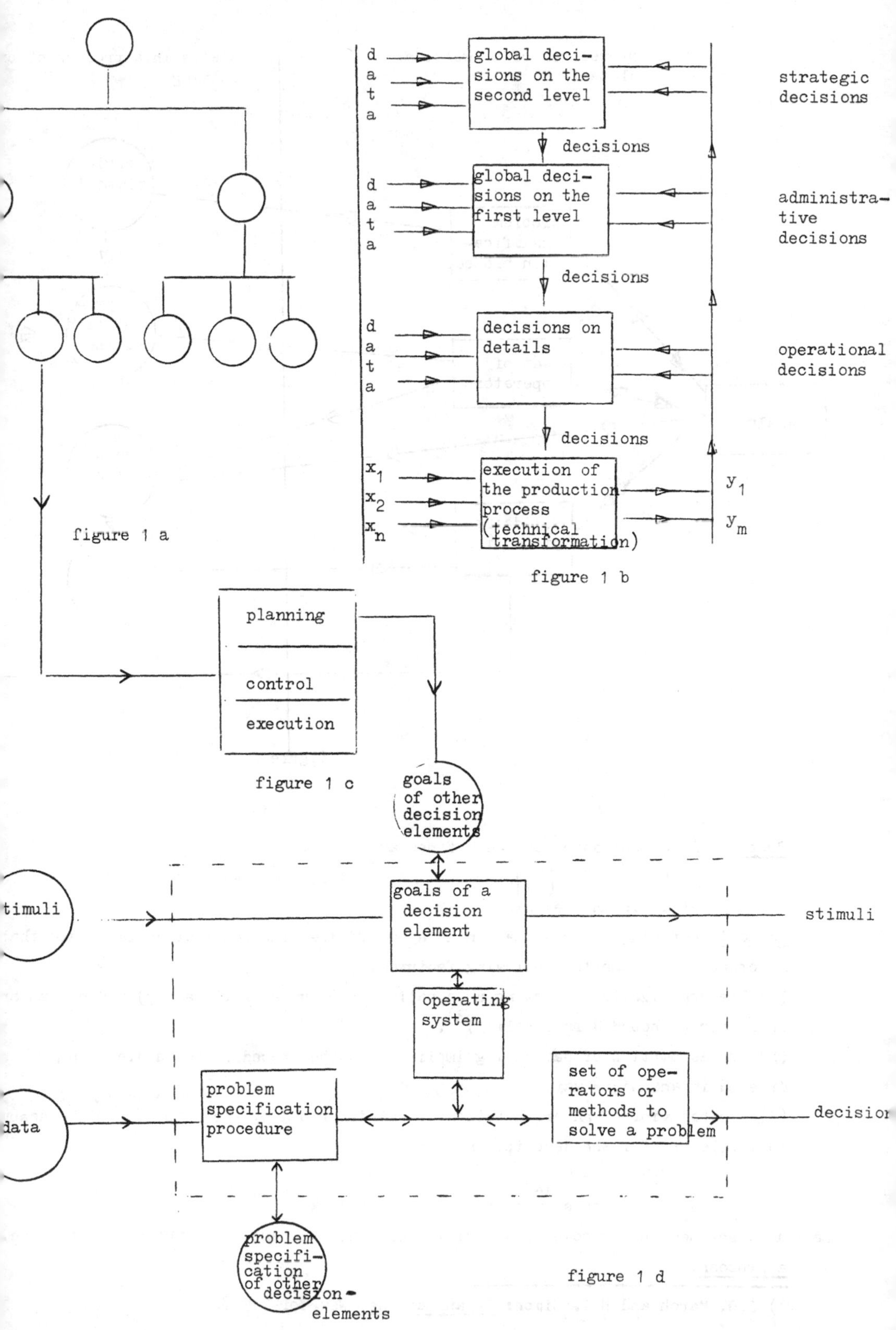

figure 1 a

figure 1 b

figure 1 c

figure 1 d

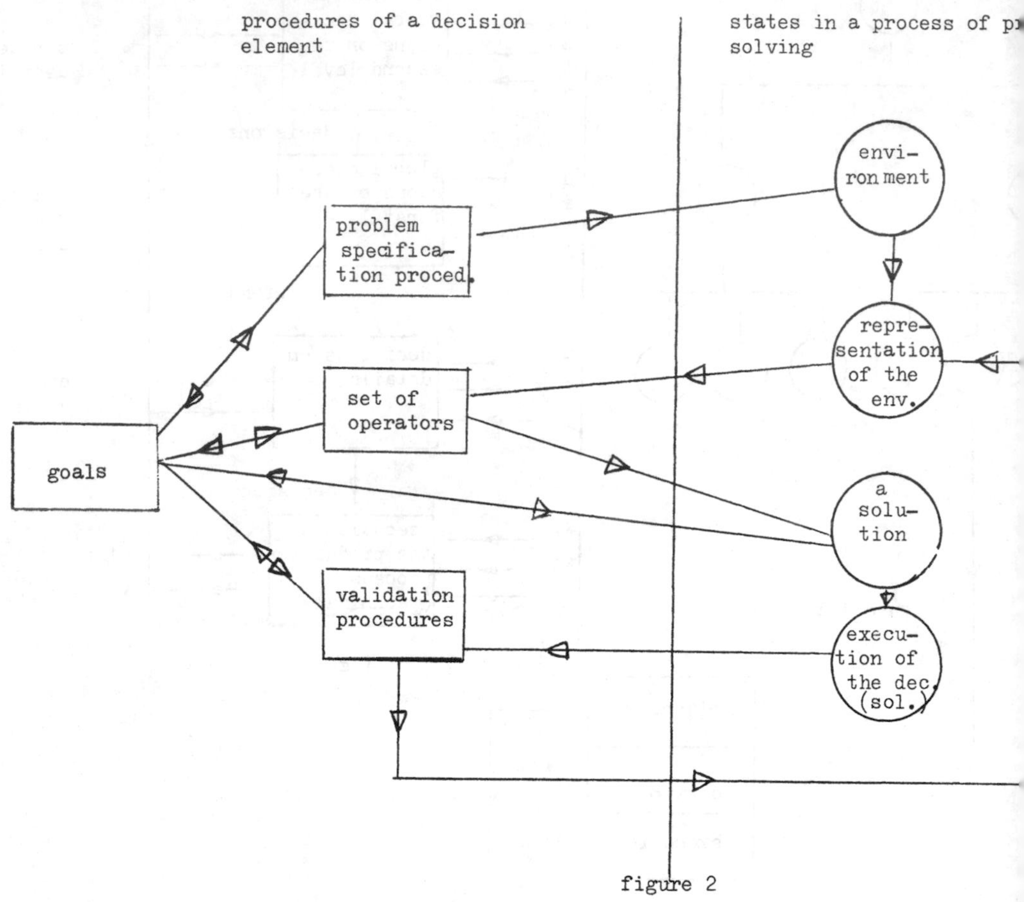

figure 2

Prop. 3: An organization can be defined as a set B

(1) $B = \{b_i\}$ $(i = 1,2,\ldots\ldots, N)$

of decision elements

Comment: Defining an organization as a set of d.e. implies that we postulate that an organization has the following features.

(1) The organization is acting as a satisfier (bounded rationality) and not as an optimizer (unbounded rationality)[3].

(2) The assumption of satisfying implies that the procedures of a d.e. cannot be ordered in an unique way.

(3) The behavior of an organization can be described by the output of the elements of B. We assum that relevant for the description is the set U_k.

(2) $U_k = \{u_{ik}\}$

u_i = the decision of b_i in the period k

Each u_i describes the outcome of a decision element. We name the functioning of a d.e. a process.

3) J.G. March and H.A. Simon: Organizations, New York, 1958.

(4) We define a relation R_1 called the <u>structure</u> of the set B.

$$(3)\quad R_1 = \left\{ (b_i, b_j) \;\middle|\; b \in B \text{ are partially ordered} \right\}$$

<u>Prop. 4</u>: We consider the structure of an organization the result of the interaction of two classes of variables, namely the outcome of the processes and the solution of the co-ordination problem[4)].

<u>Comment</u>: The solution of the co-ordination problem and the determination of a process are interrelated. A solution, that means a structure, can be found if we specify a system by means of an input-output transformation. We reject this system engineering approach of the organizational problem. We assume that an organization has the possibility to change its behavior. Referring to figure 2 a number of ways of changing this behavior can be distinguished. One well-known way is to regard an organization as a <u>goal-seeking unit</u>, that changes its goals trying to find a solution. Another way relevant while considering information systems (see part II),is to make changes in the representation of the environment.

We propose to solve the problem of the interrelationship between the solution of the co-ordination problem and the determination of the contents of a process in a number of steps (see part II, prop. 17).

<u>Prop. 5</u>: For the solution of the co-ordination problem four different approaches can be distinguished, namely:

a) the holistic approach,

b) the transfer-price approach,

c) an approach consisting of a combination of the ones mentioned under a and b,

d) the system approach.

In our opinion only the system approach gives a guarantee for finding a solution.

<u>Prop. 6</u>: In defining an organization in the way we did there is not a principal difference between private or public organizations[5)].

---

4) A different approach in which the structure is a central variable is given by Mesarovic, Macko and Takahara, <u>op. cit.</u>

5) R.M. Cyert and J.G. March: <u>A Behavioral Theory of the Firm</u>, Englewood Cliffs 1963, pp. 284-288. Ph. Kotler: <u>Marketing and Management Science in Public Sector Applications</u>, invited paper at the XXth International Meeting of the Institute of Management Science, Tel Aviv 1973.

Part II. The organization as an information system[1)]

Prop. 7: We agree with the definition of Mason and Mitroff of an information system: "it consists of at least one person of a certain psychological type who faces a problem within some organizational context for which he needs evidence to arrive at a solution (i.e. to select some course of action) and that the evidence is made available to him through some mode of presentation".[2)] (the relevant variables for specifying an information system are the underlined ones.)

Comment: In the literature one can distinguish quite different notions of an information system. One group of authors define an information system: "as a sub-system of information sets needed for decision signalling in a larger system (of which it is a sub-system) containing sub-systems for: collecting, storing, processing and distributing information sets".[3)] This group places the stress upon data processing and communication within an organization as the important feature of an information system. Probably the largest group of authors regards an information system as an abstract system, but does not specify the conditions that must be met before an abstract system can be called an information system.[4)]

Prop. 8: We call an abstract system of an organization an information system if at least four conditions are met.

1) The abstract system must specify relations between:
   a. decision elements,
   b. decision elements and files.
2) The contents of a d.e. must be in accordance with the specification given in figure 1d.
3) The set B must have relations with the environment.
4) The output of B, U, must be specified in terms of variables that are equivalent or related to the goals of the organization.

Prop. 9: One can study the behavior of an organization for two reasons. Firstly, one can study its behavior merely to find out how it is operating. Secondly, one ca investigate the behavior with the purpose of specifying (or prescribing) how the organization should operate. Our approach, starting from d.e., makes it possible to use one set of techniques for the analysis of both reasons.

1) We do not make a distinction between an information system and a management information system.
2) R.O. Mason and I.I. Mitroff: "A Program for Research on Management Information Systems", Management Science, Vol. 19 (1973), nr 5, p. 475.
3) B. Langefors: Theoretical Analysis of Information Systems, Vol.1, Lund, 1967, p.
4) Authors belonging to this group are: J. Kanter: Management Orienterd Management Information Systems, Englewood Cliffs, 1972; R.J. Murdick and J.E. Ross: Information Systems for Modern Management, Englewood Cliffs, 1971 and S.C. Blumenthal: Management Information Systems, Englewood Cliffs, 1969.

Prop. 10: If one wants to prescribe the behavior two sets of techniques are available to make changes in the decisions. The first set we call the planning set, the other the control set.

Comment: We define control in the sense in which it is used in cybernetics. That means that two features of control are of special importance.

a) The automatism implied by control. This means that the time period between the moment of signalling a deviation between output and norm and the moment measures are taken to correct it is so small, that it is impossible to use planning methods. This time period must be small otherwise we will probably drastically influence the stability of the processes.
b) In control, corrective action is taken when an endogenous variable differs sufficiently from a norm.

The arrows in figure 1b from the lower to the higher levels cannot be regarded as feedback, as they are usually called in the literature. The communication along these paths is, in our opinion, a part of the planning procedure.

Prop. 11: Planning is far more important as an instrument for changing the behavior of an organization than control. We consider the planning set as the main source for giving a content to the set of operators, see figure 1d, in d.e.

Prop. 12: The planning procedure consists of three parts:

a) the specification of alternatives,
b) the solution of a model,
c) the comparison of the estimated values of exogeneous variables with their real values during the planning period.

Comment: Planning, problem solving and decision making have the same central parts in common. All three are dealing with the future and are trying to make a choice out of a number of alternatives. In all three the problem of representaion, specification of alternatives, is the starting point. In the solution part of planning an implicitly or explicitly specified model is solved. The solution determines the values of the endogenous variables, given the estimated values of exogenous variables and delayed endogenous varibles. Sound planning requires that during the execution of a plan the estimates of the exogenous variables are compared with their real values. This comparison gives information on whether the execution of a plan can be continued or whether a revision of the plan must be made. These comparisons are not necessary for all exogenous variables. With sensitivity analysis it is possible to detect which exogenous variables have a profound influence on the values of the endogenous variables. We regard sensitivity analysis a standard part of every planning procedure.[5)]

5) For the same opinion on the essentials of planning: J.A. Steiner: Top Management Planning, Toronto, 1969; H. Sackman: "Advanced Research in Online Planning", in Online Planning, eds. H. Sackman and R.L. Citrenbaum, Englewood cliffs, 1972.

Prop. 13: For the construction of an information system clusters of decision elements, in the form of sub-systems, will be created. While creating these sub-systems a number of factors have to be considered. The most relevant ones are:
a. the possibility to map the set B into a set F of functions;
b. the possibility to store, to retrieve and to process data.
A solution for this process of mapping can only be found if we regard this problem as a part of the co-ordination problem.

Comment: In the literature one can hardly find an argument for the construction of a sub-system apart from the ones that are relevant for the solution of the co-ordination problem. Emery e.g. mentions decomposability of systems.[6] This, however, is not an argument for the building of sub-systems, but a feature of it. It is an open question whether a nearly decomposable system is better or worse than any other system. To answer this question it is necessary to investigate a number of features of structure in relation to different solutions of the co-ordination problem.

Prop. 14: A structure can be specified by a vertex matrix. The features of a structure can be specified by variables as: distance indexes, radii and centers, centrality and peripherality.[7]

Prop. 15: We define a matrix multiplication

(4) $$GS = KG \cdot GB \cdot BS$$

KG = a vertex matrix specifying the existence of a relation between data.
GB = a matrix specifying the relation between data and decision elements.
BS = a matrix specifying the relation between decision elements and sub-systems.
GS = a matrix specifying the relation between data and sub-systems.

Comment: The objection to this specification is that relations are not differentiated according to relevance. This is not possible because the relevance of the relations in each of the matrices can be quite different and besides they are not independent.

Prop. 16: We can achieve by simulation a value of an object function for each of the sub-systems in BS. These values, in a vector BSW, can be related with a number of features of a structure (see prop. 14). We then can try to specify a function

(5) $$W = f(x_1, x_2, \ldots\ldots\ldots\ldots\ldots x_n)$$

in which : x_i = one of the features of the structure,
W = profit, the aggregation of the elements of the vector BSW in one figur

6) J.C. Emery: Organizational Planning and Control Systems, London, 1969, pp. 29, 30, 31, 32.
7) F. Harary, R.Z. Norman and D. Cartwright: Structural Models, New York, 1965.

With such a function the influence, if any, of different features of the structure can be shown and in accordance with this clues for the construction of subsystems can be derived.

Prop. 17: For the construction of an information system we make a distinction between local and global decisions. The relation between this distinction and the problem of co-ordination is sketched in figure 3. The steps are distinguished in order to make the possibility that a solution can be found as great as possible. Of course these steps are strongly interdependent. Nevertheless we try to find a sequence in which the mutual dependence is small. We start with step four, assuming for the present that step five is given (see part III).

nr	name of the problem	solution depending on nr ( )
(1)	co-ordination problem	(2) + (3)
(2)	representation of the environment	(3) + (5)
(3)	techniques for finding a solution	(4) + (5)
(4)	distinction between local and global decisions	(5)
(5)	availability of data and the possibilities to process	partially on computer power

figure 3

Comment: The distinction between local and global decisions is that in the case of local decisions the decision maker decides on the basis of only partial information. He can make a decision, but he can give no guarantee that his decision will not interfere, in a way harmful to the organization, with a local decision made elsewhere. Here we meet again the problem of co-ordination, which can in some cases coincide with the problem of sub-optimization. An important feature of local decisions is that they are defined in physically oriented dimensions, such as goods and time. A global decision starts from aggregated variables, the dimension of this variable is generally expressed in terms of money. In most cases the decision maker has an object function available. The distinction between local and global decisions is not sharp, because the the notion global can be taken in different degrees. Each is dependent on the degree of aggregation. The extent to which we aggregate is dependent on the way we wish to formulate and solve the co-ordination problem.

There are three important reasons to make this distinction between local and global decisions.

1) Although it is theoretically possible to specify the co-ordination problem in such a way it could be solved, the specification becomes so large for none trivial problems that it is impracticable to find the solution, even with a large amount of computing power. We have to diversify the problem in such a way that we can solve interconnected sub-problems.
2) We want to make these sub-problems as small and relevant as possible by using our conception of a decision element. Therefore we start with the local decisions. The start from local decisions has a further advantage. It is not necessary to rely entirely on statistical techniques when using induction. We consider this approach one of the guarantees of a valid representation.
3) A consequence of the approach starting from local, detailed, decisions is that the degree of aggregation and the way we aggregate is a dependent variable. Its contents will be fixed by the way we solve the co-ordination problem. A sketch of this approach is given in figure 4. The number of levels in figure 4 is not relevant. That the levels are interconnected and that this interconnection is handled by the aggregation procedures is, however, relevant.

In appendix A we give an example of an information system we constructed in our department. In our oral presentation we will deal more extensively on this subject.

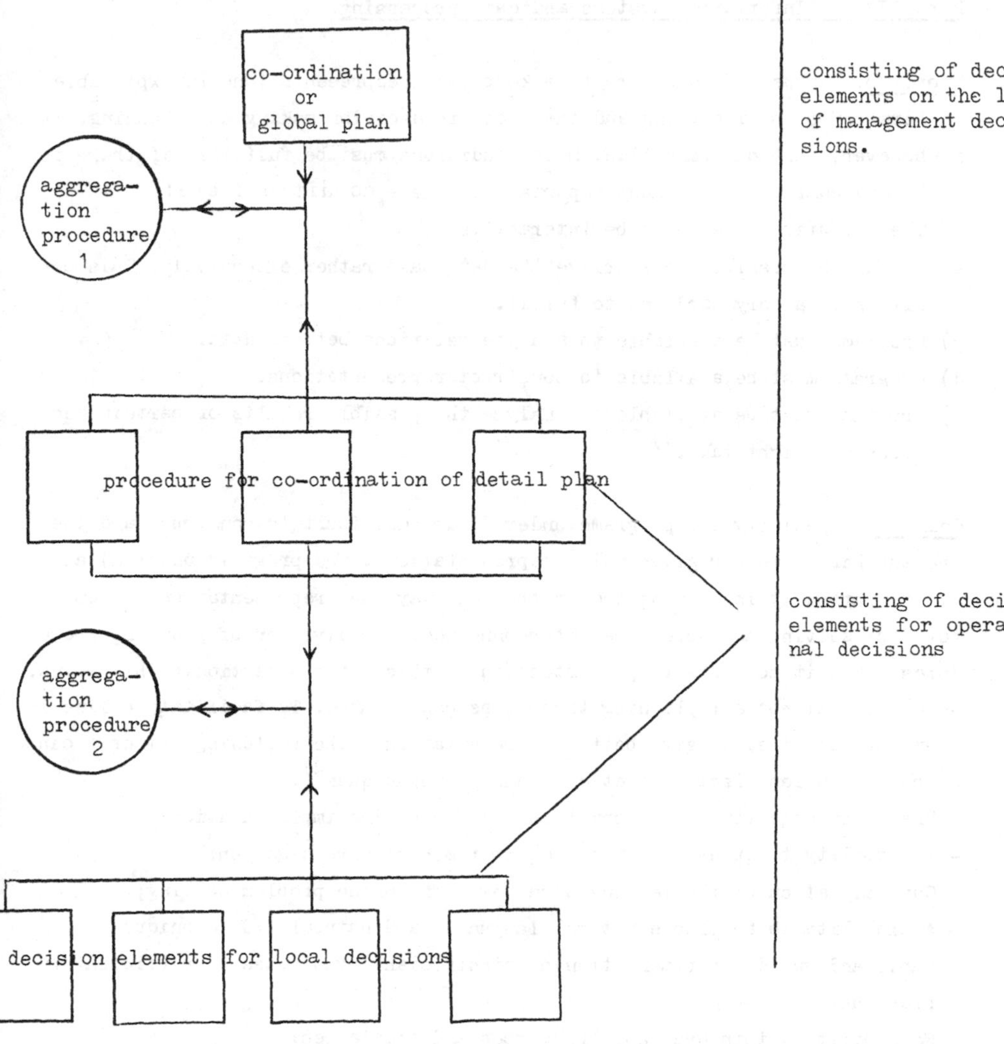
co-ordination
or
global plan
aggregation procedure 1
procedure for co-ordination of detail plan
aggregation procedure 2
decision elements for local decisions
consisting of decision elements on the level of management decisions.
consisting of decision elements for operational decisions

figure 4

Part III Information systems and data processing

Prop. 18: The use of computers to make better respresentations is explicable in terms of problem solving and therefore in decision making and planning. It is however, just one condition. More conditions must be fulfilled if there is to be any guarantee. The most important of these conditions are:

a) The computer system must be interactive.
b) It must be possible to retrieve the data base rather extensively. This condition is a very hard one to fulfil.
c) Programs must be available to analyse relations between data.
d) Programs must be available to construct representations.
e) Programs must be available to analyze the possible results of certain decicions one might take.[1)]

Comment: Especially the programs under d) are difficult to construct and they are the hard core for given valid representations. The programs under d) and c) are partially interconnected in the same way that representation and operators for solving a problem are interconnected. Our division of planning procedures makes it possible to pay attention to this interconnection. This means, however, that not all planning techniques can be used. To facilitate online implementation, i.e. to give better representations, the following criteria can be used to select from the set of planning techniques[2)].

- "Ease and objectivity in formalization for online implementation;
- Amenability to quantification and experimental investigation;
- Capitalization on the leading advantages of online problem solving;
- Amenability to available natural languages and natural I/O techniques;
- Rapid and valid experimentation on significiant hypotheses in participatory planning;
- Feasibility within available resources and timetables;
- Ease and utility of supporting user languages and data bases;
- Ease of mutual and offline experimentation while online computerized tools are being designed and developed"[3)].

Sackman remarks that probably none of the existing techniques will meet all these requirements and that a new generation of techniques must be developed.

---

1) A. Vazsonyi: Software for decision Models in Management Information Systems, Working Paper Series no 7302, Graduate School of Management, University of Rochester, gives a number of valid suggestions for constructing these programs.

2) H. Sackman: op. cit., p. 53

3) We have omitted two criteria mentioned by Sackman, as they were not relevant in one case. and contradictory to what we have stated, in the other case.

<u>Prop. 19</u>: The subject of data processing is rather an essential one in the construction of information systems. Although it is possible to construct an information system without the assistance of a computer, we think it unrealistic to assume that this case would be more than an exception. Computers are an essential part of an information system.

<u>Comment</u>: We will mention three points, just to indicate examples of the relevance of proposition 19.

1) We do not believe in optimal information systems, for the same reason that we do not believe in optimal organizational structures or processes. Neither do we believe in program packages sold under the term information systems as if they were ALGOL or FORTRAN compilers. In most cases the organization has to build its own information system. Neither do we believe in the constructution of an information system in which program packages are available in so-called model banks[4]. This does not mean that nothing sensible can be said about the construction of information systems. During the construction of our system we followed two major directives.

a) As far as possible the program construction should be modular. The main reason for this directive is that big problems cannot easily be handled, particulary in time-sharing systems. Another reason is that programs can then be changed with little difficulty.

b) The programs should be as general as possible. For that reason we choose a network specification as an input medium. Changes in circumstances in different organizations can in most cases be handled easily by changing the network specification. Only minor changes are then necessary in the program POT. A modular construction of the program makes it easily to deal with these changes.

2) To run a big planning program on a computer, especially when there is a number of programs as in our system, one has to deal with a mass of data. It must be possible to retrieve this data from a data bank or data base. However, the construction of files does not make it easy to answer questions for which two or more files must be consulted. When dealing with this problem we must distinguish between the kinds of questions that can be asked.

a) If we know that a certain question will be asked regularly we can find a solution along different ways, e.g. by constructing a chain. In our system we suggest making two data bases. One holds the raw data and it will in every case be necessary for administrative data processing and delivering data for the planning procedures.

---

4) D.B. Montgomery and G.L. Urban: <u>Management Science in Marketing</u>, Englewood Cliffs, 1969.

These files can be constructed according to functions, because human beings must be responsible for updating the files. The other is a smaller data base with direct access that is constructed by a number of programs by aggregation from the files of raw data. The linear program specification and the matrix generator in appendix A are examples of these programs. The advantage of such a second smaller data base is that one saves quite a lot of time by retrieving less data.

b) If one does not know the questions that will be asked, it is very difficult to give an answer within a reasonable short time, a requirement of interactive communication. A way out of this problem is through the possibilities offered by data base systems. It is our opinion that these possibilities must be reserved for the development of interactive communications. For the questions under a) we do not see any advantage in using data base systems.

3) Planning programs as sketched in appendix A can be used in a batch processing mode. If we want to use control techniques we must have a real time system. These systems demand quite a different approach and a different computer for processing the data from that used in batch processing. This is one of the main reasons that we make a clear distinction between planning and control procedures.

Prop. 20: We propose that the information processing, will be conducted by a independent computer department. The construction of an information system will be the task of a comptroller department, that is directly responsible to top management.

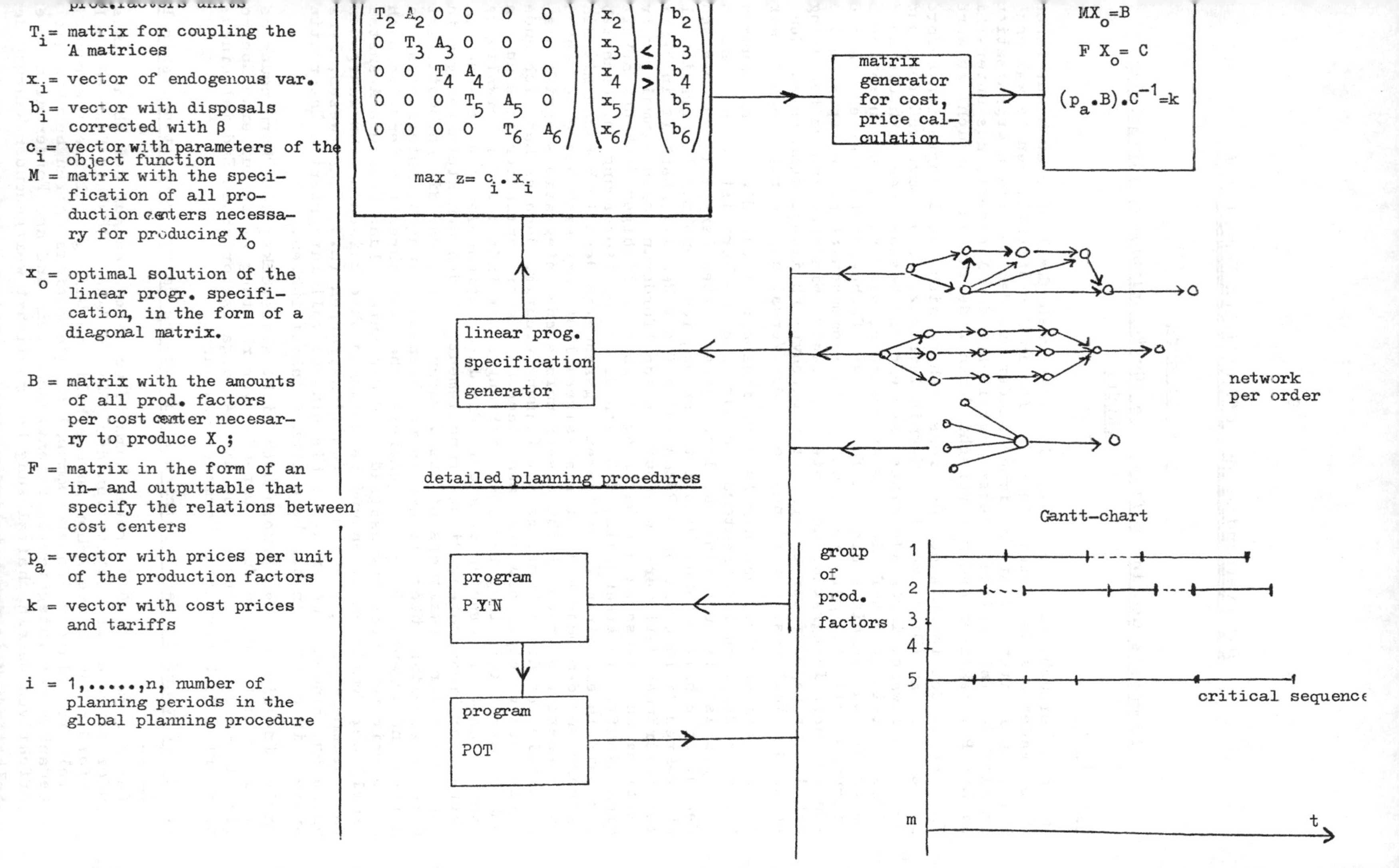

prod.factors units
T_i = matrix for coupling the A matrices
x_i = vector of endogenous var.
b_i = vector with disposals corrected with β
c_i = vector with parameters of the object function
M = matrix with the specification of all production centers necessary for producing X_o
x_o = optimal solution of the linear progr. specification, in the form of a diagonal matrix.
B = matrix with the amounts of all prod. factors per cost center necesary to produce X_o;
F = matrix in the form of an in- and outputtable that specify the relations between cost centers
p_a = vector with prices per unit of the production factors
k = vector with cost prices and tariffs
i = 1,.....,n, number of planning periods in the global planning procedure
max $z = c_i \cdot x_i$
matrix generator for cost, price calculation
$MX_o = B$
$F X_o = C$
$(p_a \cdot B) \cdot C^{-1} = k$
linear prog. specification generator
network per order
detailed planning procedures
Gantt-chart
group of prod. factors
1
2
3
4
5
m
t
critical sequence
program PYN
program POT

Datenverbund in der öffentlichen Verwaltung

Malte von Berg

Kommunale Gemeinschaftsstelle für Verwaltungsvereinfachung (KGSt)

Einleitung

Bei dem Versuch, eine Tendenz, eine Gesetzmäßigkeit oder auch nur einen roten Faden aus der Entwicklung der ADV in der öffentlichen Verwaltung herauszuarbeiten, stößt man immer wieder auf den zentralen Organisation begriff der Integration. Dieser Begriff hat den Nachteil, aus unterschi lichen Perspektiven und mit verschiedenen Bedeutungen gebraucht zu werd

Im Bereich des technischen Betriebs richten sich die Integrationsanford rungen z.B. auf Direktzugriff, Terminaleinsatz, Programmverknüpfung und tenbanksoftware; innerhalb eines Fachbereichs beschränken sich die Inte tionsvorstellungen auf die eigenen Aufgaben, während ein Organisationsb reich mit Querschnittsaufgaben für mehrere Fachbereiche oder eine Koord nierungsstelle für mehrere Verwaltungen (Kommunen-Staat) entsprechend u fangreichere Integrationskonzepte entwickelt. Wiederum andere Bedeutung erhält der Begriff der integrierten Datenverarbeitung, wenn er auf den reich des Vollzugs, der Planung oder der Verwaltungsführung bezogen wir

Aus alledem erfolgt, daß der Integrationsbegriff für die Beschreibung u Prognose der Verwaltungsautomation nur dann von Wert ist, wenn er sowoh eine präzise als auch eine sämtliche aufgezählten Perspektiven umfassen Bedeutung erhalten kann. Dies ist dann möglich, wenn man Integration al abstrakten Zielbegriff ohne Rücksicht auf die Realisierbarkeit in besti ten Zeiträumen definiert, was auf die Idealforderung nach einmaliger Er mittlung und Erfassung der Daten sowie ihrer beliebigen Verknüpfbarkeit hinausläuft. Die Erkenntnis, daß sich diese Idealforderung in abschätzb rer Zeit in einzelnen Verwaltungen - geschweige denn im Verbund mit den Ländern und dem Bund - nicht realisieren läßt, hat sich heute weitgehen durchgesetzt. Dennoch bleibt dieser umfassende Integrationsbegriff als Leitlinie für die zukünftige ADV-Planung wichtig, denn es hat sich ande seits auch gezeigt, daß eine zwar langsame aber kontinuierliche und n umkehrbare Entwicklung in diese Richtung stattfindet: Jeder Verwaltungs gang enthält einzeln oder verknüpft die Informationselemente Personen-, Sach- oder Finanzdaten. Diese Grundelemente bilden den kleinsten gemein men Teil aller Verwaltungsaufgaben. Daraus folgt, daß die automatisiert Datenverarbeitung über die ganzen von Dienststellungen, Abteilungen, Be hörden und Organen hinweg zu ganzzeitlichen Verfahren tendiert. Je nach dem erreichten Integrationsagrad wird die Entwicklung über die Ausnutzu sämtlicher Gemeinsamkeiten und Berührungspunkte zwischen Einzelaufgaben zur Zusammenfassung bestimmter Funktionsgruppen (z.B. Finanzwesen, Pers nalwesen, Einwohnerwesen u.a.) bis hin zum voll integrierten Informatio system einer abgegrenzten Verwaltungseinheit führen.

Damit sind die Grenzen jedoch noch nicht abgesteckt; die Überwindung be liebiger Entfernungen durch Datenfernverarbeitung zielt auf eine überre gionale Verwaltungsintegration mit dem organisatorischen Endziel eines tegrierten Verbundsystems Kommune-Land-Bund.

I. Das KGSt-Modell der Gemeinsamen Kommunalen Datenverarbeitungszentral (GKD)

Der Zusammenschluß mehrerer Kommunalverwaltungen auf der Ebene eines oder mehrerer Kreise ist von der KGSt im Jahre 1969 als Verbundmodel gefordert und heute schon in beachtlichem Umfang realisiert worden. Zielvorstellungen dieser kommunalen Informationszentren beruhen auf Gedanken der integrierten Datenverarbeitung und der Forderung nach e effektiven Gemeinschaftslösung bei möglichst weitgehender Wahrung de Selbständigkeit der Mitglieder.

Die Gestaltung der Mitgliedschaftsrechte und -pflichten innerhalb einer GKD gehört zu den Kernproblemen der Rahmenorganisation. Es geht dabei nicht nur darum, eine Vielzahl autonomer Gebietskörperschaften auf die gemeinsame Benutzung einer EDV-Anlage und eine gemeinsame Verfahrensentwicklung zu verpflichten; auch die Interessen der einzelnen Mitglieder einer GKD vom Landkreis über kreisfreie und kreisangehörige Städte bis hin zu mittleren und kleinen Gemeinden können im Einzelfall verschieden sein und müssen zum Ausgleich gebracht werden.

Zur Gestaltung der Mitgliedschaftsrechte und -pflichten lassen sich einige allgemeine Grundsätze aufstellen:

1. Die GKD ist lediglich eine Gemeinschaftseinrichtung mit Dienstleistungscharakter.

Für die Stellung der Mitglieder folgt daraus z.B.:

- Die letzte Entscheidung über alle wesentlichen Fragen muß bei einem die Mitglieder der GKD repräsentierenden Gremium liegen. Zu den wichtigsten Fragen in diesem Zusammenhang gehört die Genehmigung des kurz- oder mittelfristigen Aufgaben- und Zeitplanes, einer Anlagenaufstockung oder die Änderung der Kostenverteilung.
- In dem alle Mitglieder repräsentierenden Gremium - je nach Rechtsform als Gesellschafterversammlung, Kuratorium, Verbandsversammlung u.a. - sind die Stimmen zweckmäßigerweise nach dem Gewicht der Mitglieder verteilt, das an den Einwohnerzahlen und/oder den Beiträgen gemessen wird.
- Um eine bessere Repräsentation der verschiedenen Interessen von Gruppen wie z.B. der Landkreise, der Städte oder der Kleingemeinden zu gewährleisten, bestehen verschiedene Möglichkeiten:

  a) Errechnung der Stimmenverteilung nach gewichteten Einwohnerzahlen (Multiplikation mit einem unter oder über 1 liegenden Faktor je Gruppe),
  b) Besetzung eines weiteren hauptsächlich kontrollierenden Gremiums als Verwaltungsrat mit Vertretern der verschiedenen Gruppen.
  c) Mischformen.
- Einer faktischen Entwertung der Mitgliedschaftsrechte durch mangelndes Fachwissen bei den Mitgliedern ist entgegenzuwirken. Für die GKD sollte nicht nur ein Recht, sondern auch die Pflicht zur Übernahme von Personal bestehen, das von den einzelnen Mitgliedern nach einem bestimmten Schlüssel entsandt wird.

2. Die GKD muß als Gemeinschaftseinrichtung effektiv arbeiten können.

Die Rahmenorganisation muß dafür folgende Voraussetzungen schaffen:

- In Grundsatzfragen müssen Mehrheitsentscheidungen möglich sein.
- Der Geschäftsführung sind die für die Realisierung des Aufgaben- und Zeitplans und für den laufenden Betrieb notwendigen Kompetenzen zu übertragen.
- Die Mitglieder haben nicht nur das Recht, sondern auch die Pflicht, ihre automatisierbaren Aufgaben bei der Datenzentrale erledigen zu lassen.
- Die Kosten müssen je nach den örtlichen Verhältnissen gerecht verteilt werden. Folgende Methoden stehen einzeln oder in beliebigen Kombinationen zur Auswahl:

  a) Zuteilung von Blockzeiten und entsprechende prozentuale Abrechnungen der Gesamtkosten.
  b) Abrechnung der Gesamtkosten nach der jeweiligen Benutzung der Anlage.
  c) Abrechnung der Gesamtkosten nach dem Verhältnis der (in der Regel gewichteten) Einwohnerzahlen.
  d) (Teil) Finanzierung durch Kreisumlage, Zahlungen Dritter oder Landesmittel.

e) Getrennte Abrechnung nach Produktionskosten (z.B. nach Maschi stunden) und Entwicklungskosten (z.B. nach gewichteten Einwoh nern).

Die Lösung unter e) führt in der Regel zu gerechten Ergebnissen; eine Kombination mit den Lösungen a) bis d) richtet sich nach de örtlichen Verhältnissen.

3. Die Einschränkungen der Organisationshoheit bei den Mitgliedern GKD sind so gering wie möglich zu halten.

Forderungen aus diesem Grundsatz sind z.B.:

- Jedes Mitglied der GKD muß freien Zugriff zu seinen Datenbestänc haben.
- Die Erledigung ortsspezifischer Aufgaben, d.h. solcher Aufgaben, nur für bestimmte Mitglieder infrage kommen (z.B. Auswertungen f den Fremdenverkehr, Entscheidungshilfen für Stadtsanierung u.a.) muß in den Aufgaben und Zeitplänen gebührend berücksichtigt werc
- Von den organisatorischen Unterschieden bei einzelnen Mitgliedern die sinnvoll zu vereinheitlichen sind, müssen die örtlichen Besc derheiten unterschieden werden, die eine bestimmte Funktion erfü len und deshalb in der Regel nicht sog. technischen oder wirtsch lichen Zwängen zum Opfer fallen dürfen.

4. Die Mitglieder der GKD sind grundsätzlich gleich zu behandeln.

Der Grundsatz besagt nicht, daß je nach Gewicht der einzelnen Mitgli der keine unterschiedlichen Stimmrechte möglich wären, sondern wende sich lediglich gegen unberechtigte Standortvorteile.

- Die möglicherweise bei Gründung einer GKD dominierende Stellung Zentrale darf nicht dazu führen, daß die Mitglieder ohne Automat onserfahrung in eine Abhängigkeitsstellung geraten.
- Sobald dies technisch und wirtschaftlich möglich ist, sind die Standortnachteile der dezentralen Mitglieder durch Einrichtungen der Datenfernübertragung abzubauen.

Die organisatorischen Zielvorstellungen des Verbundsystems der GKD l sen sich wie folgt umreißen:

1. Das gesamte Gebiet aller Länder der BRD ist räumlich von einem lückenlosen Netz von GKD's überzogen.
2. Sämtliche automatisierbaren Massen und Einzelarbeiten des Verwal tungsvollzugs werden durch die GKD mit Hilfe integriert aufgebau Dateien erledigt.
3. Die GKD ist durch den Ausbau der Dateien zu einer Datenbank in d Lage, neben den Aufgaben des Verwaltungsvollzugs auch wesentlich Massen- und Einzelauswertungen für Entscheidungshilfen bereitzust len.
4. Die Eingabe der Daten erfolgt grundsätzlich am Entstehungsort be den Mitgliedern der GKD.
5. Die Ausgabe der Daten - seien es Einzelauskünfte oder Massenausw tungen - erfolgt an den Stellen, wo sie benötigt werden, also be den Mitgliedern der GKD.
6. Die Speicherung und Verarbeitung der Daten erfolgt grundsätzlich durch die zentrale EDV-Anlage der GKD.
7. Die Mitglieder der GKD haben nach Abstimmung mit ihr die Möglich ortsspezifische Aufgaben eigenständig zu organisieren und zu pro grammieren.
8. Die GKD ist organisatorisch und technisch auf einen wechselseiti Datenaustausch mit der Staatsverwaltung eingerichtet.

Die Realisierung dieser organisatorischen Zielvorstellungen erfordert Aufbau eines Netzes mit Datenfernübertragung und einem Spektrum verschiedener Datenstationen (z.T. auch Konzentratoren) bei den Mitgliedern.

Die ADV-Organisationsgesetze und Vereinbarungen der Bundesländer

Der organisatorische Schlüsselbegriff der Integration gilt für den Einsatz der ADV in allen Bereichen. Im Vergleich zur Wirtschaftsautomation unter anderen Anwendungsgebieten besitzt der Integrationsgedanke in Form des Datenaustauschs jedoch gerade auf dem Verwaltungssektor eine besondere Bedeutung. Das erklärt sich aus der relativ geringen Anzahl von Personendaten, Finanzdaten und Sachdaten, die als kleinste Datenelemente in vielfältiger Verknüpfung in fast allen Verwaltungsaufgaben erscheinen Die hoch differenzierte überkommene Verwaltungsstruktur, aufbauend auf den Gemeinden, Gemeindeverbänden und den verschiedenen Instanzen der Landes- und Bundesverwaltung einschl. der Sonderverwaltungen, ist naturgemäß nur bedingt in der Lage, mit manuellen Mitteln das Problem des Datenaustausches zu leisten. Mit der fortschreitenden Differenzierung in Subsystemen nimmt in allen Großorganisationen die Tendenz zur Selbstbeschaffung der benötigten Daten zu. Der Einsatz integrierter DV-Verfahren tendiert hier ein Sturkturwandel in soweit, als sich die Subsysteme zunehmend einfacher, schneller und im allgemeinen auch wirtschaftlicher der Daten bedienen können, die an anderer Stelle vorliegen, anstatt das teure und zeitaufwendige Geschäft der Sammlung und Aktualisierung von Daten selbst zu betreiben. Der Datenaustausch zwischen allen Behörden, gleich welcher Verwaltungsebene,mit dem technischen Mittel der Datenfernverarbeitung ist ein zentraler Aspekt der Integration und führt als organisatorische Zielvorstellung zu einem Bund-, Länder- und Gemeinden-umfassenden kommunizierenden Verbundsystem. Konsequenterweise folgt daraus auch eine Ausweitung über die nationalen Grenzen hinaus und die Einbeziehung weiterer Bereiche wie z.B. der Privatwirtschaft in den Datenaustausch.

Die bei einem derartigen Konzept auftretenden Koordinierungsprobleme kulminieren typischerweise in Fragen wie:

- Welche Organisationseinheiten sind für die Datenerfassung und Speicherung zuständig?
- Welche Organisationseinheiten sind voll oder eingeschränkt zugriffsberechtigt?
- Wer bestimmt die Auswahl der zu speichernden Daten und die Art der Auswertungsprogramme?

Zur Lösung dieser Fragen gibt es in den einzelnen Bundesländern in Form der ADV-Organisationsgesetze und Vereinbarungen schon strukturell weitreichende Festlegungen, die in der Öffentlichkeit bedauerlicherweise noch viel zu wenig bekannt sind.

Den genannten Normen erliegt das Konzept eines Landesinformationssystems zugrunde, mit der Hauptzielrichtung, einen funktionsfähigen Datenverbund zwischen der Landes- und Kommunalverwaltung herzustellen. Im wesentlichen geht es dabei um drei Aufgaben:

a) Koordinierung auf der staatlichen Ebene - insbesondere zwischen den Ressorts;
b) Koordinierung im Kommunalbereich;
c) Koordinierung zwischen der Landes- und Kommunalverwaltung.

Das letztgenannte Koordinierungsproblem ist das wesentlichste und deshalb als Systematisierungsansatz am besten geeignet. Danach lassen sich die Länderlösungen in drei Gruppen einteilen:

1. Konzept der Grundverwaltung (Beispiel Hessen)
2. Normlösung (Beispiel Bayern)
3. Vereinbarungslösung (Beispiel Niedersachsen).

Unter dem Konzept der Mischverwaltung sollen die Modelle zusammengefa werden, die das Koordinierungsproblem Land-Kommune in erster Linie da durch zu lösen versuchen, daß Institutionen mit umfassenden Zuständig keiten geschaffen werden, in denen beide Verwaltungsebenen vertreten sind. Im Gegensatz dazu sehen die Länder, die sich für eine Normlösun entschieden haben, zur Bewältigung der Koordinierung zwischen Land un Gemeinden hauptsächlich den Erlaß von Rechtsnormen vor. Bei der dritt Gruppe beschränken sich das Land und die kommunalen Spitzenverbände i Wahrnehmungen der Gemeindeinteressen darauf, über bestimmte Koordinie rungsfragen eine öffentlich-rechtliche Vereinbarung abzuschließen.

Sieht man einmal von allen unerwünschten Nebenfolgen ab, so läge die wirksamste Form der Koordinierung der ADV in einem Bundesland zweifel los im Aufbau eines von zentraler Stelle gesteuerten Netzes von DV-An lagen unter Verwendung des rechtlichen Instruments des Zwangsanschlus ses für alle Beteiligten. Mit guten Gründen zeigt keine der Länderlö- sungen einen derart extremen Charakter. Das benutzte Koordinierungsin strumentarium ist vielmehr sehr differenziert und reicht von Mitteln des faktischen Benutzungszwanges über Finanzierungshilfen, Errichtung von staatlich-kommunalen Datenzentralen in der Form von Körperschaften oder Anstalten, über die Ermächtigung zum Erlaß vereinheitlichender V ordnungen bis hin zu partizipatorischen Rechtsformen kommunaler Mitwi kungs-, Beratungs- und Informationsrechte und der Institutionalisieru entsprechender gemischter Gremien.

Versucht man, die verschiedenen Länderlösungen einer Wertung zu unter ziehen, so lassen sich zu diesem Zweck einige allgemeine Kriterien ne nen:

- Lösung des zentralen Wertungsproblems im Spannungsfeld Zentralisi rung - Dezentralisierung im Sinne einer Wahrung wesentlicher deze traler Strukturen wie kommunale Selbstverwaltung oder Ressortprin zip bei gleichzeitiger Sicherung der Effektivität des Datenverbun
- Forderung nach differenzierten Lösungen für den technischen, fach bezogenen und koordinierenden Bereich. Z.B. bestehen keine Bedenke gegen Mehrzweckrechenzentren für verschiedene Ressorts oder gegen gemischt staatlich-kommunale Datenverarbeitungszentralen und dere Ausgliederung aus der allgemeinen Verwaltung, wenn es sich ledig- lich um den <u>technischen Bereich</u> (Rechenzentrumsbetrieb, Programmi rung nach Vorgaben) handelt. Hinsichtlich des <u>fachbezogenen Berei</u> gilt die Forderung, möglichst weitgehend zu dezentralisieren, d.h die Verfahrensentwicklung ist schwergewichtig nicht von ADV-Insti tutionen sondern den dafür zuständigen Fachabteilungen zu betreib Die wichtigsten Entscheidungen fallen im <u>koordinierenden Bereich</u> bei der Abstimmung zwischen den kommunalen und staatlichen Intere sen, wobei die Formierung der Kommunalverwaltung eine große Rolle spielt.

Schluß

Neben der zentralen rechtspolitischen Frage der Zentralisierung bei der Schaffung eines Datenverbunds in der öffentlichen Verwaltung gibt es noc eine Reihe weiterer virulenter Probleme im Gefolge der Verwaltungsautoma tion. Diese Fragen werden im Zuge der Entwicklung zum Datenverbund und zur Schaffung von Informationszentren stark an Bedeutung gewinnen. Es ha delt sich hierbei insbesondere um das Verhältnis zum Bürger, zu den Ver- waltungsangehörigen und zur Legislative, das durch die Verwaltungsautoma tion positiv oder negativ beeinflußt werden kann und insofern sorgsamer rechtspolitischer Steuerung bedarf.

SOME ISSUES IN THE DEVELOPMENT OF INFORMATION CENTRES FOR PUBLIC ADMINISTRATION

C.W. Holtham

Treasurer's Department, Berkshire
County Council, England

Unfortunately, the concept of an Information Centre is subject to some terminological confusion, and it is therefore necessary to start by clarifying what is meant by an Information Centre in this paper. It is assumed to be a collection of sources of data or information, stored on a computer, and capable of being used simultaneously by many persons, departments or organisations. The Information Centre is differentiated from a Management Information System by its multi-organisational aspect, though in many respects they have similar attributes. It is based on the concept of different organisations having overlapping data requirements.

The justifications for Information Centres and Information Systems may be simplified into two basic types:

a) At the 'Managerial' level. Decision-makers will have more timely, accurate and complete information for the purposes of planning and control. It will be capable of more sophisticated analysis than under un-related and incompatible systems.

b) At the 'Clerical' level. Economies of scale are likely to arise through the use of advanced data-base storage and retrieval techniques. Duplication of data can be reduced, and more accurate information disseminated. Clerical systems can be simplified, and some clerical operations may even be removed altogether.

This paper will primarily concentrate on the possible effects of, and need for, Information Centres at the managerial level within public administration.

Information Centres and British Local Government

Table 1 illustrates the distribution of some government functions in England. The Central Government generally has overall responsibility for functions, which are actually executed at the regional or local level. The table illustrates the patchwork of responsibilities that exists, and hints at overlaps in the data held by different bodies.

The most likely source of Information Centre development in the U.K. is at the local government level. Local government is being reorganised, and after 1974 there will be a two-tier system throughout the country which will create many administrative and information problems. For instance, the responsibilities for land-use planning and roads are divided between the Counties and Districts. This is creating a demand for a common land, property and networks data-base servicing both levels.

A major study on the computing needs of the reorganised authorities by LAMSAC (1973) recommended the concept of an Information Centre, stressing:

"...the need for much closer relationships between local authorities in terms of computing and information flows. The most pressing need in this context involves each county council and the district council within its boundaries. They have common information requirements and can bring their resources together to provide a common solution to them. This would enable a county-wide information system to be created which would give access to all parties by agreement with the "owners" of the data. The establishment of such an important capability would be an important step in the development of a multi-organisational approach to local government."

CENTRAL GOVERNMENT (not a full list)	REGIONAL BODIES + Nationalised Industries	COUNTY COUNCIL	DISTRICT COUNCIL
DEPARTMENT OF THE ENVIRONMENT Planning Housing Local Government Water Roads & Transport	Water Authorities	Education * Social Services * Refuse Disposal Roads Planning-Strategic Licensing & Registration	Housing Environmental Health Refuse Collection Roads Planning - local Licensing & Registration
DEPARTMENT OF HEALTH & SOCIAL SECURITY Social Security Social Services Health Services	Health Authorities	Transport Fire Police Library * Consumer Protection	Rating (Property-Tax) Most Recreation activities
HOME OFFICE Urban Problems Police			
DEPARTMENT OF EDUCATION & SCIENCE Education	Post Office Gas Industry Electricity Industry Railways Most Bus Companies	*In conurbations, these services are administered by the District Councils NOTE - Slightly different distribution in London	
INLAND REVENUE Taxation			
DEPARTMENT OF EMPLOYMENT Employment Services			

TABLE 1 : DISTRIBUTION OF SOME GOVERNMENT FUNCTIONS IN ENGLAND

In several cases a county, and the districts within its boundaries, are planning to pool their data-processing capabilities. There is also a long history of co-operative arrangements between local authorities, probably the largest being LOLA, a combination of four authorities in London, which runs a property tax system using database techniques. Although there are several local authorities with sophisticated information systems, there is not yet a functioning Information Centre in the sense described above. It is therefore a pertinent time to identify, and perhaps suggest remedies for, some of the problems likely to arise.

Inter-governmental relations

Though different levels of government may appear to the outsider to be interdependent, both functionally and in information terms, it is not always easy to transform this into the sort of practical co-operation required to operate an Information Centre. There are a number of factors which contribute to this. One is sheer inertia. Another arises out of the different areas served by different types of public bodies. For instance, a Regional Hospital Board, involved in the implementation of a medical data-bank, has an area which stretches over several counties, which presents difficulties for any joint systems development. Interests and objectives differ too. The Birmingham Polic Department operate a very sophisticated on-line information system, but it operates relatively independently of the rest of the Birmingham local authority. If one department of an organisation can develop a specialist application in this way, it is easy to see how different organisations can do so.

Probably the most serious issue is,however, the fear of loss of autonomy by participants in joint arrangements, particularly the more vulnerable partners. The centralisation of information can, in some circumstances, lead to the centralisation of power. The relationship between the new Counties and Districts has already been marked by tension and distrust. A District may see a central Information Centre, probably dominated by the County, as a threat. The information it provides could be used to control it. A similar situation might exist between central and local government, and even between the E.E.C. Commission and a national government. Some people are likely to see a large, centralised Information Centre, as being important enough to change the basis of inter-governmental relations. Though some of the fears may be more imagined than real, those of us working in this area should not be too quick to dismiss them.

The political environment of public administration

Public administration is essentialy political. Not all officials would accept this, and some would argue that industry and commerce also have 'political' elements. It is argued here that the political nature of public administration can affect the type of information required by decision-makers at the managerial levels, and hence, to some extent, the relevance of Information Centres to them.

Virtually all of the most important government decisions in the U.K. are made in a party political context, though not necessarily only for political ends. Politicians are subject to relatively short time-horizons, and to the need to respond - sometimes rapidly - to public pressures. Will 'better' information, produced perhaps by an Information Centre and advanced modelling and simulation techniques, really help them? Up to a point it may do. But a recent British example might engender some scepticism. The location of a Third London Airport was the subject of a thorough and expensive research study, yet the subsequent debate on the study demonstrated not only the falliability of estimates, but also that the assumptions which inevitably underlie any type of analysis are not always shared by everyone. Many politicians may have acquired a scepticism of formal analysis. Their judgement, based on the need to balance conflicting pressures, is likely to remain of great importance. In the short run at least, politicians are likely to derive more benefit from community-TV, cable-TV and viewer-response systems.

There is also the role of ideology to consider. Ideology in politics is not always based on rationality. Information may have little effect on ideologically derived beliefs, because that information is likely to be interpreted in the light of the ideology. This phenomenon of cognitive Dissonance (see Festinger, 1957), is not of course limited to politicians.

The managerial level of public administration is complicated by its political context, which is sometimes misunderstood. For instance, Members of the British Parliament have had access in the last few months to a data-bank, via a terminal in the House of Commons. Some have suggested that it might reduce the number of Parliamentary Questions that needed to be asked. This argument ignores the fact that few MP's ask Parliamentary Questions purely to gain information. More often they are trying to put the government, or some other body, in a bad light, or are trying to elicit a policy that is unclear. Information (the means) is less important than the goal - in this case public exposure.

Because public administration operates in a political context, certain issues become more sensitive in the context of Information Centres. In particular, the protection of privacy and the prevention of unauthorised use. A recent case in the U.K., where a firm obtained a list of credit card holders' addresses, originally derived from a data-bank, would have caused uproar had a governmental data-bank been so raided. And it is only through governmental Information Centres that comprehensive Personal Profiles could easily be compiled.

It is important to stress the political aspects, not only for the reasons advanced above, but also in view of Kramer's (1969) assertion that:

"the linkage of political decision-makers and information systems is unexplored. Politicians simply have not been involved, or seriously considered, in the design, construction and utilisation of information systems."

This is probably the tendency in the U.K., yet politicians are important managers in the public sector. They should not be ignored.

The organisational context of information

Information Systems and Centres tend to encourage the central storage of data, but to allow access to many decentralised points. They also seem to encourage the consideration of information as a relatively abstract commodity, to be sorted, analysed and amalgamated at will. In practice, information both affects, and is affected by, people and organisations.

For instance, consider the interpretation of information. With a manual system, or a computer system with discrete and unrelated files, if one department or organisation stores information, and another wants access to it, the latter asks the former for it. The giver of the information is likely to offer, not only the bare information, but also his comments on it e.g.:

"..some of these statistics are rather unreliable.."
"..the exact meaning of this is ABCD.."
"..don't forget that this only refers to XYZ.."

Information is often full of traps for the unwary, and the filtering, evaluation and interpretation are important in any information-processing, even at the most basic levels of physiological perception. There is a distinct possibility that, as data becomes stored centrally and is easy to access from remote points, some of the traditional evaluation by those who really know about the information will be lost. Even if there are common definitions of data items, there are likely to be differing interpretations of those definitions.

We will probably have to build into Information Centres some kind of Consultative Capacity, so that by a certain output from the system would be noted something like:

WARNING: Telephone 55-981 for a full assessment of this piece of information.

Another area where an Information Centre may cause problems within the organisations it serves is that of Control. One of the factors in the failure of traditional computer systems was inadequate involvement by users and managers, particularly managers, in the implementation of the system. Managers sometimes abdicated their responsibilities in the face of a technology they did not understand. An Information Centre - a technological miracle of the highest order, may continue to encourage this attitude. It will, after all, have its own staff, with its own interests, and may be able to pressurise managements in weaker organisations. Managers may lose control of their own systems. This may also occur because an Information Centre will depend on a standard terminology for every data item stored, so that one item may be used for several different applications. The inevitable standardisation of definitions may reduce the control that any particular organisation or department has over the information it needs.

The use of information in managing public affairs

The arguments for Information Centres as a management aid are often based on rationality, logic and the importance of accurate, quantitative information. Account is not always taken of the constraints on managements, and the reality of information use by managers. Information Centres must be seen in relation to the reality of organisations, not an optimistic, excessively rational model of them.

It is interesting to note the evidence of researchers into the effect of fairly traditional computer systems. Rosemary Stewart (1971) and Zani (1970) are two such who have pointed out how, in some ways, systems have failed to fulfil their promise. Shafran (1973) describes the incongruity of data-base systems being justified with reference to their benefits to management, yet in practice being relatively little used in that area. Summarising both the results of such research, and that into the specific problems of public administration, at least the following four types of limitation emerge.

Firstly, there is the question of the manager who is simply not used to handling the type of information, usually quantitatively orientate, which the system produces. In many cases it is not enough to think in terms of training the manager to make better use of the system - it may require management education in the widest sense.

Then there is the type of problem with which middle and top managemen deal. There can be a whole range of relatively unstructured human and social problems, where it is difficult to make direct use of hard, quantitative data, even if one is willing to do so. The importance of informal information and communications networks should also be stressed in this context, because it is sometimes difficult for classical systems analysis to identify this.

In some cases, the management systems found in public administration do not encourage the use of data from a wide range of sources. Departments and organisations can still operate in independence. Within British local government there has in recent years been a movement towards the development of systems such as PPBS, which encourage not only a corporate approach to administration, but also the use of quantitative techniques and analysis. It may well be that the success of Information Centres in the management of public affairs depends, in part, on whether such management systems are more widely adopted.

Finally, one can make some contrast between the public and private sectors. In the private sector, where money can frequently (though not always) be used as a common denominator, it is easier for there to be broadly agreed types of "management information", often exception reports for control purposes. But in government there is even difficulty in deciding what the measures of performance should be, and developing the necessary models. A major report by consultants on a local government information system commented as follows:

"An essential pre-requisite for management control is the definition of standards or yardsticks whereby performance can be evaluated. Such standards might be based on detailed measurement, analysis of past performance, and comparison with similar organisations. In common with the experience of local authorities generally, there has as yet been comparatively little progress towards the production of this type of information which is the foundation of modern management." (L.B.M.S.U. 1969)

Though several government bodies in the U.K. are attempting to identify performance and output measures, the whole field is still in its infancy. Information Centres will be able to contribute to the manipulation and aggregation of data, but depend on research in other areas.

The four types of limitation just mentioned can all be used to question the validity of Information Systems and Information Centres as a management aid, particularly in the public sector. 'Better' decisions require not only improvements in the formal information flows to managers, but also greater management education, the development of progressive management systems, and even a better understanding of the nature of a manager's work.

Conclusion

Most of the comments made above about Information Centres serving several organisations could apply with equal force to Information Systems serving several departments of a single organisation. The justifications for both of these should be examined in the context of the working environments affected; they cannot be justified by appeals to logic and rationality alone.

This paper has examined some of the practical problems likely to arise, particularly at the political and managerial levels of public administration. It could be argued that not all parts of public administration will face these problems, that they will not occur in all countries, and that little attention has been paid here to the considerable benefits that can accrue from better information. But the need for better information must be seen as merely one element in improving the overall functioning of government. Information Centres are expensive, and there may be other priorities. In any case if large scale, inter-organisational Information Centres are to yield their benefits, there needs to be a deep involvement by social, management and perhaps even political scientists. Such Centres are likely to have, after all, widespread effects on public administration.

July 1973

The County Treasurer's Department,
Berkshire County Council,
Shire Hall,
READING RG1 3EX,
ENGLAND.

REFERENCES

L.FESTINGER (1957): A Theory of Cognitive Dissonance, Row Peterson.

K.L.KRAMER (1969): The evolution of information systems for urban administration, Public Administration Review, Vol XXIX no 4, July/August 1969, pp 389-402.

LAMSAC - Local Authorities Management Services and Computer Committee (1973): Phase I Report - A study of the computing requirements of local government in England.

L.B.M.S.U. - London Boroughs Management Services Unit (1969): London Borough of Haringey Long Term Computer Project - Report on the Initial Study.

R.STEWART (1971): How computers affect management, Macmillan.

M.J.SHAFRAN (1973): Management and databases, Paper to Datafair 1973 Conference, Conference Reports Vol 1, British Computer Society 1973.

W.M.ZANI (1970): Real-time information systems in a comparative economic perspective, Management Science, Vol 16 no 6, February 1970, pp 350-355.

2. Sektion

INFORMATIONSZENTREN UND ÖFFENTLICHE VERWALTUNG

Probleme der Institutionalisierung von Informationssystemen im Bereich öffentlicher Verwaltung

Klaus Grimmer

Gesamthochschule Kassel

Überlegungen zur Einrichtung einer Informationsverwaltung.

1. Die Institutionalisierung von Informationssystemen (IS) im Bereich öffentlicher Verwaltung ist zu verstehen als die organisatorisch selbständige Ausformung der Informationsaufnahme, -verarbeitung und -wiedergabe in einem definierten Kommunikationszusammenhang und in einer bestimmten Rechtsform mittels elektronischer Datenverarbeitung.

   Die rechtlichen Organisationsformen der Verwaltung stellen selbst unterschiedliche Strukturierungen und Definitionen von Informationsprozessen dar. Der juristischen Form nach wird unterschieden zwischen privatrechtlichen und öffentlich-rechtlichen Organisationstypen, bei den letzteren zwischen der Behördenform, der selbständigen oder unselbständigen Anstalt des öffentlichen Rechts, der Körperschaft des öffentlichen Rechtes und der Stiftung.

   Informationstheoretisch ist die Unterscheidung zwischen privatrechtlicher und öffentlich-rechtlicher Form und auch die Typisierung der öffentlich-rechtlichen Form insoweit relevant, als damit Kommunikationssysteme unterschiedlicher Komplexität und Abgrenzbarkeit definiert sind. Gleichzeitig definieren diese Rechtsformen im Zusammenhang mit dem Sachbereich, zu dessen Erledigung die entsprechenden rechtlich formierten Gebilde errichtet sind, die zu verarbeitenden Informationen und den Personenkreis, welcher Informationen in den Informationsverarbeitungsprozess einbringen kann und einen Benutzungsanspruch hat. Während beispielsweise bei der Behörde die relevanten Informationen in der Regel aufgabenspezifisch begrenzt sind, das Recht, Informationen als relevante einzubringen, durch die rechtliche Nomierung und durch die hierarchisch-bürokratische Strukturierung der Behörde bestimmt werden, ist bei der Körperschaft als selbständiger Einrichtung eine solche begrenzte Definition und Strukturierung zwar hinsichtlich des relevanten Personenkreises, d.h. der zu beachtenden Kommunikationssituationen gegeben, aber nicht hinsichtlich der sachbereichsrelevanten Informationen, welche von den Mitgliedern der Einrichtung im Rahmen der ihnen gesetzlich zugewiesenen Rechtsetzungskompetenz jeweils selbst zu definieren sind.

Die rechtliche Strukturierung und Differenzierung der herkömmlichen öffentlichen Verwaltung in unterschiedliche Kommunikationskreise und Informationsverarbeitungssysteme, welche begründet ist aus den Gesichtspunkten des Sachzusammenhanges, der Gewalten-(Macht-)beschränkungen, der politischen, ressort-spezifischen Zurechenbarkeit und Verantwortlichkeit und der begrenzten personellen Kooperations- und Koordinationsfähigkeiten ist bei der Institutionalisierung von IS zu überprüfen. Die Kapazitäten eines IS zur Informationssammlung, Verarbeitung, Speicherung und Wiedergabe hängen von technischen und organisatorischen Bedingungen ab, welche heute noch nicht abschließend beschreibbar sind. Die Kooperations- und Koordinationsprobleme lassen sich vermittels umfassender IS für die Verwaltung durch die Einrichtung entsprechender Zugriffs- und Austauschformen lösen. Das Problem der Gewalten-(Macht-)begrenzung und -verschränkung als Begrenzung der Informations- und Entscheidungskompetenz läßt sich durch technische Hilfsmittel lösen, soweit es eine Begrenzung der Datenzugriffsmöglichkeit betrifft. Das Gliederungsprinzip des Sachzusammenhanges bedarf bei der Errichtung integrierter IS einer neuen Bestimmung, da sich hier die Interdependenz zwischen verschiedenen Sachgebieten und die Datenintensität einzelner Sachgebiete neu darstellt und darstellen und bewältigen läßt.
Ein weiterer Anlaß für eine organisatorisch differenzierte Strukturierung des Verwaltungsbereiches ist die

Einführung zusätzlicher Entscheidungskompetenzen, sei es aufgrund der gesetzgeberisch vorgenommenen Delegation von Rechtsetzungsmacht, sei es aufgrund der gesetzgeberisch vorgenommenen Delegation von Konkretionskompetenz. Diese Kompetenz bedeutet am Beispiel der Körperschaften des öffentlichen Rechtes, dass hier Entscheidungsorgane darüber befinden dürfen, welche Informationen als relevant zu betrachten sind und welche Folgerung aus der Kenntnis eines als relevant definierten Datenbereiches für das Verhalten der Mitglieder zu ziehen sind. Es können dies beispielsweise Informationen im Zusammenhang mit Haushaltsberatungen und Haushaltsbeschlüsse als relevante Daten sein. Es können dies aber auch ebenso Informationen im Zusammenhang mit der Entwicklung von Studien- und Prüfungsordnungen als verbindliche Daten für das soziale System Hochschule sein. Solche ausdifferenzierten Entscheidungskompetenzen können auch durch ein IS nicht ersetzt werden, da es hier um das Recht zur Definition relevanter Informationen geht. Es ist allerdings zu erwarten, dass aufgrund der Errichtung integrierter und umfassender IS in der öffentlichen Verwaltung insgesamt letztlich für alle Bereiche staatlichen Handelns mehr relevante Informationen zur Verfügung stehen und es deshalb weniger ausdifferenzierter Diskussions-(Informations-) und Entscheidungsorgane bedarf zur Ermittlung von relevanten Informationen. Die Einrichtung von integrierten IS ermöglicht die Reduzierung ausdifferenzierter Verwaltungsbereiche und die Erweiterung der verwaltungsinternen, formal strukturierten Informationssysteme. Allerdings ist im Blick auf die bisherigen verwaltungsorganisatorischen und verwaltungspolitischen Massnahmen im Zusammenhang mit der Errichtung von Datenverarbeitungsanlagen nicht auszuschliessen, dass sich zumindest für eine Übergangszeit eine Verdoppelung des Verwaltungsaufwandes ergibt.

2. Das Wegfallen von gewalt- und machtbeschränkenden, sachspezifisch differenzierenden und personell koordinierenden rechtlichen Strukturen und organisatorischen Differenzierungen im Bereich der öffentlichen Verwaltung durch die Errichtung von integrierten IS macht es erforderlich, für die Gewährleistung demokratischer und rechtsstaatlicher Verfassungsprinzipien bei der Instituierung von IS und in der Regelung von Zugriffs-, Auskunfts- und Löschungsrechten Vorsorge zu treffen.

Die Form der Institutionalisierung von IS determiniert die Informationen, welche in den rechtlich strukturierten und organisierten Informationsverarbeitungsprozess der Verwaltung eingeführt werden. Die Form der Institutionalisierung beeinflusst aber auch massgeblich das Verhältnis der Verwaltung zur Umwelt, da von der Institutionalisierungsform die Kontaktstellen Bürger - Verwaltung im Sinne von Informationsaufnahmestellen ebenso wie die Formen der personalisierten Beziehungen zwischen Verwaltung und Bürger bestimmt werden. Art und Weise der Institutionalisierung bestimmen schliesslich auch ob und wie die Ziele der Verwaltung erreicht werden können, da es von der Institutionalisierungsform abhängt, in welcher Weise einer Verwaltungsstelle Informationen bei ihren Entscheidungsprozessen zur Verfügung stehen. Die Form der Institutionalisierung von IS im Bereich öffentlicher Verwaltung beeinflusst damit nicht nur die Arbeitsweise der Verwaltung, sondern auch ihre Funktion in einer staatlich-verfassten Gesellschaft.
Die Institutionalisierungsform hat sich deshalb an den verwaltungspolitischen, in ihrer verfassungsrechtlichen Relevanz und Zulässigkeit geklärten Zielsetzungen zu orientieren, für welche eine staatliche Kompetenz und Verantwortung besteht und in ihrer demokratischen Legitimation jeweils zu wahren ist. Besondere Beachtung bei der Wahl der Organisationsform bedürfen die Formen der demokratischen Legitimation und Kontrolle, der Trägerschaft, der Fach- und der Rechtsaufsicht, der Selbständigkeit in der Aufgabenerfüllung und der Koordination mit bestehenden Einrichtungen der Verwaltung sowie die Regelung von Auskunfts- und Weisungsrechten Dritter.

Leitgesichtspunkte bei der Diskussion von IS für die öffentliche Verwaltung sind im übrigen: Einheit der gesamten staatlichen Verwaltung [5], Koordination verschiedener Aufgabenträger im Verwaltungsbereich, Integration verschiedener Verwaltungsbereiche und Systembildungsfunktion der Verwaltung, Effizienz des Verwaltungshandelns, aber auch - mehr oder minder stark betont - Erhaltung der Eigenständigkeit spezifischer Kompetenzträger (Ressortprinzip), Gewährleistung der Handlungsbedingungen verfassungsrechtlich gebotener politischer Entscheidungsorgane (Gewaltenteilung, Informationsgleichgewicht zwischen Exekutive und Legislative) [6]. Eine Gewichtung und Hierarchisierung der Institutionalisierungsziele wird in der Regel nicht vorgenommen. Die Instituierung von IS selbst kann immer nur ein Mittel zur Aufgabenbewältigung sein, welches aber für sich selbst nicht wertfrei ist.

3. Die Institutionaliserung von IS im Bereich öffentlicher Verwaltung bedeutet aber nicht, dass nur ein technisches Hilfsmittel zur Verfügung gestellt wird, sondern hat auch eine qualitative und quantitative Veränderung der staatlichen Verwaltungsarbeit zur Folge.

Der Einsatz von IS kann auch die Stellung des Bürgers im politischen Meinungsbildungsprozess und bei der Teilhabe an Verwaltungsentscheidungen verändern. So kann ein IS zur Herstellung von "Öffentlichkeit" und damit also zur Herstellung von Kommunikations- und Partizipationsmöglichkeiten, zur "Demokratisierung" genutzt werden, indem durch bessere Information und Teilnahme an Informationsprozessen von Individuen und Gruppen, von politischen Organisationen, Presse und Rundfunk der "öffentliche Bereich" durch Publizität hergestellt wird, womit sich auch eine qualitative Veränderung des Kommunikationssystems, in welchem Verwaltung steht und beurteilt wird, ergibt. Andererseits kann der Einsatz eines solch umfassenden Hilfsmittels, wie es das IS darstellt, Qualität, Organisation und Funktion der Verwaltung in der Weise verändern, dass sich eine Entwicklung zum autoritär-technokratischen "Verwaltungsstaat" ergibt.

Ein hinreichend ausgebautes IS kann die Verwaltung unabhängiger von bislang ständig neu zu erhebenden "Auseninformationen" machen und damit auch ihre Entscheidungsfähigkeit und -geschwindigkeit erhöhen. Die im Entscheidungsprozess beachteten Informationen resultieren dann auch weniger aus einem Dialog Verwaltung - Bürger, sondern ergeben sich vorrangig aus den gesetzlich vorgeschriebenen, in der Entscheidung zu verarbeitenden und in einem IS vorhandenen Informationen.
Da es nicht Anliegen des Gesetzgebers sein kann, gesetzliche Aufgabenzuweisungen in Verwaltungsprogramme zu übersetzen und relevante Informationen enumerativ zu bestimmen, erweitert sich hier die Selbständigkeit des Systems Verwaltung gegenüber dem politischen System, verbunden durch gesellschaftlich herrschende Interessen und Bedürfnisse. Recht als Handlungsbedingung wird so zur Bedingung rechtlicher "Ungebundenheit" und bewirkt die Einschränkung politischer Kontrollmöglichkeiten.

Die Institutionalisierung von IS im Bereich öffentlicher Verwaltung erfordert die Überprüfung der herkömmlichen Bestimmungen der Verwaltungsfunktion und ihre Einteilung in Ordnungs-, Leistungs- und Planungsverwaltung sowie eine neue Bestimmung des Verhältnisses der Verwaltung zur Umwelt, jedenfalls soweit dieses seinen Niederschlag findet in Speicherungsrechten, Zugriffsrechten, Auskunftsrechten und Schutzrechten (Löschungsansprüche). Aufgrund eines Datenverbundes können die heute unterschiedenen Ordnungs-, Leistungs- und Steuerungsfunktionen der Verwaltung in ihrer instrumentellen Funktion zur Erhaltung oder Herstellung eines bestimmten gesellschaftlichen Systemzustandes austauschbar werden. Es ist allerdings bislang nicht zu erkennen, dass die Einrichtung von Datenzentralen zum Anlass für die Überprüfung von Struktur und Funktion der Verwaltung genommen wird.

Die Einrichtung von IS im Bereich öffentlicher Verwaltung steht vom Grundgesetz her wie die Verwaltung insgesamt unter dem Postulat des Rechtsstaates, der Demokratie und des Sozialstaates. "Von einem Rechtsstaat kann dort nicht mehr die Rede sein, wo Unübersichtlichkeit des Rechts und widersprüchliche Rechtsanwendung immer mehr zu Alltagserscheinungen werden, und eine sozialstaatliche Ordnung setzt zumindest voraus, dass die einzelnen gesellschaftspolitische Reformen in tendierenden Normen ihren Adressaten wenigstens erreichen" [7].

Zum Prinzip des Rechtsstaates gehört auch jenes der horizontalen und vertikalen Gewaltenkontrolle und Differenzierung der Gewaltenausübung in unterschiedlichen Organisationsformen. Das "Ressortprinzip" hat dabei nur insofern verfassungsrechtliche Relevanz, als es notwendiges Organisationsmittel und Ausdruck von Gewaltenbeschränkung und Gewaltenkontrolle ist. Diese Prinzipien werden ergänzt durch jene der parlamentarisch-demokratischen Verantwortlichkeit des staatlich organisierten Handelns und parlamentarisch-demokratischer Kontrollmöglichkeiten. Bedeutsam ist auch die Erhaltung des "Informationsgleichgewichtes" und des Vorranges in der Entscheidungskompetenz für die Legislative.

Einheitliche, formale Organisationsprinzipien sind für die Verwaltung nicht feststellbar. Die Prinzipien der Konzentration und Dekonzentration, der Zentralisation und der Dezentralisation, der bürokratischen und der kollegialen Ordnung stehen einander durchgängig gegenüber. Allenfalls kann von informellen Prinzipien der Zweckmässigkeit und Effektivität, der Einheit der Staatlichkeit, der Koordination und Integration des staatlichen Handelns, Vermeidung von Reibungsverlusten, Kostenminimierung - dieses Prinzip hat aber keine eigenständige Funktion - und der Systembildungsfunktion gesprochen werden.

Die Schwierigkeit jeder Erörterung von Modernisierungsproblemen und insbesondere von Fragen der Wirtschaftlichkeit öffentlicher Verwaltung liegt gerade darin begründet, dass die Ziele der Verwaltung nicht operativ formuliert sind und formuliert werden. Wirtschaftlichkeit von Verwaltungsleistungen kann aber nur bestimmt werden, wenn die zu verwirklichenden Ziele und die dabei zulässigen oder gebotenen Mittel definiert sind.

4. Bezogen auf die gegebenen Strukturen und Kompetenzen der Verwaltung können bei der Errichtung von integrierten Informationssystemen folgende Auswirkungen angenommen werden: Je umfassender der Integrationsbereich eines IS ist, d. h. je stärker durch den Einsatz von EDV-Anlagen Verwaltungshandeln koordiniert und integriert wird, je grösser der Umfang der gespeicherten Daten ist, desto mehr besteht die Möglichkeit einer Globalisierung der Macht der Verwaltungsbehörde, ihrer Verselbständigung; desto mehr besteht aber auch die Möglichkeit zu integrierter - aber auch totalisierter - Planung; desto mehr Möglichkeiten zur Systembildung durch Verwaltungshandeln sind gegeben, desto stärker kann aber auch die Gefahr für den Verlust an Individualität und Demokratie eingeschätzt werden.

Je mehr Disvertifikation im Datenbankensystem, desto mehr "Gewaltenteilung" ist dadurch hergestellt, desto grössere Klarheit über Zuständigkeiten wird vermittelt. Selbstverwaltungsbereiche und ausdifferenzierte Organisationsbereiche können in eigener Funktion erhalten bleiben, aber es besteht auch nur die Möglichkeit punktueller Partizipationen und Einflussnahmen, der Systemzusammenhang und die Interdependenzbeziehungen bleiben unklar. Die Gefahr einer Verselbständigung einzelner Verwaltungsbereiche ist nicht auszuschliessen. Solche Anlagen arbeiten in der Regel kostenungünstiger, der "Rationalisierungseffekt" ist geringer. Der "Rationalisierungseffekt" kann allerdings erhöht werden, wenn behördeneigene oder nur beschränkt integrierte IS gemeinsame Anwendungsprogramme benutzen und einer einheitlichen Systemplanung unterliegen.

Diese Gegenüberstellung schematisierter Vermutungen mag ausreichen, um anzudeuten, welche Strukturveränderungen sich durch die Einrichtung von integrierten IS ergeben können. Umfassend integrierte IS (Verbundsysteme) beinhalten am stärksten die Gefahr einer Aushöhlung der "Gewaltenteilung" und "-kontrolle" und eine nahezu unbegrenzte Stärkung und Verselbständigung der Verwaltung.

Hinzu kommt, dass bei einer Identität von Informationszentren und operativer Verwaltung nicht nur die Steuerungskapazität der Verwaltung wächst, sondern auch die Formalisierung ihres Umweltbildes fortschreitet und sozialer Wandel durch Verlust von Lernfähigkeit aufgrund reduzierter Umweltkontakte erschwert werden kann.

Diesen Gefahren kann begegnet werden, wenn institutionell und organisatorisch zwischen Verwaltung als operativer (ordnender, leistender und planender Tätigkeit) und Informationsverwaltung getrennt wird. [8] Zur Sicherung rechtsstaatlicher Prinzipien und zur Gewährleistung effektiver Begrenzungen öffentlicher, verwaltungsgebundener Gewalt ergibt sich so die Strukturforderung, dass die Handlungskompetenz der Verwaltung und der einzelnen Verwaltungsstellen begrenzt und kontrolliert wird durch die institutionell verselbständigte Informationsverwaltung. Ein integriertes, umfassendes Informationssystem der öffentlichen Verwaltung kann die Einheit der Verwaltung als Einheit ihrer "Daten" darstellen. Die Erhebung von Informationen, ihre Verarbeitung und ihre Benutzung als Entscheidungsgrundlage wäre aber nicht zu zentralisieren bei der Verwaltung als "Exekutive", als ideeller Einheit, sondern wäre zu trennen zwischen der operativen Verwaltung und der Informationsverwaltung. Die auf der Grundlage von integrierten, umfassenden Informationssystemen arbeitende Verwaltung, bei welcher sich die bisherigen strukturellen und organisatorischen Differenzierungen teilweise erübrigen, würde so keine der Zentralisation des Informationswesens entsprechende Machterweiterung erfahren, sondern würde in ihrer Tätigkeit der Begrenzung und Kontrolle durch die "Informationsverwaltung" unterliegen. Der Informationsverwaltung wiederum wäre keine Handlungs- und Entscheidungskompetenz gegenüber dem Bürger, also nach aussen, zu gewähren. Daten, welche die Verwaltung nicht von einem IS beziehen kann, wären von den einzelnen Verwaltungsstellen entsprechend ihrer Aufgabenzuständigkeit selbst zu erheben und an die Informationsverwaltung weiterzugeben, um so permanente Aussenkontakte zu gewährleisten. Der Informationsanspruch einzelner operativer Verwaltungsstellen gegenüber dem IS wäre zu begrenzen auf ihre rechtlich bestimmten Aufgabenbereiche. Informationssammlung und - verarbeitung wäre Angelegenheit der Informationsverwaltung. Ein eigenes Datenerhebungsrecht der Informationsverwaltung gegenüber dem Bürger erscheint nicht erforderlich, sondern es erscheint ausreichend, wenn die Informationsverwaltung nur jene Daten aufnimmt und verarbeitet, welche im Rahmen der allgemeinen Verwaltungstätigkeiten bei einer Verwaltungsstelle anfallen und von dieser an die Informationsverwaltung weitergegeben werden. Nur auf diese Weise kann gewährleistet werden, dass Datenerhebungen aufgabenorientiert erfolgen. Eine Zusammenarbeit zwischen operativer Verwaltung und Informationsverwaltung bei der Datenerhebung erscheint unbedenklich. Die Verantwortung für die Richtigkeit gespeicherter Daten hätte gegenüber dem Bürger bei der operativen Verwaltung zu verbleiben. Die Informationsverwaltung hätte demgegenüber verwaltungsintern Sorge zu tragen für die Aktualität der gespeicherten Daten. Auf diese Weise wäre die Offenheit der Kommunikationssituationen auch unter den Bedingungen von Informationszentren zu erhalten.

Die Einführung dieses Trennprinzipes würde es bei entsprechender technischer und organisatorischer Vorsorge ermöglichen, dass ein die Zuständigkeit überschreitender Besitz von Informationen bei einzelnen Verwaltungsstellen nicht eintritt. Eine solche Neustrukturierung der Verwaltung erlaubt es auch, unter ihren neuen Handlungsbedingungen rechtsstaatliche Prinzipien zu sichern und die Kontrolle der Verwaltung zu verbessern. Gerade bei einer Minderung parlamentarischer Kontrollmöglichkeiten und -formen einerseits und bei dem Bedeutungszuwachs, welchen die Verwaltung andererseits erfährt, erscheint es geboten, innerhalb der Verwaltung strukturell "Machtbeschränkungen" einzubauen, um so auch einen Ausgleich für verminderte Gewaltenbegrenzungen durch vertikale und horizontale Kompetenzteilungen innerhalb der Verwaltung aufgrund der Zusammenfassung einzelner Verwaltungsstellen zu grösseren Planungseinheiten zu schaffen. Die Rechtsstellung des einzelnen Bürgers und sozialer Vereinigungen im staatlichen Informationsverarbeitungsprozess wäre einheitlich und transparent normierbar. Dem einzelnen Bürger und sozialen Vereinigungen können auch eigene Informationsansprüche gegenüber der Informationsverwaltung eingeräumt werden, was wiederum ihre Stellung im politischen Meinungsbildungs- und Entscheidungsprozess verbessern würde, und unter Umständen dazu beitragen könnte, nachträgliche Verwaltungskontrolle durch "teilnehmende Verwaltungskontrolle" zu ergänzen.

Im übrigen wäre das Trennprinzip zu ergänzen durch die Grundsätze der Registrierungspflicht und Publizität über

Datenbanken und IS im öffentlichen Bereich sowie die Prinzipien der Erforderlichkeit und Gesetzmässigkeit der Informationserhebung und des Informationsaustausches bzw. -zugriffes.

5. Entsprechend der Organisationsform können für den Bereich der Bundesländer und der Kommunen derzeit folgende Institutierungstypen für IS unterschieden werden [1]:

behördeneigene IS;

Verbundsysteme, d. h. die Herausnahme von Aufgaben aus der allgemeinen Verwaltung und ihre Übertragung auf eine gemeinsame Neuorganisation, sei es nur als Zusammenfassung mehrerer solcher Sonderbereiche, z. B. einer kommunalen Verwaltung;

oder Verbundsysteme als Zusammenfassung von Aufgaben, z. B. mehrerer Kommunalverwaltungen;

teilweise auch Verbundsysteme unter Einschluss von Bereichen der Landesverwaltung in Form von Landesinformationssystemen ("Mischverwaltung");

schliesslich reine Dienstleistungsunternehmen, d. h. selbständige Einrichtungen von EDV-Anlagen, aber ohne eigene Verwaltungskompetenzen und Zuständigkeit, also praktisch ausdifferenzierte technische Hilfsmittel für mehrere "Auftraggeber" (Kommunen, Land, Sonderbehörden).

Am gebräuchlichsten sind Datenverarbeitungsanlagen innerhalb verselbständigter Verwaltungsbereiche [2] bei Integration der Datenerfassung, Datenverarbeitung und Datenausgabe. Unterschieden werden kann dabei zwischen vertikaler und horizontaler Integration, wobei die vertikale Integration einzelner Funktionsgruppen, z. B. das Personalwesen oder das Finanzwesen zusammenfasst, die horizontale Integration dagegen von der Dateneinheit ausgeht, also z. B. die Personaldaten sowohl für die Kommunen als auch für Polizei, Staatsanwaltschaft usw. erfasst. Letztere Integrationsform ist in dieser Weise zur Zeit nicht vorgesehen, kann sich aber über die Einführung des Personenkennzeichens ergeben. Im Bereich der Mischverwaltung werden Dateneinheiten sowohl für kommunale als auch für Landeszwecke gespeichert und zur Verfügung gestellt [3].

Vorherrschend ist das Bemühen über den Einsatz von Datenverarbeitungsanlagen/IS die personelle und sachliche Integration mehrerer Verwaltungsbereiche herzustellen, die Effektivität der Verwaltung zu verbessern. Rechtsstaatliche Prinzipien stehen nicht im Vordergrund struktureller Überlegungen.

Die Koordinationsformen sind: Benutzungszwang, Einzelanweisungen, Selbstorganisation der beteiligten Kompetenzträger oder indirekt durch aufgabengebundene Finanzzuweisungen der Länder an die Gemeinden und Gemeindeverbände zur Förderung von kommunalen IS. [4]

Das Trennprinzip ist also, wenn überhaupt, dann nur dort berücksichtigt, wo Datenverarbeitungsanlagen als Dienstleistungsbetriebe eingerichtet sind. Allerdings sind sie nicht als eigenständige "Informationsverwaltung" angelegt.

Die rechtliche Organisationsform der Datenzentralen, integrierten IS kennzeichnet ihre Stellung in der Verwaltung, ihr Gewicht dort. Gleichzeitig bestimmt die Organisationsform die über ein IS zu schaffende Integration und definiert das jeweils beachtliche Kommunikationssystem. Die einzelnen Bundesländer sehen bisher unterschiedliche Regelungen vor, etwa die Behördenform (Bayern), die Form der Körperschaft des öffentlichen Rechtes (Hessen), die Form rechtsfähiger und nicht rechtsfähiger Anstalten des öffentlichen Rechts (Baden-Württemberg, Bayern). [9]

Die rechtlich-organisatorisch selbständige Ausgestaltung der IS bedeutet eine Verla-gerung von Kompetenzen aus dem allgemeinen Verwaltungsvollzug durch die Kompetenz der Datenzentralen der Programmbestimmung und damit der Regelung des Arbeitsablaufes. Die Einrichtung selbständiger Datenverarbeitungszentralen stellt somit eine Verlagerung von Verwaltungskompetenzen und zumindest eine indirekte

Zentralisierung öffentlicher Gewalt im Bereich der Verwaltung dar. Es ist nicht zu erkennen, dass bei der Errichtung der IS das Demokratiepostulat oder die Rechtsstaatprinzipien des Grundgesetzes oder aber auch die Grundrechte selbst handlungsleitend waren.

Bei der Realisierung des Trennprinzipes und der selbständigen Einrichtung einer Informationsverwaltung ist davon auszugehen, dass Datenbanken mit der Wahrnehmung öffentlicher, in der Regel hoheitlicher Aufgaben betraut sind. Die Einrichtung von Datenbanken erfordert ihre Ausstattung mit hoheitlichen Zwangsmitteln, z. B. zur Durchsetzung eines Anschluss- und Benutzungszwanges oder zur Verhinderung groben Datenmissbrauchs. Integrierte Datenbanken sind auch - wie dargelegt - aus dem allgemeinen Verwaltungsbereich auszudifferenzieren. Für ein IS erscheinen deshalb solche Organisationsformen nicht empfehlenswert, welche es in das unmittelbare staatliche Verwaltungshandeln im herkömmlichen Sinne eingliedern oder es in eine solche Verselbständigung verweisen, die eine politische, demokratisch-parlamentarische Verantwortlichkeit weitgehend ausschaltet oder unmöglich macht. Für die Institutionalisierungsform erscheint empfehlenswert die Form der selbständigen Anstalt des öffentlichen Rechtes.[10)]

Eine Behördenorganisation und damit die Einbeziehung einer solchen Einrichtung in die allgemeine Verwaltungsorganisation würde dieser die zu ihrer Aufgabenerfüllung wünschenswerte Distanz zum allgemeinen Verwaltungsbetrieb nehmen und sie unmittelbar in die Verwaltungshierarchie einordnen, wodurch das Trennprinzip unmöglich gemacht würde und auch die Erfüllung innovatorischer Aufgaben beeinträchtigt werden kann.

Bei einer körperschaftlichen Organisation kann demgegenüber von der Anlage her nur schwer der Gefahr begegnet werden, dass die Einrichtung entweder Interessengegensätzen der einzelnen Mitglieder ausgeliefert oder aber bei engem Zusammenschluss der Mitglieder eine Verselbständigung des jeweiligen Verwaltungsbereiches die Folge ist. Privatrechtliche Organisationsformen scheiden aufgrund der Aufgabenstellung aus, die Betreuung einer privatrechtlichen Organisation mit hoheitsrechtlichen Befugnissen als Regelfall würde einen Formenmissbrauch darstellen, weil so verfassungsrechtliche Kontrollformen ausgeschlossen werden. Die Form der Anstalt des öffentlichen Rechts wahrt sowohl die Zuordnung zur Verwaltung als sie auch Distanz zur Vollzugsverwaltung schafft und ermöglicht zusätzlich die Einrichtung kompetenter, demokratisch legitimierter Entscheidungs- und Kontrollorgane.

Für die Struktur dieser Anstalt ist empfehlenswert die Einrichtung eines Verwaltungsrates, welcher durch seine Zusammensetzung der Anstalt parlamentarisch-demokratische Legitimation und Kontrolle vermittelt, also zweckmässigerweise in der Regel aus Vertretern der für die Einrichtung zuständigen Parlamente besteht. Die Mitgliedschaft von Vertretern der Exekutive erscheint in diesem Organ nicht erforderlich, da dies nur zu einer Aushöhlung der demokratisch-parlamentarischen Verantwortlichkeit führen kann. Neben dem Verwaltungsrat erscheint zweckmässig die Einrichtung eines Sachbeirates, welcher für die technologische Aufgabendurchführung zuständig ist. Diesem Organ können auch Mit-glieder der Exekutive, also der Benutzer des IS im engeren Sinne, angehören. Empfehlenswert erscheint schliesslich auch die Einrichtung von Koordinierungsausschüssen aus Mitgliedern des Sachbeirates und der Verwaltung, um die erforderlichen Koordinations- und Innovationsmassnahmen zwischen Datenbanken/IS und Verwaltung, aber auch zwischen mehreren Datenbanken oder IS herzustellen.

Es wurde ausgeführt, dass der Einsatz von IS auch dem Ziele zu dienen hat, die Effizienz von Grundrechten und Verfassungsprinzipien zu sichern, d. h. insbesondere auch dem Demokratiepostulat und also auch der Befähigung zur Meinungsbildung und zur Teilnahme an der politischen Willensbildung und Entscheidung zu dienen. Unter Berücksichtigung dieser Verfassungsaufträge ergibt sich für ein IS eine Erweiterung der für relevant zu erachtenden Informationen gegenüber dem bisher in isolierten Verwaltungsbereichen entscheidungstragenden Daten. Institutionell zu sichern wären auch Informations- und Auskunftsrechte der Bürger - auch als Bedingung für die Teilnahme an Verwaltungsentscheidungen. Die Komplexität der modernen Lebenssituationen macht es in hochindustrialisierten Gesellschaftssystemen erforderlich, dass der "eigenständige Funktionsbereich" der Verwaltung erweitert wird. Dieser Systembedingung gegenüber steht das Postulat der Wahrung individueller Freiheit. Um hier einen Ausgleich zu ermöglichen, ist es erforderlich, dass auch institutionell dafür Sorge getragen wird, dass Art und Umfang gespeicherter Daten publiziert werden und jedermann ein Anspruchsrecht auf Löschung gesetzlich nicht legitimierter Daten hat.

6. Die Errichtung von integrierten IS im Bereich öffentlicher Verwaltung wird eine Verschärfung des Gegensatzes zwischen Staat und Gesellschaft im formalen, organisatorischen Bereich zur Folge haben. Gleichzeitig wird sich eine Differenzierung innerhalb der Verwaltung für generalisierbare und nicht generalisierbare Angelegenheiten vollziehen. Da aber zu den nicht generalisierbaren Angelegenheiten vor allem die Bereiche sozialer Hilfeleistungen und Förderungsmassnahmen gehören, werden sich innerhalb der Verwaltung die gesellschaftlichen Widersprüche verstärkt widerspiegeln, wird die systembildende Funktion der Verwaltung beeinträchtigt werden. Integrierte IS als Aufgabe selbständiger Informationsverwaltung können aber auch durch die Erweiterung der Kommunikationssysteme und durch erweiterte Kompetenz des Bürgers zur Teilnahme an Informationsverarbeitungs- und Entscheidungsprozessen der öffentlichen Verwaltung zur Minderung dieser formalen Distanz beitragen.

1) Vgl. hierzu den Überblick bei von Berg, Busch, Rustemeyer, EDV-Organisationsgesetze und Vereinbarungen der Bundesländer, in: ÖVD 1972, S. 319 ff, S. 380 ff (mit Nachweis der Gesetzesfundstellen);

vgl. auch Überblick über die rechtliche Regelung des Datenschutzes, in: Hessische Landtagsdrucksachen 7/1495, Vorlage des Datenschutzbeauftragten, S. 10, S. 13 ff.

2) Vgl. E. Meincke, Integrierte Datenverarbeitung in der öffentlichen Verwaltung unter besonderer Berücksichtigung der Kommunalverwaltung, Köln 1970, S. 15.

3) Vgl. E. Meincke, a.a.O., S. 49 ff (S. 114).

4) Vgl. hierzu von Berg, Busch, Rustemeyer, a.a.O., S. 327 ff.

5) Siehe hierzu E. Meincke, a.a.O., S. 114 mit weiteren Nachweisen.

6) Vgl. hierzu von Berg, Busch, Rustemeyer, a.a.O., S. 380 ff.

7) S. Simitis, Chance und Gefahren der elektronischen Datenverarbeitung, in: NJW 1971, S. 673 ff.

8) Vgl. zu entsprechenden Regelungen für den Betrieb von DV A. Podlech, Entwurf eines Bundesrahmengesetzes zum Schutz personenbezogener Daten und Informationen im Bereich der öffentlichen Verwaltung, Manuskript, Heidelberg 1972, §§ 29 u. 41.

9) Vgl. hierzu den Überblick bei: Das Informationsbankensystem, Berichte der interministeriellen Arbeitsgruppe beim Bundesminister des Inneren an die Bundesregierung, Band 1, Köln 1971, S. 56 ff.

10) Zur verwaltungsrechtlichen Definition vgl. F. Mayer, Allgemeines Verwaltungsrecht, 3. Aufl., Stuttgart 1972, S. 49.

Ausgliederung von Informationsverarbeitungsfunktionen innerhalb der öffentlichen Verwaltung

Hans Brinckmann

Technische Hochschule Darmstadt
Fachgebiet für Öffentliches Recht

I.

Informationszentren (IZ) für die öffentliche Verwaltung werden primär projektiert und eingeführt, um die bestehenden Verwaltungsaufgaben besser bewältigen zu können. Sie sind nicht als neue Verwaltungsaufgabe zu verstehen - eine solche wäre das Informationsbankensystem im Sinne des "Berichts der interministeriellen Arbeitsgruppe beim Bundesminister des Inneren an die Bundesregierung" (1971) - , sondern als neue Methoden zur Aufgabenbewältigung.

Diese neuen Methoden verändern die "Verwaltung als Arbeitsvorgang und die Verwaltung als Arbeitsinstitution" (E. Forsthoff, Lehrbuch des Verwaltungsrechts 9. Aufl. S. 408). Erwägungen über die durch IZ induzierten Veränderungenvon Arbeitsvorgang und Arbeitsinstitution müssen die vorfindliche Verwaltung zum Ausgangspunkt nehmen.

II.

Die öffentliche Verwaltung ist arbeitsteilig organisiert, wobei ihrer Arbeitsteilung insbesondere folgende - einander durchaus überschneidende - Prinzipien zu Grunde gelegt sind:

a) an den Verwaltungsobjekten ist die Gliederung in Fachverwaltungen (bzw. Fachbehörden, Ämter , Dezernate , Referate) ausgerichtet (z.B. Grundbuchamt, Finanzverwaltung, Rundfunkanstalten);

b) die Art der notwendigen Verrichtungen bestimmt die Ausgliederung von Vollzugsbehörden (Polizei, Bundeswehr) und von Wirtschaftsbetrieben (Eigenbetriebe, Bahn, Post);

c) die regionale Lage von Objekten und/oder Verrichtungen grenzt die örtliche Zuständigkeit gleichgeordneter Verwaltungseinheiten voneinander ab (z.B. Gemeinden, Finanzämter, Referate des Außenministeriums);

d) nach Routine- und Grundsatzaufgaben richtet sich die vertikale Aufteilung der Verwaltungsaufgaben auf die Stufen einer mehrstufigen Verwaltung (Kreis, Regierung, Ministerium bzw. Oberbehörde);

e) der ausgegliederten Erledigung von Innenaufgaben - im Gegensatz zu Außenaufgaben - dienen die Querschnittsämter (Personal, Haushalt, Beschaffung, Technische Dienste).

Welches Muster der Arbeitsteilung aus der hier aufgeführten, nicht unbedingt vollständigen Liste in der öffentlichen Verwaltung tatsächlich gewählt wird, bestimmt sich nur selten nach Kriterien optimaler Arbeitsorganisation. Die Wahl von Organisationsformen ist vielmehr weitgehend durch politische Vorentscheidungen determiniert:

a) Verfassungsrechtlich verbindlich festgelegt sind Verwaltungsträger auf vier Ebenen: Bund, Länder, Kreise und Gemeinden; damit ist die Regionalisierung, also die Ausbildung paralleler und von einander unabhängiger Verwaltungen auf drei Ebenen vorgegeben.

b) Das Ressortprinzip in Bund und Ländern induziert eine Aufteilung der Verwaltung entsprechend den ministeriellen "Geschäftsbereichen" als Konsequenz der parlamentarischen Verantwortlichkeit des Ministers; als Abgrenzungskriterien von Geschäftsbereichen können die meisten der gekennzeichneten Arbeitsteilungsprinzipien dienen: Außenamt (regional); Kultusministerium (objektbezogen); Postministerium (verrichtungsbezogen); Schatzministerium (Querschnittsaufgabe). Die Desintegration der Verwaltung bewirkt das Ressortprinzip insbesondere durch Ausbildung von mehrstufigen Sonderverwaltungen (z.B. Strassenbau, Gewerbeaufsicht, Bundeswehr, Sozialversicherung) neben der allgemeinen Verwaltung (Regierungen, Kreise).

c) Darüber hinaus finden sich partielle (Weisungsfreiheit, ministerialfreier Raum) und vollständige Ausgliederungen (juristische Personen des öffentlichen und des privaten Rechts) von Verwaltungsaufgaben auf besondere Behörden, wobei Selbstverwaltungs- und Pluralitätsvorstellungen (z.B. Kommunen, Rundfunk, Hochschulen), haushalts- und dienstrechtliche Erwägungen (z.B. Einrichtungen für Wirtschaftsverwaltung und Forschung), Bedarf an gerichtsähnlicher Unabhängigkeit (z.B. Prüfungsausschüsse für Kriegsdienstverweigerer, Filmbewertungsstelle der Länder) oder Kontrollaufgaben (z.B. Rechnungshöfe) maßgebend sind.

Die Zusammenfassung dieser aus unterschiedlichen Gründen besonderten Verwaltungseinheiten zu einer Einheit der Verwaltung ist höchst unvollkommen:

a) Die vertikale Zusammenfassung der Verwaltungsstufen ist für allgemeine Verwaltung und die Sonderverwaltungen relativ stark ausgeprägt. Lediglich der vertikale Durchgriff auf die Kreisstufe als untere staatlich Verwaltungsinstanz ist je nach Grad der Kommunalisierung der übertragenen Aufgaben mehr oder weniger gebrochen.

b) Der vertikale Durchgriff auf verselbständigte Verwaltungseinheiten geht vom totalen Weisungsrecht (z.B. Einfuhr- und Vorratsstellen) bis hin zur beschränkten Rechtsaufsicht (z.B. Rundfunkanstalten, Prüfungsausschüsse für Kriegsdienstverweigerer), ist für privatrechtlich organisierte Verwaltungseinheiten (z.B. Verkehrs- und Versorgungsunternehmen) öffentlich-rechtlich überhaupt nicht faßbar. Die Unterschiedlichkeit der Durchgriffsmöglichkeiten ist eine Funktion der Unterschiedlichkeit der Verselbständigungsgründe.

c) Eine horizontale Zusammenfassung ist generell institutionalisiert nur dort, wo eine gemeinsame Spitze vorhanden ist (Landes- bzw. Bundesregierung für die allgemeine Verwaltung und die Sonderverwaltungen des jeweiligen Trägers); ansonsten gibt es nur für einzelne Verwaltungsaufgaben spezielle Anordnungen über Zusammenwirken von Behörden mit unterschiedlichem Wirkungsgrad (von einfacher Information bis hin zur bindenden Beteiligung) und das diffuse Prinzip der Amtshilfe.

Der begrenzten Reichweite von Koordinationsmechanismen innerhalb der öffentlichen Verwaltung entsprechen die Prinzipien der Zuständigkeitsregelung:

a) Jede Verwaltungseinheit ist so ausgestattet, daß sie die ihr übertragenen Aufgaben selbständig und vollständig erledigen kann; Zusammenarbeit ist gelegentlich geboten, aber Ausnahmeerscheinung.

b) Anstöße zum Verwaltungshandeln kommen im allgemeinen nicht aus anderen Verwaltungseinheiten, sondern aus der Umwelt oder aus dem eigenen Bereich; die Behörden erledigen die zugewiesenen Aufgaben unabhängig von Einzelanweisungen, also im allgemeinen auf eigene Initiative oder auf Initiative des Verwaltungskunden.

c) Die Selbständigkeit und Selbstverantwortlichkeit der Aufgabenerledigung spiegelt sich in der Bindungsfreiheit der Verwaltungseinheiten. Sie sind - abgesehen von vertikalen Weisungsverhältnissen - nur in seltenen Fällen Entscheidungen anderer Einheiten unterworfen; die Verbindlichkeit von Verwaltungshandlungen für andere Einheiten im Einzelfall ist jeweils spezifisch angeordnet (z.B. Anerkennung von Prüfungen).

d) Auch innerhalb von vertikal gestuften Verwaltungseinheiten (allgemeine Verwaltung, mehrstufige Sonderverwaltungen) wird ein Verwaltungsablauf im allgemeinen einer Stufe zugewiesen, wo er selbständig erledigt wird, ohne die anderen Stufen zu berühren. Die Verbindung nach oben besteht formell in Informationspflichten des Behördenleiters, informell wird sie für Fälle außerhalb der Routine jeweils hergestellt. Die Einwirkungen der höheren Stufe beschränken sich üblicherweise auf generelle Anweisungen, obwohl Einzelanweisungen als Konsequenz der Behördenhierarchie rechtlich zulässig sind.

III.

IZ in der öffentlichen Verwaltung sollen als Hilfsmittel der Verwaltung Teilbereiche der Aufgabenerledigung, Teilstücke des Verwaltungshandelns, übernehmen; sie sind also darauf angelegt, daß Verwaltungshandlungen ganz oder teilweise aus den bestehenden Behörden und Abläufen herausgelöst und auf die IZ als besondere organisatorische Einheiten mit spezifischen Arbeitsformen übertragen werden.

Mit dem Betrieb von IZ und der Verlagerung von Verwaltungsabläufen auf andere Einheiten ist eine Veränderung der Aufgabenerledigung selbst verbunden, so daß Aufgabenzuweisung an ein IZ nicht nur den verlagerten Aufgabenteil betrifft, sondern Vor- und Rückwirkungen auf die verbliebenen Bereiche zur Folge hat. Da die IZ als besondere Verwaltungseinheiten konzipiert sind, tritt aber nicht nur eine Verlagerung von (Teilen von) Verwaltungsabläufen ein; es wird auch eine Verlagerung der Programmierung von Verwaltungshandlungen notwendig, da infolge der Vor- und Rückwirkungen, des möglichst reibungslosen Übergangs, nicht die jeweils mit der Erledigung betraute Verwaltungseinheit weiterhin Herr des Verfahrens ist, sondern notwendigerweise eine Instanz, die beiden Einheiten weisungsberechtigt gegenübersteht. Der neuartige Aspekt liegt aber nicht in dieser Verlagerung der Programmierungsfunktion auf eine hierarchisch höhere Ebene, denn das ist notwendige Folge jeder organisatorischen Veränderung, die das Zusammenwirken von mehreren Verwaltungseinheiten zum Ziele hat. Neuartig ist vielmehr das Kriterium, das für die Verlagerung maßgebend ist. IZ sind Verwaltungseinheiten, denen Aufgaben nach dem - oben als Arbeitsteilungskriterium genannten - Kriterium der besonderen Verrichtung, hier also der automatischen Informationsverarbeitung, übertragen werden.

Jedes Verwaltungshandeln beruht auf Informationen: interne Informationen beschreiben die Verwaltung als Zusammenfassung von personellen und sachlichen Mitteln, deren Verwendung durch formelle und informelle Verwaltungsprogramme

(Gesetze, Verordnungen, Verwaltungsvorschriften, Verwaltungsroutine) reguliert wird; externe Informationen geben Auskunft über die Umwelt, das Arbeitsfeld der Verwaltung; sie bestehen aus individuellen und aggregierten Daten über Personen, Sachen und Ereignisse, und gesetzesförmigen Informationen über die Zusammenhänge dieser Elemente der Umwelt. Initiierende Informationen setzen einen Verwaltungsablauf in Gang; regulierende Informationen bestimmen den Ablauf wobei zwischen verfahrensmäßiger und inhaltlicher Regulation differenziert werden kann. Folgende Typen der Verarbeitung von Informationen können bei einem Verwaltungsablauf unterschieden werden:

a) Datenerfassung: Ermittlung des Sachverhaltes; Ausfüllen von Formularen; Suche in Registraturen (behördeneigen oder ausgegliedert wie Strafregister, Grundbuch-amt, Bundesamt für Kraftfahrzeugwesen); Ermittlung der rechtlichen Grundlagen (Rechts- und Verwaltungsvorschriften, bereits entschiedene, gleich gelagerte Fälle);

b) Datenverarbeitung im engeren Sinne: Auswahl, Sortierung, Vergleich und Bewertung von Informationen, Verknüpfung von inhaltlicher Norm und Sachverhalt, also Subsum tionsvorgang;

c) Datenausgabe: interne und externe Weitergabe von Entscheidungen, Berichten; Auskünfte, Anweisungen.

d) Datenspeicherung: Registratur, Akten, Karteien.

Die einzelnen Verrichtungen im Vollzug eines Verwaltungsablaufes, die diesen oder jenen der Typen der Informationsverarbeitung realisieren, sind so eng miteinander verknüpft, daß in der traditionellen Verwaltung nur wenige organisatorische Ausgliederungen von Informationsverarbeitungsfunktionen zu finden sind; diese Ausgliederungen, wie Schreibdienste, Registraturen, Archive, betreffen zudem typischerweise solche Teile des Verwaltungshandelns, die Abschluß eines Handlungsablaufes bilden. Ausgegliederte Informationsspeicher für behördenübergreifende Versorgung sind selten, ihre Ausnutzung im allgemeinen nicht sehr groß.

IV.

Eine Automatisierung von Informationsverarbeitung bei Verwaltungsabläufen könnte allerdings auch derart erfolgen, daß die Verwaltungsabläufe an der bisherigen Stelle der Verwaltung verbleiben, um dort - entsprechend der Eigenart und den spezifischen Bedürfnissen der Verwaltungseinheit - ganz oder teilweise maschinell (möglicherweise mittels Datenfernverarbeitung) bearbeitet zu werden. Auch für diese Methode der Automatisierung müßten die Verfahrensweisen innerhalb der Verwaltungseinheiten verändert werden; die Struktur der Arbeitsteilung in der Verwalttung bliebe jedoch prinzipiell unangetastet. Eine derartige Automatisierungsmethode könnte als kontinuierliche Weiterentwicklung der Mechanisierung von Verwaltung angesehen werden. Sie scheitert jedoch an den technischen und wirtschaftlichen Bedingungen, die eine Zuweisung von maschineller Informationsverarbeitungskapazität an die bestehenden Verwaltungseinheiten zu jeweils spezifischer Ausnutzung nicht zuläßt.

Diese Methode kollidiert aber auch mit dem Ziel der Verwaltungsautomation, die vorfindliche Arbeitsteilung der öffentlichen Verwaltung zu verändern. Dieses Ziel, das insbesondere in der Forderung nach Integration durch Datenverarbeitung zum Ausdruck kommt und bestimmend ist für die überbehördliche Konzeption der IZ, wird aber nicht auf dem Wege einer expliziten Funktionalreform der öffentlichen Verwaltung angestrebt, bei der die oben gekennzeichneten Formen der Arbeitsteilung insgesamt zur Disposition stehen und die eng mit der Regionalenreform koordiniert werden müßte. Der Ansatz der mit der Verwaltungsautomation betriebenen Funktionalreform ist vielmehr wesentlich enger und - mehr oder weniger ausschließlich - an dem Kriterium der Automatisierbarkeit von Verwaltungshandlungen orientiert, wobei die Entscheidung über die Automatisierbarkeit wiederum von dem Stand der Technik und der jeweiligen Organisation des Verwaltungsablaufes bestimmt wird. Dieses Kriterium ist also maßgebend für die Verlagerung von Zuständigkeiten aus den bestehenden Verwaltungseinheiten auf die neu geschaffenen Einheiten mit einer spezifischen Leistungsfähigkeit, die prinzipiell für jede informationsverarbeitende Verwaltungshandlung ausnutzbar ist, da eine Grenze der Automatisierbarkeit - jedenfalls gegenwärtig - nicht angegeben werden kann. IZ sind also tendenziell geeignet, aus allen Bereichen Aufgaben bis hin zur nahezu vollständigen Erledigung, also bis hin zum nahezu vollständigen Zuständigkeitsentzug für die bestehenden Einheiten zu übernehmen.

Relativ unproblematisch sind die organistorischen Konsequenzen von Verwaltungsautomation dann, wenn der ganze Handlungsablauf eines Verwaltungsvorganges automatisiert und auf die Verwaltungseinheit IZ übertragen wird. Hier handelt es sich um eine einfach Zuständigkeitsverlagerung (als Beispiel etwa die zusammengefaßte Berechnung und Zahlbarmachung von Personalbezügen in einer Landesbesoldungskasse), die die Verwaltungsträger eines Landes von dieser Aufgabe entlastet, während die noch nicht automatisierbaren Bereiche der Personalverwaltung (wie etwa Berechnung und Zahlbarmachung von Beihilfen) den jeweiligen Behörden verbleiben.

Immerhin macht dieses Beispiel als schwerwiegende Konsequenz der Verwaltungsautomation durch IZ die Verdopplung von sachlichen Zuständigkeiten deutlich. Geht man von der Personalverwaltung als einheitlicher interner Verwaltungsaufgabe aus, so wird also diese einheitliche Aufgabe in automatisierte und nicht automatisierbare Teile zerlegt und jeweils besonderen Einheiten zugewiesen: ein Teilbereich der Personalverwaltung wird konzentriert, ein anderer verbleibt dekonzentriert oder dezentralisiert. Bezeichnenderweise wird nicht etwa den dezentralen oder dekonzentrierten Einheiten die Rechenkapazität eines Rechenzentrums zur Verfügung gestellt, was lediglich zur verlagerten Bearbeitung der im übrigen weiterhin zusammengefaßten Verwaltungsaufgabe führen würde. IZ werden gerade nicht allein als externe Bearbeitungsstellen für Verwaltungseinheiten eingerichtet, sondern selbst als Verwaltungseinheiten für Verwaltungsaufgaben, deren Ablaufstruktur im jeweiligen Zeitpunkt als automatisierbar angesehen wird. Damit wird den IZ im Rahmen dieser Verwaltungsaufgaben eine eigene Zuständigkeit für die Erledigung und zumeist auch für die Organisation des Verwaltungsablaufes zugewiesen.

Diese Tendenz kommt auch in einem anderen Typ von Aufgabenverlagerung im Gefolge von Automation zum Ausdruck. In dem angestrebten automatisierten Einwohnerwesen wird ein Teil des Verwaltungsablaufes, der sich bisher in den Einwohnermeldebehörden abspielte, aus diesen Behörden verlagert auf ein zentrales Melderegister, das als Informationsverarbeitungstypen insbesondere Speichern und verwaltungsinterne Datenausgabe übernimmt, während Datenerfassung und externe Datenausgabe bei den Meldebehörden verbleiben, die damit zu reinen Datenerfassungsstellen ohne weitere Verarbeitungs- und Kontrollzuständigkeit herabsinken.
Die einheitliche Verwaltungsaufgabe Meldewesen, die bislang durch zumeist kommunale Verwaltungsträger erledigt wurde, wird zerlegt in einzelne Teilabschnitte, die teilweise der Kommunalverwaltung verbleiben, teilweise auf - im allgemeinen staatliche - IZ übergehen, wobei als zusätzlicher Integrationsgewinn die allgemeine Ausnutzbarkeit der Einwohnerdatenbank für alle betroffenen Behörden anfallen soll. Einmalerfassung und Einmalspeicherung aller Einwohnerdaten als Zusammenfassung aller Registrierzuständigkeiten bei regionalisierten Erfassungsbehörden und zentralen Registrierbehörden verweist letztlich alle auf Einwohnerdaten angewiesenen Behörden auf die Einwohnerdatenbank, verschiebt also die Außenkontakte dieser Behörden auf die mit der Datenerfassung betrauten Behörden: externe Informationen werden zu internen; der Anstoß zum Verwaltungshandeln gelangt nicht mehr von außen in die Behörde; die initiierende Information kommt aus der verwaltungsinternen Datenbank.

Zudem müssen die aus der Datenbank mit den notwendigen Informationen versorgten Behörden verpflichtet werden, auf eigene Recherchen oder Nachprüfungen im jeweils von der Datenbank erfaßten Bereich zu verzichten. Sie müssen also an die Ergebnisse der Verwaltungstätigkeit anderer Verwaltungseinheiten, d.h. an die gelieferten Daten gebunden sein, damit auch tatsächlich die gewünschte Rationalisierung eintritt.

V.

Die Verdopplung von sachlichen Zuständigkeiten durch Abspaltung von automatisierbaren Abläufen, noch mehr aber die Zerlegung eines einheitlichen Ablaufes in automatisierte und nicht automatisierte Teilabläufe und die Verlagerung des jeweils automatisierten Bereichs auf IZ als besondere Verwaltungseinheiten stellt an die faktisch desintegrierte Verwaltung eine Koordinationsaufgabe, deren Lösung nach dem gegenwärtigen Stand der Entwicklung von horizontalen und vertikalen Koordinationsmechanismen zweifelhaft erscheint.

Für Innenaufgaben der öffentlichen Verwaltung, wie etwa die Personalverwaltung, das Kassen-, Haushalts- und Rechnungswesen mag eine gewisse Koordination über Verwaltungsträger - Ressorts und ressortabhängige öffentlich- rechtliche Körperschaften und Anstalten - hinweg möglich sein. Die Personal- und Haushaltstrennung von Bund und Ländern, Kreisen und Gemeinden ist aber ein wesentliches Element ihrer Verselbständigung als Verwaltungsträger, so daß schon einer Integration von Bereichen der Innenaufgaben der Verwaltung entschiedene Schranken gesetzt sind.

Für Außenaufgaben muß jede tiefergreifende Koordination im Sinne eines verbindlichen Zusammenwirkens, einer bindenden Erledigung bestimmter Teilabschnitte von Verwaltungsabläufen durch andere Behörden als generelles Arbeitsprinzip mit der jeweiligen Verantwortlichkeit der Fachverwaltungen - repräsentiert durch den Minister als Ressortchef - kollidieren. In der bestehenden Verwaltungsstruktur kann ein solches Zusammenwirken nur als Ausnahme angesehen werden.Die bisherigen Pläne für ein integriertes Einwohnerwesen, soweit sie über Zuständigkeitsverlagerungen im Meldewesen und eine bundeseinheitliche Vergabe von Personenkennziffern hinausgehen, lassen nicht erkennen, mit welchen neuen Formen eine auf derart breite Beteiligung verschiedener Verwaltungsträger und verschiedener Fachabteilungen dieser Verwaltungsträger abgestellte "Mischverwaltung" durchgesetzt werden soll gegenüber den Prinzipien, die bisher die Verwaltungsarbeit bestimmen. Insbesondere läßt sich kaum erwarten, daß sich die nach außen hin handelnden Behörden - etwa der Kommunen oder der Kreise - generell als bloße Außenstellen eines anderen Verwaltungsträgers - etwa des Landes oder Bundes - verstehen werden und auf selbständiges und selbstverantwortliches Verwaltungshandeln verzichten.

Im Rahmen der bestehenden Verwaltungsstruktur lassen sich nur bei der dekonzentrierten Verwaltung IZ mit Integrationswirkung über mehrere Verwaltungseinheiten hinweg einrichten, weil sich hier die Verbindlichkeit der Arbeitsbeiträge für andere Verwaltungseinheiten, die Reduzierung von Zuständigkeiten einzelner Stufen auf Erledigung von Teilabläufen, durchsetzen kann (z.B. bei der Finanzverwaltung, der Sozialversicherung und für Querschnittsaufgaben in der allgemeinen Verwaltung). Vor jeder weitergehenden Zuständigkeitsverlagerung, wie sie etwa mit der Neuordnung des Einwohnerwesens angestrebt wird, sollten zunächst die höchst unterschiedlichen Entstehungs- und Stabilisierungsgründe für Sonderverwaltungen, die oben nur angedeutet wurden, und die demzufolge jeweils spezifischen Entstehungsursachen für Sonderverwaltungen und die Probleme ihrer Reintegration analysiert werden. Daß sich die bestehende Verwaltungstruktur mit ihrer Desintegration in zahlreiche Verwaltungsträger ausgebildet hat, ist weder ein Zufall noch Konsequenz verwaltungstechnischer Überlegungen, die nun durch die Einführung einer neuen Verwaltungstechnik aufgehoben werden könnte. Auch die bestehende Verwaltungsstruktur hätte genügend Anlaß zur Integration und Koordination. Daß sich aber trotz sachlicher Notwendigkeiten eher weitere Desintegrationen (z.B. Mediatisierung durch Übertragung von Verwaltungsaufgaben auf Privatrechtssubjekte) entwickeln, während Koordinationsformen in wesentlich geringerem Umgang und Wirkungsgrad (z.B. Regionalplanung) zustande gekommen sind, muß gegenüber einer, primär an dem Kriterium der Automatisierbarkeit orientierten Funktionalreform der Verwaltung skeptisch machen, also auch skeptisch gegenüber IZ und Formen der Koordination, Kooperation und Kopplung zwischen IZ verschiedener Verwaltungsträger.

Ziele und Interessenlagen bei der Errichtung von Informationszentren in der öffentlichen Verwaltung

D. Rave
Gesellschaft für Mathematik u. Datenverarbeitung
Institut für Datenfernverarbeitung, Darmstadt

Traditionellerweise gehört die Aufgabe der Erhebung, Speicherung, Fortschreibung und Löschung von Daten zu den Aufgaben derjenigen Behörde, die die Daten zur Erfüllung ihrer Funktionen benötigt.

Daß dabei dieselben Informationen von verschiedenen Behörden benötigt und dementsprechend gesammelt werden, ist seit langem bekannt. Dennoch kam es nicht zur Ausbildung von Informationszentren (IZ) über die Grenzen einer Behörde hinaus.

Durch die Möglichkeit des Einsatzes von DV-Anlagen entsteht nicht insofern eine neue Situation, als damit die Schaffung übergreifender IZ aus technischen Gründen unumgänglich geworden wäre; ihre Einrichtung erfolgt eher deshalb, weil im Zuge der Einführung von DV-Systemen eine generelle Überprüfung und Revision von Struktur und Organisation der öffentlichen Verwaltung zur Debatte steht.

Bei der Einführung von DV-Anlagen (was oft unter einen ungeklärten Begriff von "Automation" gefaßt wird) bietet sich die Möglichkeit an, getrennte aber sich inhaltlich überschneidende Datenbestände in einem IZ zusammenzufassen. Träger des IZ kann dabei eine der beteiligten Behörden oder eine neu eingerichtete Spezialbehörde sein.

Im öffentlichen Sektor sind als Entwicklungen in dieser Richtung vorfindlich: die Schaffung eines bundeseinheitlichen Einwohnerdatensatzes zur Zusammenfassung personenbezogener Daten, die Zusammenfassung der Bestände von Grundbuch- und Katasterämtern in Grundstücksdatenbanken, die Planung großer Auskunftssysteme auf Bundesebene (die ggf. zu einem Informationsbankensystem zusammengeschlossen werden sollen).

Die genannten Entwicklungen finden weitgehende Zustimmung. Bei den Zielvorstellungen, aus denen heraus die Zustimmung erfolgt, lassen sich drei Komplexe unterscheiden, denen jeweils Interessengruppen als Träger grob zugeordnet werden können.

1. Wirtschaftlichkeit.

Mit Hilfe von Einmalerfassung, zentraler Bereitstellung und verbessertem Änderungsdienst durch IZ scheint auf den ersten Blick eine deutliche Kostensenkung (u. U. sogar bei verbesserter Leistung) in der Datenverwaltung zu erzielen zu sein. In dieser Hinsicht herrscht bei vielen Befürwortern der Einrichtung von IZ ein euphorisch zu nennender Optimismus.

Die Forderung nach globaler Senkung der Kosten des Verwaltungsapparates, die vor allem von Steuerzahlern (natürliche und insbesondere juristische Personen) ausgeht, soll mit Hilfe von IZ erfüllt werden.

Abgesehen davon, daß eine Nachprüfung dieser Möglichkeit daran scheitert, daß in der öffentlichen Verwaltung keine Kostenrechnung vorgenommen wird, erscheint eine Wirt-schaftlichkeitsberechnung für IZ aus systematischen Gründen zweifelhaft:

Die Datenverwaltung (Erfassung, Speicherung, Verarbeitung) ist als Teilfunktion in einen größeren Arbeitsprozeß eingebettet; ihre Kosten können sinnvollerweise nur in Zusammenhang mit diesem betrachtet werden. Die Errichtung von IZ verursacht bei den beteiligten bzw. betroffenen Behörden im Normalfall größere Umstellungen , also Folgekosten.

Unter Kostengesichtspunkten sind aber auch Dritte betroffen, die in einer einzelwirtschaftlichen Betrachtung nicht berücksichtigt werden können. Bei der Umstellung von Verwaltungsabläufen auf DV können Teilleistungen, die vorher von einer Behörde erbracht werden, auf Verwaltungskunden abgewälzt werden. Diese einzelwirtschaftliche Einsparung kann bei volkswirtschaftlicher Betrachtung durchaus eine Verteuerung bedeuten.

Auch der entgegengesetzte Fall ist denkbar; vermutlich ist er sogar der häufigere. Wird durch ein IZ beispielsweise das Einholen einer Bestätigung bei einer dritten Behörde, das bisher dem Verwaltungskunden oblag und bei ihm Zeitaufwand und Wegekosten verursachte, in den verwaltungsinternen Ablauf einbezogen, bedeutet dies unter gängiger Wirtschaftlichkeitsbetrachtung eine Verteuerung dieses Ablaufs, obwohl das Gesamtverfahren unter Einbeziehung aller Kostenfaktoren/möglicherweise billiger geworden ist. /(auch der bisher externen)

Es entspricht den klassischen Sparsamkeitsvorstellungen der Verwaltung, wie sie am stärksten von den Rechnungshöfen vertreten werden, eine Kostenabwälzung als wirtschaftlichen Erfolg und eine Hereinnahme von Kostenfaktoren als Verteuerung zu sehen. Wird die Errichtung von IZ unter derartiger Wirtschaftlichkeitsbetrachtung geplant und vorgenommen, wird damit die Chance vertan, die Wirtschaftlichkeit der Verwaltung unter (politisch sehr viel angemessener) gesamtwirtschaftlicher Betrachtung zu erhöhen.

Die Zielsetzung "Erhöhung der Wirtschaftlichkeit der Verwaltung durch IZ" wird häufig mit Personaleinsparung gleichgesetzt, was bei dem hohen Personalkostenanteil an den Gesamtkosten und bei dessen Wachstumsrate gerechtfertigt erscheint.

Die bisherige Entwicklung läßt Zweifel daran aufkommen, ob dieses spezielle Ziel erreichbar und/oder sinnvoll ist. Eine freizügige Personalwirtschaft im öffentlichen Sektor wird durch das Dienstrecht (Unmöglichkeit der Entlassung von Beamten und langfristig beschäftigten Angestellten und Arbeitern) stark eingeschränkt. Durch Einsatz von DV-Anlagen freigesetzte Beschäftigte müssen an anderer Stelle innerhalb der Verwaltung weiterbeschäftigt, gleichzeitig müssen hochqualifizierte DV-Fachkräfte eingestellt werden.

Kurzfristig bedeutet die Errichtung von IZ also eine Personalvermehrung. Langfristig ist eine Personalverminderung am ehesten durch Streichen freiwerdender Stellen möglich. Ob diese Form der Erhöhung der Wirtschaftlichkeit im Hinblick auf die Zusammensetzung des Verwaltungspersonals (Altersaufbau, Qualifikation) und auf die Rolle der öffentlichen Verwaltung am Arbeitsmarkt wünschenswert ist, sollte wiederum eher unter politischer als unter betriebswirtschaftlicher Perspektive beurteilt werden.

Unter Einbeziehung der politischen Dimension wird unter der Zielsetzung Erhöhung der Wirtschaftlichkeit von IZ eine globale Rationalisierung und Leistungssteigerung der öffentlichen Verwaltung bei unveränderten oder sogar sinkenden Gesamtkosten erwartet. Eine Operationalisierung dieses Ziels und damit eine empirische Überprüfung dieser Erwartung scheitert an der fehlenden Methodik. Insbesondere fehlt eine zureichende Definition von "Nutzen" (benefit) für den öffentlichen Sektor, die auch Bewertungsprobleme zu lösen erlaubt.

Hoffnungen auf Leistungssteigerung durch IZ werden vor allem von Verwaltungskunden geäußert, die damit nicht nur eine effizientere Erledigung bisheriger Aufgaben sondern auch die Übernahme neuer im Auge haben. Daß die gleichen Gruppen, die als "Kunden" eine Leistungssteigerung fordern und dabei eine Steigerung der Gesamtkosten im öffentlichen Sektor in Kauf zu nehmen gewillt sind, in ihrer anderen Rolle als Steuerzahler eine Kosteneinsparung, ggfs. durch Abwälzung auf Dritte, erwarten, ist als Widerspruch noch nicht ins öffentliche Bewußtsein gedrungen.

Bei der Verwendung von Wirtschaftlichkeitsargumenten zu-gunsten von IZ wird die organisatorische Form, unter der IZ eingerichtet und betrieben werden, selten diskutiert. Einsparungen bzw. Leistungssteigerung sind sowohl möglich, wenn voneinander getrennte Behörden gemeinsam die technische Ausrüstung eines IZ benutzen, das u. U. auch in privater Rechtsform als Servicezentrum betrieben werden kann, als auch dadurch erreichbar, daß die Aufgaben mehrerer Behörden einer einzigen, evtl. neu eingerichteten, Behörde übertragen werden, die im Rahmen ihrer Tätigkeit ein IZ betreibt.

Es bleibt festzuhalten, daß die Errichtung von IZ unter der Zielsetzung "Erhöhung der Wirtschaftlichkeit" dort sinnvollerweise betrieben werden kann, wo die Anwendung einer betriebswirtschaftlichen Betrachtungsweise gerechtfertigt ist. Dies gilt vor allem für jenen Grenzbereich zwischen Verwaltung und privaten Dienstleistungsunternehmen, dessen Zugehörigkeit zum öffentlichen Sektor oft nur historisch bedingt ist.

2. Integration.

Unter organisatorischer Betrachtung, weitgehend ohne Berücksichtigung der wirtschaftlichen Dimension, findet die Errichtung von IZ Zustimmung unter der Zielbestimmung "Integration".

Auf einer pragmatischen Ebene betrachtet soll Integration darin bestehen, daß ein von verschiedenen Verwaltungszweigen benötigter Grunddatenbestand nur einmal geführt wird. Vor allem soll erreicht werden, daß verschiedene Ressorts nicht jeweils eigene, womöglich noch inhaltlich nicht übereinstimmende Datenbestände führen. An Stelle der mehrfachen Erfassung soll die Einmalerfassung treten. Erwartet wird vor allem eine qualitative Verbesserung der Verwaltungstätigkeit, die durch eine verbesserte Informationsbasis ermöglicht wird. Insofern bedeutet Integration genau "Errichtung von IZ".

Bei dieser Argumentation zugunsten von IZ wird die unter der Zielsetzung "Wirtschaftlichkeit" oft sekundäre Frage von Ort und Struktur der IZ innerhalb der Verwaltungsorganisation zentral.

Die Aufgaben von IZ werden hier weniger darin gesehen, Hilfsfunktionen der Verwaltung unter Einsatz einer neuartigen Informationstechnologie zu erledigen. Vielmehr soll eine neue Verwaltungsorganisation um eine neue Form der Informationsverarbeitung herumkonstruiert werden. IZ werden z. B. zur Legitimation einer Verwaltungszentralisierung herangezogen, die keinesfalls aus irgendwelchen technischen Zwängen oder Sachgesetzlichkeiten heraus erforderlich ist.

Vertreten wird das Ziel "Integration" vor allem von der administrativen und politischen Spitze der Verwaltung.

Wieweit die Argumentation zugunsten von IZ mit der Zielvorstellung der Integration der Gefahr erliegt, undifferenziert zwischen Installation von DV-Anlagen, Reorganisation der Informationsverarbeitung, Reform der Verwaltungsstruktur Substitutionszusammenhänge herzustellen, soll hier nicht untersucht werden.

Es bleibt festzuhalten, daß die Errichtung von IZ unter der Zielsetzung "Integration von sich überschneidenden Tätigkeiten, die auf verschiedene Behörden verteilt waren" es möglich macht, vor allem im Bereich der ausführenden Verwaltung zu einer Rationalisierung von Strukturen und Abläufen zu kommen.

3. Transparenz.

Neben der Binnenstruktur wird das Verhältnis der öffentlichen Verwaltung zu ihrer Umwelt in die Erörterung einbezogen, wenn die Errichtung von IZ unter der Zielsetzung "Steigerung der Transparenz der Verwaltung" befürwortet wird.

Bei der Errichtung von IZ, die mit DV-Unterstützung betrieben werden sollen, besteht einer der ersten Schritte in einer umfassenden Systemanalyse, d. h. in einer Durchleuchtung bestehender Strukturen und Abläufe. Damit wird die Verwaltung dem Systemanalytiker (und demjenigen, dem die Ergebnisse der Systemanalyse zugänglich sind) in einem Ausmaß transparent, daß die Transparenz eher als unerwünschtes Nebenprodukt denn als wünschenswertes Ziel erscheint.

Dementsprechend wird die Zielvorstellung Transparenz eher in der Variante "Transparenz der Verwaltung für den Bürger" vertreten. Mit der Errichtung von IZ geht eine Teilautomation von Arbeitsabläufen in der Verwaltung einher. Voraussetzung für die (Teil-)Automatisierung ist eine Revision des Bestandes an Regeln (von Gesetzen bis zu verwaltungsinternen Anweisungen), nach denen sich diese Abläufe richten. Als Nebeneffekt bei der notwendigen Vereinfachung des Regelsystems (hierfür hat sich der Fachterminus "automationsgerechte Gesetzgebung" eingebürgert) werden die Regeln für den Laien (den Bürger) durchschaubar.

Gleiches gilt für die Veränderung der Organisationsstruktur (d. h. der Zuständigkeiten); auch hier ist die Vereinfachung und bessere Durchschaubarkeit der Organisation das wahrscheinliche Resultat der Einrichtung von IZ.

Bei der Zielsetzung Transparenz kann wie bei dem Ziel Integration die Frage offen bleiben, ob die genannten erwünschten Effekte nicht ohne IZ ebensogut zu erreichen wären. Auch wenn die Errichtung von IZ nur einen Anlaß darstellt, spricht einige Vermutung dafür, daß die genannten Maßnahmen ohne IZ nicht (oder nicht so schnell) durchgeführt würden.

Im Gegensatz zu den Zielsetzungen "Integration" und "Wirtschaftlichkeit", bei denen der Standpunkt der Innenbetrachtung der öffentlichen Verwaltung eingenommen werden kann, verlangt das Ziel "Transparenz", die Verwaltung in ihrer Funktion für das politische und soziale Syst—em zu sehen. Entsprechend wird dieses

Ziel auch von Gruppen vertreten, die außerhalb der Verwaltung stehen und deren Kontrolle im Auge haben - es sind dies Abgeordnete und politische Organisationen (vor allem Parteien).

In einem ganz anderen Sinn dient die Errichtung von IZ der Transparenz: mit der Zusammenfassung von bisher verstreuten und unverbundenen personenbezogenen Informationen in einem IZ wird der Einzelne für die Verwaltung transparent. Dieser Aspekt der IZ wird - unter dem Stichwort Datenschutz - im Verhältnis zu seiner politischen Bedeutung leider viel zu wenig diskutiert.

Nachweise und Literaturangaben beim Verfasser.

Wie lassen sich (de-)zentralisatorische Wirkungen der Verwaltungsautomation bestimmen ?

Klaus Lenk

1. Eine weitverbreitete Überzeugung geht dahin, daß Automationsbestrebungen in der öffentlichen Verwaltung fast unweigerlich zu stärkerer Zentralisation führten, und daß dies von Schaden sei. Eine Präzisierung dieser Überzeugung sucht man in aller Regel aber vergebens. Die Befürchtungen über stärkere Zentralisation bleiben durchweg ebenso nebelhaft wie seit einigen Jahren die Befürchtungen über eine Invasion der Privatsphäre durch den Computer.

   In beiden Fällen jedoch liegen hinter den noch verschwommenen Vorstellungen wichtige Probleme (1). Zentralisation und Dezentralisation in der öffentlichen Verwaltung bezeichnen weit mehr als ein Organisationsproblem; sie umschreiben ein wichtiges politisches Problem. Der Zentralisierungs- bzw. Dezentralisierungsgrad in Bereichen der öffentlichen Verwaltung ist von Bedeutung für die Stärke der Dienstleistungsorientierung dieser Bereiche, für die Chancen öffentlicher Partizipation in Verwaltungsangelegenheiten, für die Effektivität politischer Verwaltungskontrolle, für die Verantwortlichkeit und Motivation von Amtswaltern und für die Breite des Entscheidungsspielraums, der ihnen überlassen ist.

   Dieser Beitrag versteht sich als ein Versuch zur Strukturierung der Diskussion über mögliche (de-)zentralisatorische Wirkungen der Verwaltungsautomation. Das erfordert eine Begriffsklärung. Zentralisation und Dezentralisation können vieles bedeuten. Die verschiedenen Bedeutungen dieser Ausdrücke werden in der Regel unausgewiesen verwendet und oft durcheinandergeworfen.

   Im folgenden werden verschiedene Bedeutungen von "Zentralisation" im Hinblick auf administrative Entscheidungsfindung diskutiert. Damit ist noch keine Formulierung oder Reformulierung von Hypothesen über Zentralisationseffekte der Verwaltungsautomation verbunden. Vielmehr soll nur ein Begriffsrahmen zur Verfügung gestellt werden, in dem sich solche Hypothesen aufstellen und testen lassen.

2. Ausgeschlossen aus unserem Zentralisationsbegriff sei zunächst die physische (De-)Zentralisation von Büros oder EDV-Anlagen. Diese Bedeutung steht in Ländern mit örtlich hochzentralisierten Verwaltungssystemen wie Frankreich oder Schweden im Vordergrund; hierbei geht es um ökonomische Effekte, allenfalls sekundär um die Dezentralisation administrativer Entscheidungsfindung.

   Ebenfalls auszuschließen ist eine andere Art physischer (De-) Zentralisation. Die physische Zusammenfassung von Daten in einer Datenbasis führt, für sich allein, noch nicht zum "Datenverbund". Im bloßen Zusammenbringen aller Daten unter einem Dach wird aber oftmals der "Zentralisationseffekt" der EDV erblickt. Ein solcher Effekt setzt jedoch in jedem Falle eine entsprechende Datenorganisation voraus. Anders ausgedrückt: es geht nicht um physische Zentralisation, sondern um logische Zentralisation. Dies bedeutet gleichzeitig, daß die Zentralisierung von Rechenkapazität, EDV-Anlagen-Beschaffung nicht notwendig die Bedeutung für (De-)Zentralisation des Verwaltungshandelns hat, die ihr oftmals zugeschrieben wird.

3. Stärker auf die Verwaltungsorganisation bezogen sind die Begriffe "Konzentration und "Zentralisation", die sich in der deutschen und französischen Verwaltungsrechtslehre finden (2). Sie erscheinen auch wesentlich klarer umrissen als die Vorstellungen, die sich im angelsächsischen Sprachraum mit "(de-) centralization" verbinden

   Der im kontinentalen Europa herrschenden Vorstellung von der "Einheit des Staates" entspricht es, daß auf die Unterscheidung von Zentralisation und Konzentration großer Wert gelegt wird. (De-)Zentralisation betrifft die Verteilung von Funktionen zwischen staatlichen Instanzen und selbständigen Funktionsträgern unter Staatsaufsicht. Dezentralisation konstituiert "mittelbare Staatsverwaltung", etwa durch Gemeinden oder durch Körperschaften des öffentlichen Rechts. Entsprechend bezeichnet Zentralisation die Tendenz, Verwaltungsobliegenheiten innerhalb der unmittelbaren Staatsorganisation zu belassen.

(De-)Konzentration betrifft hingegen die organisatorische Gliederung innerhalb der unmittelbaren Staatsverwaltung. Hier geht es um die Übertragung von Verwaltungsmacht nach unten, um die Delegation von Befugnissen innerhalb einer zentralisierten Organisation, in der der oberen Verwaltungsspitze das letzte Wort in allen wichtigen Fällen vorbehalten bleibt (3).

Die Unterscheidung zwischen Dekonzentration und Dezentralisation wird damit gerechtfertigt, daß beide unterschiedliche Ziele hätten. Die Entlastung der Zentralgewalt bzw. der Verwaltungsspitze kann sowohl durch Dekonzentration wie Dezentralisation erreicht werden. Darüber hinaus soll der Vorzug der Dezentralisation jedoch darin bestehen, daß Orts- und Sachnähe der Verwaltung durch sie erhöht werden und daß Dezentralisation demokratischer sei (4).

Die soeben vorgestellten Begriffe deuten auf einige der politischen Implikationen der (De-)Zentralisation der öffentlichen Verwaltung hin. Auf der Grundlage der überholten Vorstellung einer Dichotomie "Staat - Gesellschaft " versuchen sie, die Distribution von Entscheidungsmacht innerhalb der Staatsorganisation sowie innerhalb eines durch "Selbstverwaltung" gekennzeichneten Bereichs des "Öffentlichen" zu erfassen und durch staatliche Inpflichtnahme des nichtstaatlich-öffentlichen Bereichs ("mittelbare Staatsverwaltung") zugunsten der Staatsorganisation zu verschieben.

Für diesen Zweck durchaus ausreichend, erfassen die kontinentaleuropäischen Begriffe der Zentralisation und Konzentration nur die Oberfläche der öffentlichen Verwaltung. Sie werden benutzt, um institutionelle Erscheinungen zu beschreiben. Sie betreffen die globale Zuordnung von Verwaltungsaufgaben zu aufbauorganisatorischen Einheiten. Ihnen liegt ein Verständnis von Organisation zugrunde, das auf die formale Struktur der öffentlichen Verwaltung, auf deren Aufbauorganisation beschränkt ist. Zentralisation und Konzentration beziehen sich auf Tendenzen im Umherschaufeln von Aufgaben von einem Punkt zum anderen im Geschäftsverteilungsplan.

Ein Versuch, die Auswirkungen der Verwaltungsautomation auf administrative Entscheidungsprozesse mit diesen Begriffen zu erfassen, würde nicht sehr weit führen. Die organisatorische

Konsequenzen der EDV in der Verwaltung finden nur in den seltensten Fällen einen sinnfälligen Ausdruck in der Aufbauorganisation.

4. Der Hauptmangel der soeben erörterten Begriffe kann darin gesehen werden, daß keine klare Vorstellung darüber besteht, was konzentriert oder zentralisiert werden soll, nämlich über die "Verwaltungsaufgaben". Die Aufgaben der öffentlichen Verwaltung bestehen in der Erreichung bestimmter Zielkonstellationen, die durch die verschiedenen Funktionen des Staates in der modernen Gesellschaft gegeben sind und in vielen Fällen durch die öffentliche Verwaltung selbst konkretisiert werden müssen.

Die aus der Zielkonkretisierung gewonnenen Verwaltungsaufgaben müssen jedoch aufgespalten werden, damit sie durch Individuen oder Sachmittel erfüllt werden können. Ordnet man "Aufgaben" einzelnen Individuen oder Organisationseinheiten zu, so handelt es sich bereits um derart aufgespaltene Aufgaben. "Verwaltungsaufgabe" hat mithin zwei Bedeutungen: (a) eine Menge von Handlungen (Planung, Entscheidung, Ausführung, Kontrolle), die sich aus der Konkretisierung einer Zielkonstellation ergibt, und (b) eine Menge von Handlungen, die einer Einheit der Aufbauorganisation zugewiesen wird.

Herkömmlicherweise wird nun in der öffentlichen Verwaltung die Aufspaltung von (zielbezogenen) Verwaltungsaufgaben nur insoweit durchgeführt, daß jedem aus dem Geschäftsverteilungsplan ersichtlichen Element der Aufbauorganisation seine Aufgabe zugewiesen werden kann. Insbesondere Entscheidungs- und Kontrollprozesse auch einfacherer Art werden in der Verwaltung in der Regel nicht analysiert, in ihre einzelnen Arbeitsabschnitte zerlegt.

Bevor die EDV die Verwaltung erreichte, bestand auch kaum ein Bedürfnis nach solchen Analysen der Verwaltungsaufgaben. Allenfalls wurden gewisse Hilfsfunktionen wie Drucken, Maschineschreiben oder Registratur, die auf die Ziele des Verwaltungshandelns keinen großen Einfluß haben, aus den organisatorischen Einheiten ausgelagert, denen die "Entscheidung" überantwortet war, und zusammengefaßt.

Mit aller Deutlichkeit muß herausgestellt werden, daß eine der entscheidenden Konsequenzen der Automation in der öffentlichen Verwaltung darin liegt, daß ihre erfolgreiche Einführung eine ins einzelne gehende Untersuchung der Entscheidungsprozesse voraussetzt, in denen sich Verwaltungsaufgaben hauptsächlich darstellen. An eine solche Analyse ist die Verwaltung nicht gewöhnt. Die Automation des Produktionsprozesses war erfolgreich, da der Produktionsprozeß durch das Fließband bereits in seine Grundelemente zerlegt war, bevor die Fertigungsautomation Einzug hielt. Das gleiche gilt nicht für Entscheidungsprozesse, vor allem in der öffentlichen Verwaltung. Die erfolgreiche Einführung der Automation sowie die Analyse ihrer Wirkung auf Verwaltungsentscheidungen erfordert eine detaillierte Analyse des "Produktionsprozesses" administrativer Entscheidungen. Diese Analyse fehlt derzeit noch fast völlig. Das mag einer der Hauptgründe dafür sein, daß Verwaltungsautomation derzeit noch weithin auf die Erledigung einfacher Routinearbeiten in abgeschotteten Organisationseinheiten beschränkt ist.

5. Mit dem Fortschreiten der Verwaltungsautomation reicht es nicht länger, die Zuordnung von mehr oder weniger komplexen Entscheidungsprozessen zu Organisationseinheiten zu betrachten. Aufbauorganisation kann nicht mehr ohne genauere Analyse der Ablauforganisation entworfen werden. Daher muß die Zuordnung der einzelnen Grundelemente eines Entscheidungsprozesses zu Personen oder zu Maschinen erfaßt werden können.

Hieraus ergeben sich die Anforderungen an einen Zentralisationsbegriff, mit dem sich Auswirkungen der Verwaltungsautomation zureichend erfassen lassen. Entscheidend ist zunächst der Umstand, daß Elemente eines und desselben Entscheidungsprozesses verschiedenen organisatorischen Einheiten zugeordnet werden können. Aus verschiedenen Entscheidungsprozessen können gleichlaufende Elemente herausgebrochen werden und derselben Organisationseinheit überantwortet werden. Dieser Vorgang kann als <u>funktionale Zentralisierung</u> bezeichnet werden (5). Wenn dieselbe Berechnung bei der Einkommenssteuerveranlagung und bei der Sozialrentenberechnung auftritt, kann eine funktionale Zentralisierung sinnvoll sein. Die Lieferung von Informationen an verschiedene Organisationseinheiten, die dieselben Informationen für ihre

Entscheidungen brauchen, kann zur funktionalen Zentralisierung der Informationsspeicherung und Informationsbereitstellung, möglicherweise auch der Informationssammlung führen. Eine physische Zentralisation der EDV-Kapazitäten braucht damit ebensowenig verbunden zu sein wie die Schaffung neuer Einheiten in der Aufbauorganisation (6).

Indem wir Entscheidungen in ihre Elemente zerlegen, erhalten wir somit einen Zentralisationsbegriff, der in der öffentlichen Verwaltung noch weitgehend unbekannt ist (7). Dieser Begriff mag sich als ein brauchbares analytisches Instrument erweisen, mit dem Veränderungen in der Arbeitsteilung innerhalb der öffentlichen Verwaltung durch Einführung der Verwaltungsautomation untersucht werden können. Soweit solche Veränderungen von der Verwaltungsautomation zu erwarten sind, werden sie sich zunächst nur auf der Ebene der Ablauforganisation auswirken (8). Auf diese Ebene müssen sich daher auch Untersuchungen konzentrieren, die Veränderungen in der inneradministrativen Arbeitsteilung aufspüren wollen.

Arbeitsteilung ist mehr als ein organisatorisches Phänomen. Sie bestimmt die innerorganisatorische Verteilung von Entscheidungsmacht und hat damit tiefgreifende Auswirkungen auf die Motivation und die Verantwortlichkeit von Amtswaltern. Auswirkungen ergeben sich aber auch auf die Außenbeziehungen der öffentlichen Verwaltung. Das komplexe Beziehungsgefüge zwischen der Verwaltung und der Öffentlichkeit kann mit der funktionalen Zentralisation von Informationsspeicherung und einzelnen Informationsverarbeitungsvorgängen entscheidend verändert werden. Arbeitsteilung innerhalb der Verwaltung kann als inneradministrative Gewaltenteilung verstanden werden: bislang lieferte der "Kunde" der Verwaltungseinheit, mit der er in Beziehung trat, nur ein sektorales Bild seiner Persönlichkeit (z. B. als unzuverlässiger Autofahrer), und dies hemmte die Allwissenheit und damit die Machtfülle der Staatsverwaltung. Die funktionale Zentralisation der Informationsspeicherung kann im Extremfall zur Verfügbarkeit des gesamten Persönlichkeitsbildes führen, wenn nicht Schutzvorkehrungen getroffen werden.

6. Die Ablaufanalyse administrativer Entscheidungsprozesse öffnet noch eine andere Perspektive, die zu einem anderen Begriff von Zentralisation führt. Entscheidungsprozesse können nicht nur dadurch zentralisiert werden, daß dem Untergeordneten der Entscheidungsprozeß ganz oder teilweise aus der Hand genommen wird. Eine zentralisierende Wirkung geht auch vom Einsatz bindender Regeln und Einzelweisungen aus, die den Entscheidungsspielraum untergeordneter Stellen beschränken können (9). Dabei brauchen solche Regeln und Einzelweisungen nicht explizit geäußert werden. Sie können sich vielmehr auch aus der antizipatorischen Anpassung an Anforderungen der hierarchischen Verwaltungskontrolle ergeben.

Diese Möglichkeiten sind in dem soeben eingeführten Begriff der funktionalen Zentralisierung noch nicht erfaßt. Die oben erörterte Zuordnung von Elementen verschiedener Entscheidungsprozesse, die einen hohen Grad an Gemeinsamkeit aufweisen, zu derselben organisatorischen Einheit kann als "horizontale" funktionale Zentralisierung gesehen werden. Entsprechend können Einzelweisungen und die Setzung von Regeln, Standards, Programmen für eine Vielzahl von Entscheidungen als <u>"vertikale"</u> Form der <u>funktionalen Zentralisierung</u> bezeichnet werden. Das bedeutet, daß Entscheidungen auf einer höheren hierarchischen Ebene vorstrukturiert oder "programmiert" werden (10). Mit "Programmen" sind hier selbstverständlich nicht nur EDV-Programme gemeint, sondern alle Arten von Regeln, die einen Entscheidungsprozeß beeinflussen können (11). Für das Verwaltungshandeln sind dies: Gesetz, Rechtsordnung, Verwaltungsvorschriften (Anordnungen, Erlasse, Rundschreiben).

Die Programmierung des Verwaltungshandelns bedeutet, daß Elemente von Entscheidungsprozessen der organisatorischen Einheit weggenommen werden, die die Entscheidung "trifft". Damit werden ihre Entscheidungsschritte teilweise vorbestimmt. Die Selektion alternativer Handlungsmöglichkeiten wird eingeschränkt oder abgeschnitten, wenn Entscheidungselemente dem Gesetzgeber oder einer höheren hierarchischen Ebene in der Verwaltung überantwortet werden. Die Verteilung von Entscheidungselementen auf organisatorische Ebenen wird mit dem Begriff "vertikale funktionale Zentralisierung" erfaßt.

Damit kann dieser Begriff dazu dienen, die Verteilung von Entscheidungsmacht auf die verschiedenen Ebenen der Verwaltungshierarchie zu untersuchen und Veränderungen ausfindig zu machen, die sich hier durch die Verwaltungsautomation ergeben mögen.

Je mehr Elemente eines Entscheidungsprozesses vertikal zentralisiert werden, um so höher ist der Programmierungsgrad eines Entscheidungsprozesses. Dies wiederum bestimmt das Quantum an faktischem Entscheidungsspielraum,das bei der Organisationseinheit verbleibt, die die Entscheidung "trifft". Vertikale Zentralisierung im funktionalen Sinn (in der Abläuforganisation) bedeutet engmaschige Regelungen, Programme. Somit werden Entscheidungselemente, mithin Teile der Entscheidungsmacht von der Organisationseinheit weggenommen, der - im Innenverhältnis wie nach außen - die Verantwortung für die Entscheidung obliegt.

Von besonderer Bedeutung für verwaltungswissenschaftliche Forschungen ist dabei, daß eine solche Untersuchung der Programmierung von Verwaltungshandeln den faktischen Umfang von programmfreien Entscheidungsspielräumen deutlich werden läßt. Damit wird das Problem der Beschränkung von Verwaltungsermessen durch Programmierung von Verwaltungsentscheidungen einer empirischen Untersuchung zugänglich.

Einige Umstände sprechen dafür, daß mit fortschreitender Verwaltungsautomation die Programmstruktur des Verwaltungshandelns dichter wird. Administrative Entscheidungsprozesse, die (teilweise) automatisiert werden sollen, müssen in ihre Elemente aufgegliedert werden. Dies wird zu einer größeren Standardisierung der Entscheidungselemente führen, und zwar durch Programmierung auf einer höheren Ebene als der, auf der sich Verwaltungsbehörden zuvor ihr (zumeist informales) Programm setzten.

- Zusammenfassung -

Als eine der hervorstechendsten Auswirkungen von Verwaltungsautomation wird oft die Gefahr einer Verstärkung zentralisatorischer Tendenzen genannt. An präziseren Aussagen zu dieser Frage wird solange Mangel herrschen, als mit den in Verwaltungsrechtswissenschaft und Verwaltungslehre gängigen Begriffen der "(De-)Zentralisation" und "(De-)Konzentration" gearbeitet wird. Bei der Analyse der Auswirkungen der Informatik auf Verwaltungshandeln bieten diese Begriffe keine große Hilfe. Sie beschränken sich auf die Aufbauorganisation der öffentlichen Verwaltung und erreichen deren Ablauforganisation nicht. Diese Ablauforganisation besteht weitgehend aus Entscheidungsprozessen. Deren gründliche Analyse ist die unumgängliche Voraussetzung sowohl für erfolgreiche Verwaltungsautomation wie für die Beurteilung der Konsequenzen der Informatik für die Struktur und die Funktionen der öffentlichen Verwaltung. Eine solche Analyse muß Entscheidungsprozesse in grundlegende Schritte oder Elemente zerlegen.

Zwei die Ablauforganisation berücksichtigende Zentralisationsbegriffe können hier von Hilfe sein. Der Begriff "Horizontale funktionale (De-)Zentralisierung" erfaßt die Zusammenfassung von Elementen, die mehreren verschiedenen Entscheidungsprozessen gemeinsam sin: Informationselemente, die für verschiedene Entscheidungsprozesse von Bedeutung sind, können zentral gespeichert und bereitgestellt werden. - "Vertikale funktionale (De-)Zentralisierung" bedeutet die Abspaltung einzelner Elemente aus Entscheidungsprozessen und ihre Zuordnung zu organisatorischen Einheiten auf einer anderen Ebene. Mit diesem Begriff kann die Verteilung von Entscheidungsmacht in einer Hierarchie erfaßt werden und damit auch der Entscheidungsspielraum, der auf der unteren Ebene verbleibt. Mittel vertikaler funktionaler Zentralisierung sind Einzelweisungen und/oder allgemeine Normen (Standards, Verwaltungsprogramme), die durch Vorwegnahme oder Beeinflussung einzelner Entscheidungsschritte die Entscheidungsprozesse strukturieren.

- Anmerkungen -

(1) Die Privacy-Hysterie hat inzwischen einer sachlicheren Betrachtung der Probleme des Datenschutzes Platz gemacht, wenngleich die Schutzobjekte des Datenschutzes und die Gefahren, denen er begegnen will, in der Diskussion über mögliche Abhilfsmaßnahmen nach wie vor recht dunkel bleiben. Vgl. Klaus Lenk, Datenschutz in der öffentlichen Verwaltung, in: Kilian, Lenk, Steinmüller (Hrsg.), Datenschutz, Frankfurt 1973, S. 15-51.

(2) Vgl. etwa Ernst Forsthoff, Lehrbuch des Verwaltungsrechts, 1. Band, Allgemeiner Teil, 8. Auflage München 1961, S. 400 ff.

André de Laubadère, Mannel de droit administratif, 7. Auflage Paris 1963, S. 150 ff.

(3) "La déconcentration se situe dans le cadre de la centralisation, elle est totalement étrangère àla décentralisation; elle consiste à augmenter les attributions des <u>autorités locales</u> centralisées et ainsi à décongestionner <u>le pouvior central</u> au profit de ses représentants locaux" (de Laubadère a.a.O., S. 150).

(4) "La décentralisation se présente ainsi comme la démocratie appliquée à l'administration" (ebd., S. 153).

(5) Dies entspricht dem Begriff der "Zentralisation bzw. Dezentralisation als Grad der Einung (Zusammenfassung) gleichartiger Aufgaben": Knut Bleicher, Zur Zentralisation und Dezentralisation von Entscheidungsaufgaben der Unternehmung, in: Die Unternehmung 23 (1969), S. 123-139 (126).

(6) Viele Diskussionen über "Datenbanken" leiden daran, daß die Aspekte der funktionalen Zentralisation, der physischen Zentralisation und der institutionellen Zentralisation (in der Aufbauorganisation) nicht hinreichend auseinandergehalten werden.

(7) In die Literatur zur Verwaltungsorganisation hat der Begriff Eingang gefunden bei: Jürgen Ostermann, Automation in der Verwaltung, Realität und Zukunftserwartung, in: Die Verwaltung 3 (1970), S. 129-158.

(8) Hierfür spricht der derzeitige empirische Befund. Vgl. Klaus Lenk, Automated Information Management in Public Administrations, Paris 1973 (= OECD Informatics Studies 4), bes. Teil IV.

(9) Vgl. Herbert A.Simon, Administrative Behavior, 2. Auflage, New York 1957, S. 234

(10) Die Vorstrukturierung durch Einzelanordnungen wird im folgenden vernachlässigt; die Betrachtung wird auf die "Programmierung" beschränkt.

(11) Vgl. Walter Schmidt, Die Programmierung von Verwaltungsentscheidungen, in: Archiv des öffentlichen Rechts 96 (1971), S. 321 -354.

3. Sektion

INFORMATIONSZENTREN IN VERSCHIEDENEN BEREICHEN

Das Projekt Juristisches Informationssystem (JURIS)

- Stand der Arbeiten und Planungen -

Sigmar Uhlig

Inhaltsübersicht

1. Information und Recht

Information und Recht stehen zueinander in einem ganz besonderen Verhältnis. Wenn man Recht als den Inbegriff von Regelungsfaktoren für das Zusammenleben von Individuen und Gruppen versteht, zeigt sich die exemplarische Bedeutung der Information und Informationsnachfrage und Informationsverarbeitung im Recht. Ein Normengebilde erlangt tatsächlich nur dadurch die Qualität geltenden und angewandten Rechts, das es zunächst einmal zur Information geworden ist, als Nachricht an alle, die es angeht, verkündet wird und später dem Rechtsunterworfenen und dem Rechtsanwender bekannt ist und bekannt bleibt. Diese ursprüngliche und nicht auflösbare Beziehung zur Information dürfte eine Besonderheit des Rechts sein, die in anderen Bereichen der Wissenschaft nicht bestehen dürfte. Ein Gesetz der Physik oder der Chemie gilt, gleichgültig ob es bekannt ist oder nicht. Eine Rechtsnorm gilt zwar im formellen Sinn, hat aber faktisch keine Wirkung, wenn sie nicht bekannt ist und nicht angewandt wird.

1.1 Anhäufung juristisch relevanten Materials

Durch die stetig fortschreitende Anhäufung juristisch-relevanten Materials wird die Problematik der Informationsnachfrage und Informationsverarbeitung im Bereich des Rechtes immer bedeutender. Einige Punkte mögen hierfür ansatzweise genannt sein:

- Die Gesetzgebung steigert fortgesetzt ihre Produktion

- Immer mehr Lebensbereiche werden durch rechtliche Regelungen erfaßt

- Die zur rechtlichen Beurteilung anstehenden Sachfragen werden komplexer

- Die Geschäftszahlen der Gerichte wachsen
- Die rechtswissenschaftliche Literatur wird immer umfangreicher.

1.2 Zielsetzung des JURIS

Hier will das Juristische Informationssystem (JURIS) helfen. Ziel des JURIS ist es, zu einer optimalen Beherrschung der Informationsfülle auf dem Gebiet der Gesetzgebung, der Rechtsprechung und der Rechtsliteratur zu kommen. Es soll Erleichterung der Gesetzgebungsarbeit bieten, schnelle und zuverlässige Kontrollen verwendeter Rechtsbegriffe innerhalb der Normen, Kontrollen von Konkurrenzen und Widersprüchen sowie von Blankettnormen ermöglichen und im übrigen die mit der Rechtsanwendung betrauten Stellen von einer zeitraubenden herkömmlichen Informationssuche befreien, eine einheitliche Rechtsanwendung fördern und damit die Rechtssicherheit erhöhen, ohne zugleich die Rechtsinnovation zu beeinträchtigen. Schließlich soll das System in der Lage sein, allen interessierten Stellen zu bestimmten Rechtsfragen die bestehenden gesetzlichen Regelungen, die dazu ergangene Rechtsprechung und die einschlägige Rechtsliteratur nachzuweisen.

1.3 Systemkonzept für JURIS

Die Problematik eines solchen Systems wurde von einer Projektgruppe untersucht, in der insbesondere Juristen und EDV-Fachleute verschiedener Spezialgebiete zusammen gearbeitet haben. Das Ergebnis dieser Arbeit ist in einem 487 DIN A 4 Seiten umfassenden Bericht zur öffentlichen Diskussion gestellt (Das Juristische Informationssystem - Analyse, Planung, Vorschläge, Verlag C.F. Müller, Karlsruhe). Auf diesen Bericht muß verwiesen werden, da für diesen Beitrag nur begrenzter Raum zur Verfügung steht.

2. Informationsbeschaffung und Informationsverarbeitung

Helfen soll das Juristische Informationssystem (JURIS) vorwiegend bei der Informationsbeschaffung. Die Informationsbeschaffung und Informationsverarbeitung stellt einen wesentlichen Bestandteil juristischer Arbeit dar.

2.1 Subjektive Einschätzung des Informationsbedarfs

Dies zeigt auch die nachfolgende Tabelle* in der die subjektiven Einschätzungen der Juristen zum ständigen Informationsbedarf zusammengetragen sind.

	Informationsbedarf, um fachlich auf dem laufenden zu bleiben			
Berufsgruppe	sehr stark	stark	mittel	weniger
Gesamt	40%	34%	19%	5%
Richter	40%	42%	14%	2%
Staatsanwalt	36%	41%	20%	3%
Verwaltungsjurist	45%	38%	13%	3%
Rechtsanwalt	29%	33%	29%	5%
Steuerberater	53%	31%	11%	2%
Wirtschaftsprüfer	64%	22%	11%	2%
Professor	71%	14%	6%	1%
Assistent	69%	26%	4%	1%
Student	31%	31%	25%	11%
Referendar	31%	41%	22%	6%
Jurist im Angestelltenverhältnis, soweit nicht als Rechtsanwalt, Steuerberater oder Wirtschaftsprüfer zugelassen	40%	34%	22%	3%

*) Fußnote: Entnommen aus der Studie zum Informationsverhalten und Informationsbedarf von Juristen, die demnächst in 2 Bänden (Analyseband und Tabellenwerk) als Beihefte zur Zeitschrift Datenverarbeitung im Recht im J. Schweitzer-Verlag erscheinen wird.

2.2 Arbeitshypothese Entscheidungsmodell

Als Arbeitshypothese kann davon ausgegangen werden, daß bei der Bearbeitung juristischer Vorgänge von einem bestimmten Basismaterial ausgehend auf eine aus einer Menge möglicher Lösungen auszuwählende Lösung hingearbeitet wird. Dabei können Basismaterial, Ablauf der Arbeit und Lösungsform weitgehend vorgeschrieben sein (z.B. Anklageschrift - Strafprozeß - Urteil; Steuererklärung - Steuerfestsetzung - Steuerbescheid).

Zur Ausfertigung des Arbeitsergebnisses dürfte der Jurist darauf angewiesen sein, den Vorgang zu bewerten.

Bei einer nicht klaren Sachlage wird er die Probleme erkennen und analysieren müssen, um Lösungsmöglichkeiten zu finden, deren Bewertung eine Auswahl und den Abschluß des Entscheidungsprozesses ermöglicht. In diesem Fall und bei einer eindeutigen Lage ist nunmehr das Arbeitsergebnis im einzelnen festzulegen und auszuarbeiten. Ständig bedarf er dabei auch der Information über das Vorhandensein und die Anwendbarkeit oder Nichtanwendbarkeit regelnder Normen. Die Struktur dieses Entscheidungsprozesses soll mit Bild 1 "Arbeitshypothese Entscheidungsmodell des Juristen" zur Diskussion gestellt werden.

3. Material juristischer Arbeitsweisen

Grob kann das Material, welches im Juristischen Entscheidungsprozeß benötigt wird, in zwei Gruppen eingeteilt werden:

- juristisch relevante Dokumente
- juristisch relevante faktische Angaben verschiedener Art (Fakten).

Material aus beiden Gruppen kann ausschließlich zum konkreten Vorgang gehören (z.B. Akten, Verwaltungsvorgänge, Buchungsvorgänge, Zeugenaussagen usw.) und/oder generelle Bedeutung haben (z.B. Gesetz). Soweit es sich um das Material des konkreten Vorganges handelt, werden hier keine weiteren Ausführungen gemacht. Dieses Material sollte dem Juristen jeweils unterbreitet werden. Im übrigen hat er - je nach Art der Organisation der Arbeit - die Möglichkeit für die Beschaffung dieses Materials zu sorgen (z.B. Beweisbeschluß im Verfahren, Bitte an Mandanten, bestimmte Dinge vorzulegen).

Interessant für eine Verbesserung der Informationsbasis der Juristen ist das Material, welches generelle Bedeutung haben kann. Dabei dürfte es sich insbesondere um folgendes Material handeln:

3.1 Dokumente

3.1.1 Normen (Regelungen)

Die wichtigsten Typen sind Gesetze und Verordnungen, völkerrechtliche Verträge, überstaatliche Rechtsvorschriften, Satzungen, Verwaltungsvorschriften.

Tarifverträge sollten wegen ihrer formalen Gestaltung hier mit eingeordnet werden.

3.1.2 Judikate

Hierunter fallen die gerichtlichen Entscheidungen jeder Art.

3.1.3 Literatur

Hierzu gehören Kommentare, Monographien, Lehrbücher, Zeitschriften, Dissertationen, Habilitationsschriften, Festschriften, Bibliographien.

3.1.4 Sonstige Dokumente

Weitere juristische relevante Dokumente, die sich nicht unter 3.1.1, 3.1.2 oder 3.1.3 einordnen lassen, sind z.B.

Gesetzentwürfe, Gesetzgebungsmaterialien, Bestandteile von Gerichtsakten (wie z.B. Gutachten) Presseveröffentlichungen zu Gerichtsentscheidungen, allgemeine Geschäfts- und Vertragsbedingungen usw.

3.2 Fakten

Es kann davon ausgegangen werden, daß es empirisch ermittelbare Fakten und die Möglichkeit ihrer Auswertung für die gesetzgeberische und die einzelfallbearbeitende juristische Tätigkeit gibt, deren Berücksichtigung zu einer Qualitätsverbesserung juristischer Arbeit beitragen kann. Grob könnte eine Einteilung gemacht werden in Rechtstatsachen, Sozialdaten und Statistiken, wobei die Abgrenzung dieser Gruppen noch nicht völlig klar und die theoretische Zuordnung nicht notwendigerweise einheitlich sein muß.

Vorerst kann die Problematik, die mit der Ermittlung und Verwertung dieser Fakten zusammenhängen, jedoch nicht bearbeitet werden.

Informationssuche

Hauptaufgabe des JURIS ist die Bereitstellung gewünschter Informationen.

4.1 Typische Fragestellungen

Im einzelnen ist zu untersuchen, mit welchen Fragestellungen das JURIS zu rechnen haben wird. Von Fragen nach Fakten abgesehen dürften bei den voraussichtlich gewünschten Möglichkeiten von Fragestellungen die Wünsche, ein oder mehrere inhaltlich relevante Dokumente aufgrund der Problemschilderung zu erhalten im Vordergrund stehen.

Als Beispiele für solche typische Fragen könnten genannt werden:

- Wie lautet die derzeitige gültige Fassung der Norm X?
- Welche Fassung hatte eine bestimmte Einzelvorschrift Z des Gesetzes X zu einem Zeitpunkt Y?
- Enthält ein Gesetz X den Vorbehalt zum Erlaß weiterer Normen und sind diese weiteren Normen erlassen?
- Ist eine Gerichtsentscheidung vorhanden, zu den Stichworten/Schlagworten A,B,C?
- Ist eine Gerichtsentscheidung vom Gericht Y zu § Z des Gesetzes X vorhanden?
- Ist eine Entscheidung zu den Stichworten A, B, C vorhanden, die nach dem Tage Y ergangen ist und das Gesetz X in der Fassung Z anwendet?
- Wo ist die Entscheidung E bzw. das Gesetz X veröffentlicht?
- Gibt es Literatur zu den Stichworten A, B, C, usw.?
- Welche Literaturstelle beschäftigt sich mit der Norm X in der Fassung Y?

4.2 Nutzungshäufigkeit von Suchhilfen

Zur Beantwortung der zu erwartenden Fragestellungen sollte das System dabei die bereits allgemein anerkannten Suchhilfen bevorzugt behandeln, um dem künftigen Benutzer ein Umsteigen auf ein EDV-Informationssystem zu erleichtern.

Die subjektive Einschätzung der Nutzungshäufigkeit von Suchhilfen ist in nachfolgender Tabelle enthalten*.

*) Tabelle entnommen der Studie zum Informationsverhalten und Informationsbedarf von Juristen.

Suchilfen	Beurteilung der Nutzungshäufigkeit von Suchhilfen (Durchschnittswert)+)
Sachregister	4,12
Schlagwortregister	4,00
Fundstellen	3,77
Erläuterung einer Norm in einem Kommentar und wissenschaftlicher Aufsatz zu einem Thema in einer Fachzeitschrift	3,73
Leitsätze	3.51
Inhaltsübersichten	3,33
Querverweise in Fußnoten	3,07
Zitate im Text	2,81
Paragraphenregister	2,65
Gliederungen des Textes	2,62
Autorenregister	1,47

+) Durchschnittswertberechnung
0 = sehr selten
5 = sehr häufig

5. Strukturen des JURIS

Die " Struktur des JURIS" ist in Bild 2 dargestellt. Nach dem Mengengerüst für JURIS ist mit etwa 40.000 Institutionen als mögliche Benutzer zu rechnen, in denen ca. 70 bis 80.000 Personen mit juristischer Tätigkeit betraut sind. Allein der jährliche Neuanfall an publizierten juristisch relevanten Dokumenten beläuft sich auf ca. 3 Mrd. Zeichen. Hiervon entfallen ca. 56 Mio. Zeichen auf Normen, 300 Mio. Zeichen auf die ca. 20.000 veröffentlichten gerichtlichen Entscheidungen (von ca. 1 Mio. Entscheidungen), 500 Mio. Zeichen auf wissenschaftliche Beiträge und 2,2 Mrd. Zeichen auf selbständige Einzeldruckwerke. Juristische Nachbarwissenschaften und der Bereich der Fakten ist dabei nicht berücksichtigt.

5.1 Basis der weiteren Arbeit

Das weitere Vorgehen wird deshalb insbesondere durch folgende Punkte bestimmt:

- Die Untersuchungen haben gezeigt, daß der derzeitige Entwicklungsstand es noch nicht zuläßt, ein großes Ausbausystem mit der Möglichkeit zu konzipieren, daß sich alle evtl. Benutzer (geschätzt ca. 30.000 Datenendstationen) anschließen und auf alles einschlägige Material zugreifen können.

- Gegenwärtig sind nur erste Angaben zum Informationsbedarf und zur Informationsnachfrage der Benutzer empirisch ermittelt und ausgewertet.

- Die Überprüfung der Ergebnisse der theoretischen Vorarbeiten und weiterer Benutzerforschung erfordert ein flexibles automatisiertes Dokumentationssystem, daß die praktische Arbeit durch Juristen zuläßt und zugleich an die fortlaufende Veränderung des Erkenntnisstandes angepaßt werden kann.

5.2 Vorschlag Entwicklungssystem

Aus diesem Grunde wird ein zweistufiges Vorgehen vorgeschlagen. Es soll zunächst ein Entwicklungssystem aufgebaut werden, welches später zu einem Ausbausystem ausgebaut oder durch ein Ausbausystem abgelöst werden kann.

- Das Entwicklungssystem soll praktisch anwendbar sein und einen eigenen Nutzen erbringen, auch wenn ein weiterer Ausbau nicht erfolgt.

- Das Entwicklungssystem soll die Basis für wissenschaftliche Forschung bieten.

- Das Entwicklungssystem soll es ermöglichen, die Entscheidungsgrundlagen für den Aufbau des allgemein zugänglichen umfassenden Juristischen Informationssystems zu erarbeiten.

5.3 Teilprojekte des Entwicklungssystems

In Bild 3 "JURIS Entwicklungssystem" sind die Teilprojekte aufgezeigt. Am Projekt JURIS sind neben dem BMJ insbesondere der BMF, der BMA, das BSG, der BFH und die GMD beteiligt. Daneben besteht eine enge Zusammenarbeit mit Wissenschaftlern interessierter Fachgebiete und den Anbietern der Hardware und Software.

Die Vorbereitungen für die "Datenerfassung Entscheidungen" sind abgeschlossen, für "Regelungen" und "Literatur" laufen, derzeit noch Texts und Überlegungen.

Inzwischen steht ein Testpool im Teilprojekt Testdatenbasis Verfassungsrecht und im Teilprojekt Sozialrechtsdokumentation zur Vorführung und Diskussion bereit.

Nach maximal 6 Jahren sollen die Gebiete Sozialrecht und Steuerrecht nicht nur vollständig dokumentiert sein, sondern auch der praktische Dialog-Betrieb mit einer größeren Zahl von Benutzern eigener Datensichtstationen laufen.

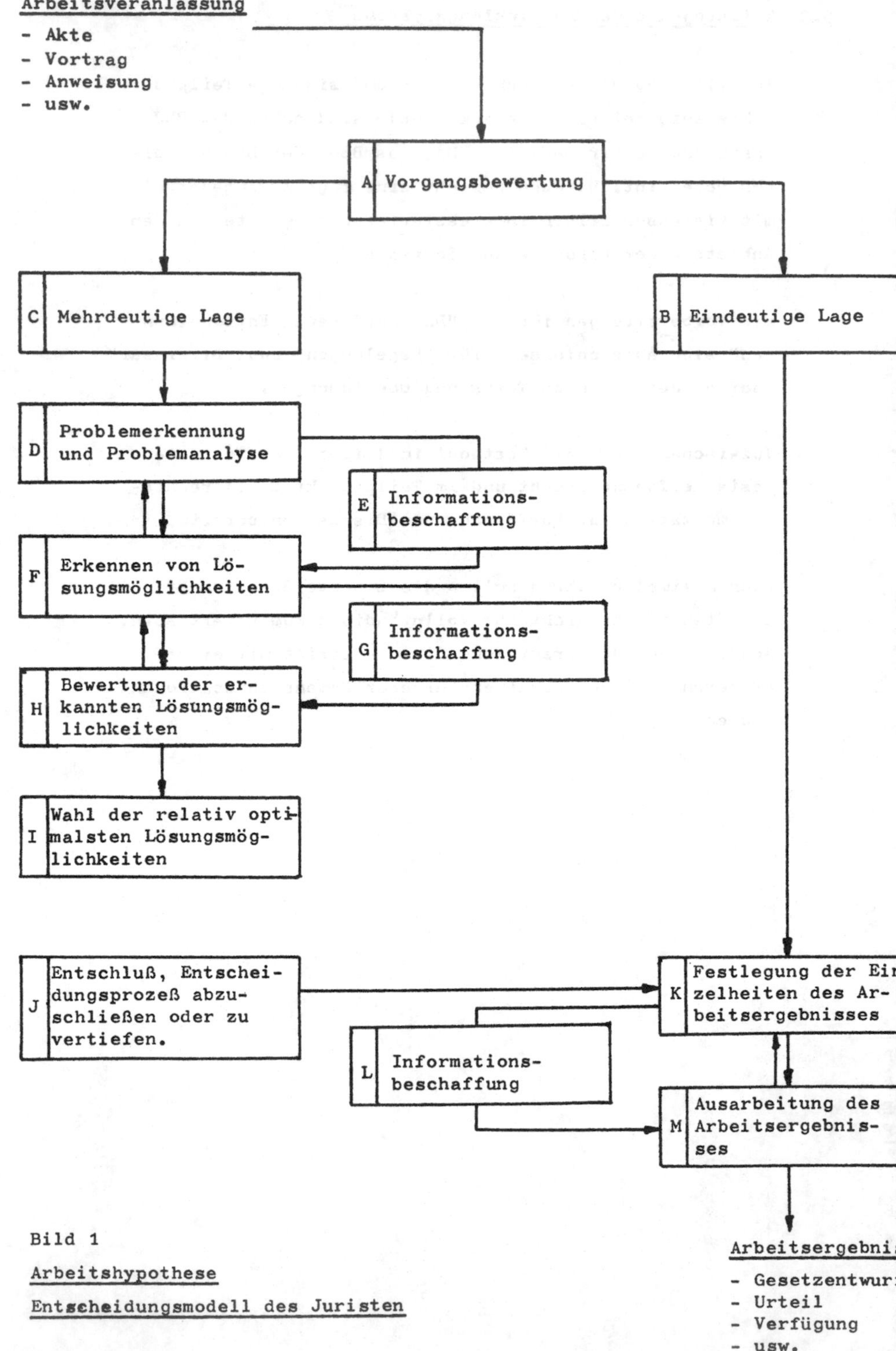

Bild 1

Arbeitshypothese

Entscheidungsmodell des Juristen

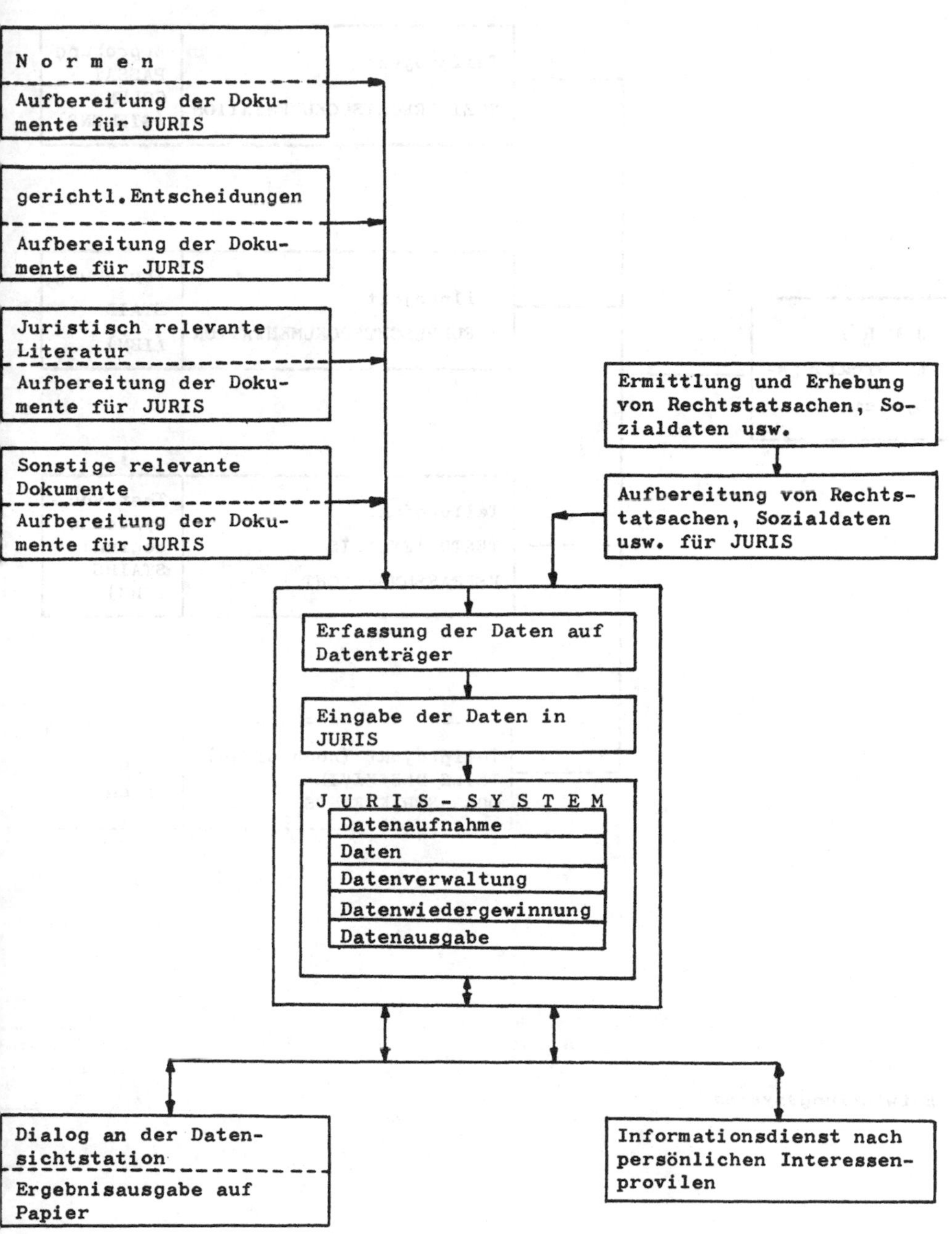

Bild 2

Struktur des JURIS

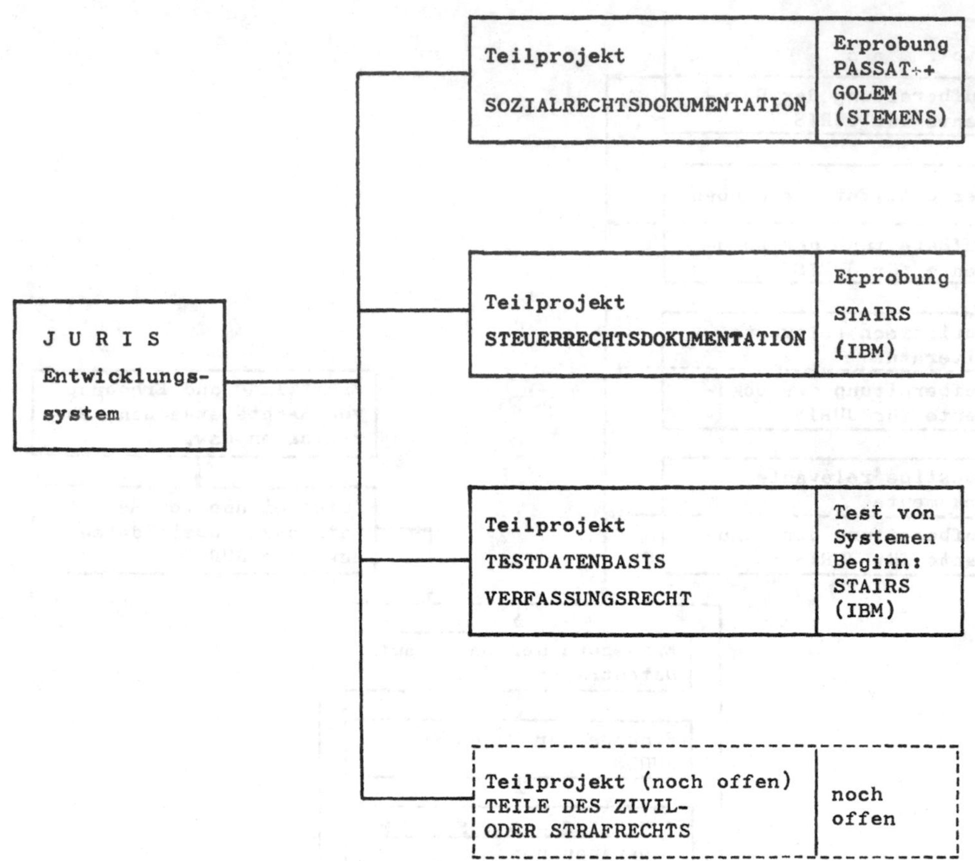

Bild 3

Entwicklungssystem

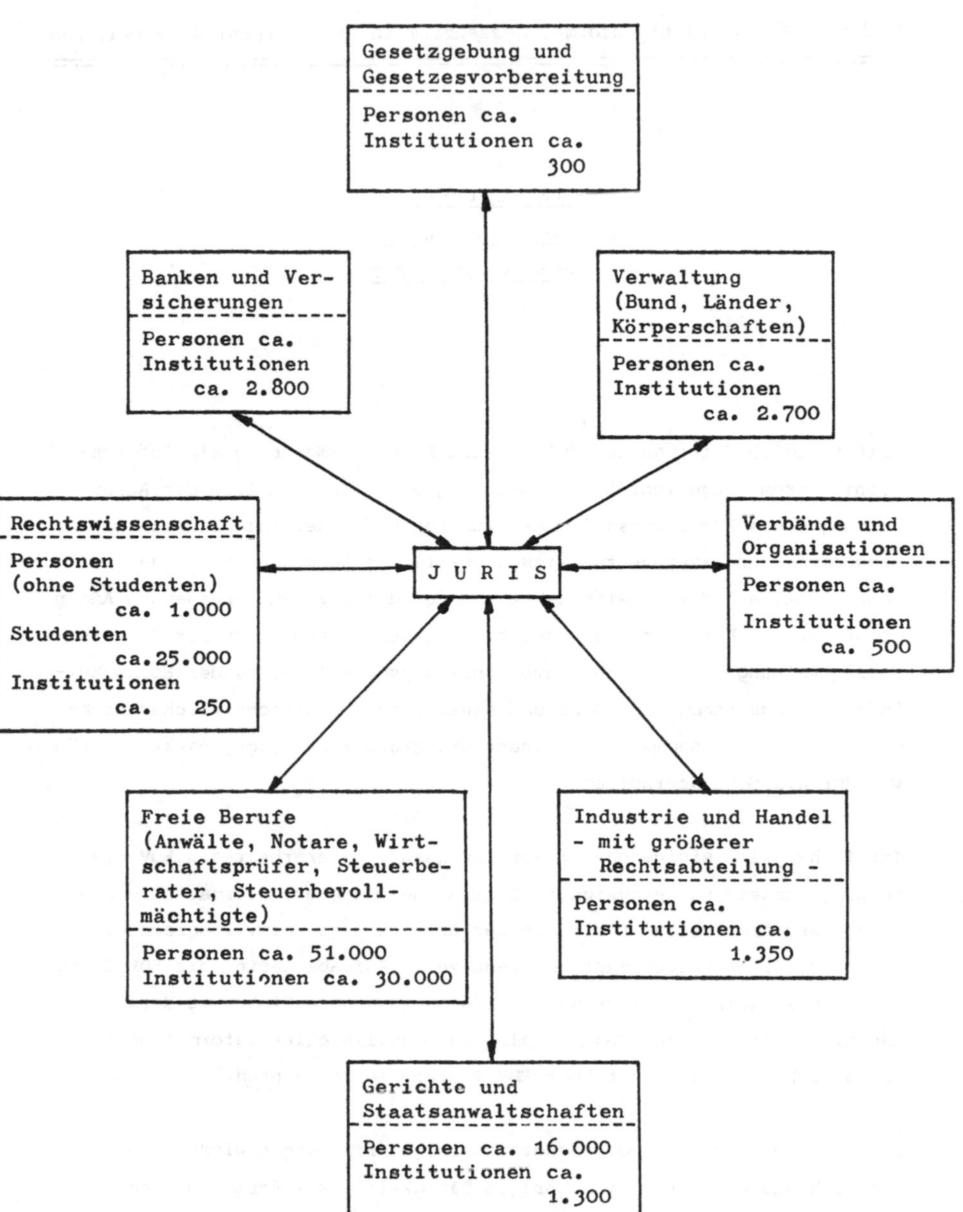

Bild 4

Benutzer des JURIS

Erfahrungen mit einem Informationszentrum in der Universitätsverwaltung

Joachim Griese

Dieter Schrammel

Joachim Steinchen

Seit Mitte 1969 ist an der Universität Erlangen-Nürnberg ein Informationszentrum eingerichtet. Die Gründung erfolgte anläßlich der Ausarbeitung eines Forschungsauftrages zum Entwurf eines integrierten Datenverarbeitungssystems für wissenschaftliche Hochschulen mit dem Schwerpunkt auf dem Bereich Lehre und der damit zusammenhängenden Administration. Das Forschungsteam setzte sich aus Mitarbeitern der Universitätsverwaltung, einer Unternehmensberatungsgesellschaft, der Hochschul-informationssystem (HIS) GmbH und eines betriebswirtschaftlichen Hochschulinstituts zusammen. Die Finanzierung des Forschungsprojektes wurde von der HIS GmbH übernommen.

Inzwischen sind einige der im Forschungsauftrag erarbeiteten EDV-Systeme programmiert und eingeführt. Eine Reihe weiterer Informations- und Planungssysteme befindet sich in der Entwicklungs- bzw. Programmierphase. Das Informationszentrum sieht seine Aufgabe darin, die EDV-Systeme zu entwickeln und einzuführen. Erst auf längere Sicht ist daran gedacht, das Informationszentrum als Schaltstelle aller Informationen (also auch der, die nicht über EDV laufen) zu betrachten.

In der Folge werden hypothesenartig einige Erfahrungen wiedergegeben, die sich aus der jetzt vierjährigen Tätigkeit des Informationszentrums ziehen lassen. Dabei ist zu berücksichtigen, daß die Erfahrungen aus einem Einzelfall stammen und sich daher nur bedingt verallgemeinern lassen.

1. <u>Das Informationszentrum ist als Stabstelle der obersten Ebene einer Organisationshierarchie zuzuordnen</u>

Die Stellung des Informationszentrums im Organisationsplan der Universität Erlangen-Nürnberg geht aus Abb. 1 hervor. Es ist als Stabstelle dem Kanzler, der nach der Universitätssatzung als leitender Beamter die Verwaltung der Universität im Rahmen der staatlichen Vorschriften und der Satzung im Auftrag des Rektors führt, zugeordnet. Auf diese Weise haben die Mitarbeiter des Informationszentrums autorisierten Zugang zu allen im Organisationsplan dargestellten Abteilungen. Diese Möglichkeit war im Stadium der Systemkonzeption, aber auch bei der Einführung von EDV-Systemen ausschlaggebend für ein erfolgreiches Arbeiten. Für einige EDV-Systeme mußten auch Untersuchungen im akademischen Bereich der Universität vorgenommen werden. Hier hätten infolge der Zuordnung des Informationszentrums zum Verwaltungsbereich Schwierigkeiten entstehen können, die aber im konkreten Fall informell dadurch ausgeschaltet waren, daß der Leiter des Forschungsprojektes selbst als Ordinarius dem akademischen Bereich angehört. Zudem hat der Rektor entsprechend dem Organisationsplan über den Kanzler Zugriff auf das Informationszentrum, so daß es auch in seinem Auftrag im akademischen Bereich tätig werden kann. Die Dienstaufsicht für das Informationszentrum liegt beim Kanzler, in der fachlichen Aufsicht war durch die Ausführung des Forschungsauftrages ein gewisser Freiraum gegeben, der auch nach Fertigstellung des Forschungsauftrages bestehen blieb.

2. <u>Der Prozeß der Zielfindung und Aufgabenbestimmung für ein Informationszentrum ist möglichst kurz zu gestalten</u>

Diese These wird durch unsere Erfahrung begründet, daß man durch die Korrektur einer "zweitbesten" Lösung meist schneller zum Ziel kommt als durch langes Suchen nach der besten Lösung.

Für das Informationszentrum der Universität Erlangen-Nürnberg war das Ziel durch die inhaltliche Definition des Forschungsauftrages vorgegeben. Die Aufgabenbestimmung wurde nach einer Istanalyse in der Phase der Grobkonzeption vorgenommen. Dabei wirkte sich die hierarchielose

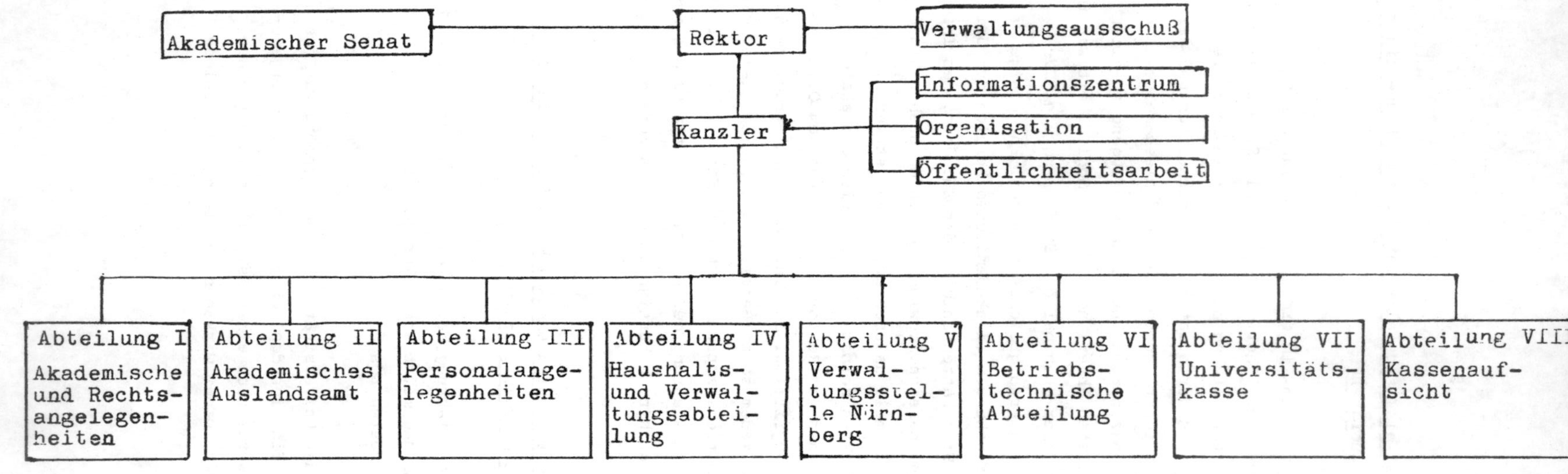

Abb. 1: Organisationsplan der Universität Erlangen- Nürnberg (Verwaltungsseite)

interne Organisation des Informationszentrums positiv auf den Prozeß der Ideenfindung bei der Grobkonzeption aus. Die im Forschungsauftrag erarbeitete integrierte Systemkonzeption erweist sich noch heute als richtig und bildet die Basis für weitere Detailkonzepte.

Von der HIS-GmbH wurden auch an den anderen wissenschaftlichen Hochschulen Informationszentren eingerichtet, so daß ein Vorgehen bei der Zielfindung und Aufgabenbestimmung zumindest an diesen Informationszentren relativiert werden kann. Gerade im Hochschulbereich könnte man geneigt sein, bei Systemkonzeptionen über Systemveränderungen zu diskutieren, ja unter Umständen sogar die Systemkonzeption als Mittel zur Durchsetzung einer Systemveränderung zu betrachten. Es hat sich jedoch gezeigt, daß zumindest in den vier Jahren seit Einrichtung der Informationszentren die Diskussion über Systemveränderungen das Stadium der Systemkonzeption ohne Erfolg verzögert bzw. ganz unmöglich macht. Zudem wechseln die Meinungen über die Art der Systemveränderungen so schnell, daß ein Systemplaner Mühe hat, sein System im "Änderungsdienst" auf den neuesten Stand zu bringen (z. B. hatte man zuerst für die Abschaffung der Belegung von Lehrveranstaltungen votiert, sich dann aber wieder dafür eingesetzt). An den Leistungen von Informationszentren an anderen wissenschaftlichen Hochschulen gemessen, hat sich das "dynamische" Vorgehen während der Aufgabenbestimmung an der Universität Erlangen-Nürnberg bewährt.

3. Bei der Systemkonzeption sollte man die Änderung nicht automationsgerechter Vorschriften erzwingen

Bei der Übernahme von Verwaltungstätigkeiten auf EDV behindern häufig rechtliche Vorschriften die Gestaltung von automationsgerechten Abläufen. Wir haben im Informationszentrum Erlangen-Nürnberg hier zunächst die Politik der "kleinen Schritte" verfolgt, d. h. zu erreichen versucht, daß zumindest einige äußerst automationshinderliche Vorschriften abgeändert werden, und im übrigen in der Systemkonzeption im Zweifel die "zweitbeste" Lösung gewählt. Hierbei haben wir jedoch unterschätzt, wie lange es dauert, bis die Änderung rechtlicher Vorschriften erreicht wird. Das hat in einigen Fällen zu Verzögerungen bei der Detailkonzeption einzelner Systemteile und der Ablauforganisation geführt.

In der Zwischenzeit hat sich ohnehin das Klima für die Bereitwilligkeit zum Ändern rechtlicher Vorschriften gewandelt. Wir würden im Wiederholungsfall eine etwas selbstbewußtere Haltung einnehmen. Zudem bietet sich der Rechnungshof als Schützenhilfe bei der Änderung von Vorschriften in Richtung auf die wirtschaftlich günstigere Gestaltung von Verwaltungsabläufen an.

Die gleich "harte" Linie erscheint uns auch bei der Abstimmung mit externen Institutionen angebracht. So mußten im Fall der Universität Erlangen-Nürnberg bei der Auslegung des Studentenstammsatzes Daten- und Schlüsselbestimmungen mit den Statistischen Landesämtern vorgenommen werden. Hierbei ergab sich, daß man dort nahezu gleichzeitig dabei war, im Zusammenhang mit dem Hochschulstatistikgesetz ein System für maschinelle Bearbeitung der Daten zu konzipieren. Erzielte Abstimmungen blieben nur kurze Zeit gültig; sie wurden durch Änderungen in der Systemkonzeption bei den Landesämtern oder durch neue Abstimmungen zwischen Statistischen Landesämtern und dem Statistischen Bundesamt revidiert, wobei mitunter ein "Kreisverkehr" bei den Änderungen festzustellen war. Auch hier wäre man im nachhinein gesehen besser gefahren, sofort eine eigeneLösung zu fixieren und lieber einen größeren Aufwand bei der zwischenbetrieblichen Weitergabe von Daten in Kauf zu nehmen.

4. Bei der Einführungsstrategie sollte man sich dem in der Verwaltung üblichen Führungsstil anpassen

Die wohl größte Korrektur ihrer Vorstellungen erlebten die Mitglieder des Informationszentrums bei der Einführung des ersten Teilsystems der Gesamtkonzeption. Durch Weiterbildungsseminare und Literaturstudium hatte man in uns die Vorstellung gefestigt, daß eine Beteiligung der "Beplanten" am Planungsprozeß notwendig und die Pflege der Motivation von Mitarbeitern in den betroffenen Abteilungen unerläßlich seien. Wir hatten deshalb zunächst versucht, durch zahlreiche Präsentationen und Schulungskurse die Mitarbeiter der betroffenen Abteilungen über das EDV-System zu informieren und sie zur selbständigen Mitarbeit zu motivieren. Wir hatten jedoch verkannt, daß in der Universitätsverwaltung ein sehr ausgeprägter autoritärer Führungsstil vorherrscht. Bei der Einführung kam es - wie bei jeder EDV-Installation - zu einer Reihe von Schwierigkeiten, die sehr schnell hätten behoben werden können, wenn Querverbindungen zwischen den Abteilungen bestanden und funktioniert hätten. Anfänglich versuchten wir die Probleme auf Sacharbeiterebene zu lösen ("Kompromisse auf Sacharbeiterebene"). Erst als wir uns der durch die Stellung des Informationszentrums in der Organisationshierarchie möglichen Regelung "von oben" bedienten, gab es weniger Schwierigkeiten bei der Einführung. In vielen Verwaltungsbereichen dürfte ein stark durch "Liniendenken" geprägter Führungsstil vorherrschen; trägt man diesem Führungsstil Rechnung, so kann man viel Einführungsaufwand einsparen.

5. <u>Es ist im Verwaltungsbereich äußerst schwierig, Planungsprozesse rational zu machen</u>

Informationssysteme sollen Entscheidungsprozesse unterstützen. Die Gestaltung der Informationssysteme muß den Informationsbedarf der an Entscheidungsprozessen teilnehmenden Personen berücksichtigen; dazu ist es notwendig, den Informationsbedarf der Entscheider zu kennen.

Bei einigen Informationssystemen, die sich zur Zeit in der Phase der Programmierung bzw. der Einführung befinden, zeigte es sich, daß es äußerst schwierig ist, einen Informationsbedarf zu fixieren. Oft geht die Zusammenarbeit zwischen Informationszentrum und Entscheidern so vor sich: Die Mitarbeiter des Informationszentrums versuchen,im Gespräch mit den Entscheidern einen Informationsbedarf festzustellen. Danach wird ein System konzipiert, das Daten aus einer Datenbank in der vom Entscheider gebilligten Art und Anzahl liefert. Bald stellt sich jedoch heraus, daß der Entscheider diese Dinge gar nicht verwendet. Ein neues Gespräch liefert neue,vermutlich entscheidungsrelevante Daten, das neue System trifft jedoch - wie sich später herausstellt - auch nicht den wirklichen Informationsbedarf des Entscheiders. Seltsamerweise läßt sich jedoch feststellen, daß die Entscheider darauf bedacht sind, möglichst alleinige Empfänger der Informationen zu bleiben.

Dieses Phänomen kann zwei Ursachen haben: Einmal kann man vermuten, daß der Entscheider erst dabei ist, sich seines Entscheidungsprozesses bewußt zu werden, ihn in mehreren Denkiterationsschritten in eine Ebene der Rationalität zu bringen. Als weiteren Grund könnte man eine gewisse

Strategie des Entscheiders annehmen: Er wehrt sich dagegen, Entscheidungen, die er bisher unter Umständen als Willkürakte fällte, der Rationalität preiszugeben, sie damit nachvollziehbar und ggf. kritisierbar zu machen.

Da an Hochschulen besonders häufig die Entscheider und somit die verwendeten Planungstechniken wechseln, ist es bisher kaum gelungen, ein Informationssystem zu realisieren, das tatsächlich entscheidungsrelevante Daten liefert.

Informationszentren im Maschinenbau

W. Poths

1. Einführung

In der Bitte um Beiträge zur heutigen Fachtagung, die sich mit Informationszentren in Wirtschaft und Verwaltung auseinandersetzt, war nicht deutlich zu erkennen, daß offenbar vorwiegend an übergeordnete Informationszentren gedacht war. Zumindest gewinnt man den Eindruck, wenn man das Programm mit den jeweiligen Beiträgen etwas eingehender unter die Lupe nimmt. Ich bin der Auffassung, daß in jedem Unternehmen der Bereich Informationswirtschaft ein Informationszentrum darstellt, dessen Qualität von großer Bedeutung für den Erfolg eines Unternehmens darstellt.

1.1 Abgrenzung des Themas

Ich möchte also in meinen Ausführungen nicht übergeordnete Informationszentren in den Vordergrund stellen, wie es sie im Maschinenbau ja bereits gibt bzw. an deren Aufbau gearbeitet wird, sondern ich möchte das Thema aus der Sicht des einzelnen Unternehmens behandeln und dabei durchaus die im Call for Papers angesprochenen Problemkreise behandeln.

1.1.1 Übergeordnete maschinenbaurelevante Informationszentren

Ich möchte also nicht behandeln:

- das Fachinformationszentrum des Maschinenbaus, dessen Aufgabe darin besteht, jeweils Auskunft zu geben über das, was "Stand der Technik" ist,

- auch nicht die Datenbank INFOS, deren Aufgabe darin besteht, Auskunft über Schnittwerte zu geben, die bei der zerspanenden Bearbeitung von Werkstücken erreichbar sind.

- Auch möchte ich nicht über die im Aufbau befindliche Werkstoffdatenbank berichten, deren Aufgabe darin besteht, ein umfangreiches Datenspektrum für alle wichtigen Werkstoffe zu speichern, die von Bedeutung für die Produktgestaltung sind.

- Auch möchte ich mich nicht mit dem Informationszentrum Verband befassen. Ein Verband ist ja zunächst selbst ein Informationszentrum, d.h. ein Umschlagplatz und Generator für vielfältige Informationen. Diesen Aspekt des Themas möchte ich also auch ausschließen, wenngleich wir auch auf diesem Gebiet tätig sind, um unsere Informationsfunktion im Interesse unserer Mitgliedfirmen im Sinne der uns gestellten Aufgaben zweckmäßig und wirtschaftlich erfüllen zu können.

1.1.2 Einordnung in die Problemkreise der Fachtagung

Gegenstand meiner Ausführungen ist vielmehr die Unterstützung der Mitgliedfirmen unseres Verbandes beim Aufbau unternehmungsspezifischer Informationszentren. Dabei gehen wir davon aus, daß die Struktur dieser Informationszentren einer Branche so geartet ist, daß Gemeinsamkeiten in individuellen Informationszentren verschiedener Unternehmen existieren. Dies ist die Grundlage und der Ansatzpunkt für die kooperative Inangriffnahme der Lösung des Problems optimale Informationszentren in Unternehmungen des Maschinenbaus aufzubauen.

Gestatten Sie mir bitte noch eine Bemerkung zur Zielsetzung von Informationszentren. Die meisten Industriebetriebe - auch im Maschinenbau - haben heute eine Größe, die es nicht gestatte die betrieblichen Leistungsprozesse unmittelbar zu steuern und durch Blickkontrolle zu führen. Führen ist heute nur noch über Abbilder möglich, d. h. das betriebliche Geschehen muß den Verantwortlichen über Abbilder zugänglich gemacht werden. Ebenso ist es erforderlich, die Umwelt des Unternehmens du Abbilder den zuständigen Führungspersönlichkeiten zugänglich zu machen. Dabei sind die Schnittstellen zu übergeordneten Informa tionszentren und deren Leistungsfähigkeit von Bedeutung.

Abbilden können wir die komplexen Erscheinungen in und außerhalb des Unternehmens nur mit Hilfe von Informationen. Je besse und wirklichkeitsgetreuer uns dies gelingt, umso mehr besteht die Chance, daß aus den Gegebenheiten die richtigen Schlußfolgerungen gezogen werden. Aus dieser kurzen Anmerkung können wir erkennen, welche große Bedeutung das betrieblic Informationszentrum für die Leistungsfähigkeit und den Erfolg eines Unternehmens darstellt. Information ist zum wichtigsten Produktionsfaktor unserer Zeit geworden. Sie ermöglicht die optimale Kombination der übrigen Produktionsfaktoren. Ohne Information ist dieser Kombinationsprozeß undenkbar.

So notwendig und wichtig der Aufbau eines leistungsfähigen Informationszentrums für jeden Betrieb ist, so hoffnungslos sind die Aussichten für viele Betriebe hinsichtlich der Möglichkeite zur Realisierung dieses Zieles. Die Kosten für den Aufbau eines leistungsfähigen betriebsindividuellen Informationszentrums sin außerordentlich groß und können von Unternehmen der mittelständischen Industrie nicht aufgebracht werden. Die Aktivitäten müssen koordiniert und die Kräfte gebündelt werden. Hier se..en wir eine wichtige Aufgabe des Verbandes. Diesen Aspekt der Koor nation und Kooperation werde ich in dem ersten Hauptpunkt, der sich mit Vorüberlegungen zum Aufbau von Informationszentren im Maschinenbau befaßt, behandeln.

Der zweite Abschnitt meines Beitrages befaßt sich mit der model gestützten Gestaltung solcher individueller Informationszentren im letzten Abschnitt werden einige Überlegungen zu den Auswirku gen und dem Nutzen von Informationszentren angestellt.

1.2 Modelle als Grundlage für den Aufbau von Informationszentren

Betrachtet man heute die Aktivitäten zum Aufbau betriebsindividueller Informationszentren, so gewinnt man die Überzeugung, daß die Bedeutung der Information als wichtigster Produktionsfaktor erkannt worden ist. Unabhängig davon, kann man jedoch feststellen, daß die Bemühungen um den Aufbau leistungsfähiger Informationszentren das Kennzeichen des Individualismus tragen. Es gibt nur wenige allgemeingültlige Vorstellungen, anhand deren sich die Unternehmen beim Aufbau individueller Informationszentren orientierten können. Es fehlen Modellvorstellungen, die es gestatten, Informationszentren aufzubauen, die später mit einem Minimum an Kosten betrieben werden können. Ich erinnere in diesem Zusammenhang an den Beitrag von Prof. Grochla in der Zeitschrift für Betriebswirtschaftliche Forschung mit dem Thema "Modelle als Instrumente der Unternehmensführung".1) Wir sind im VDMA dabei, einen Beitrag zu diesem Problemkreis zu leisten.

2. Vorüberlegungen zum Aufbau von Informationszentren im Maschinenbau

Wenn man sich mit dem Thema "Informationszentren" befaßt, so genügt es nicht, eine Analyse der Zielsetzung vorzunehmen; man muß insbesondere die Ausgangssituation in die Überlegungen einbeziehen.

2.1 Zur Situation der Datenverarbeitung im Maschinenbau

Wir haben 1970 eine umfassende Erhebung zur Situation der DV im Maschinenbau durchgeführt. Dabei wurden auch die Planungen bis 1972 erfaßt. Einzelheiten des 80-seitigen Ergebnisbandes kann ich hier nicht zur Diskussion stellen. Ich möchte in diesem Zusammenhang aber auf zwei wesentliche Punkte eingehen, nämlich die Größenstruktur des Maschinenbaus sowie seine technologischen Ausprägungen.

2.1.1 Strukturelle Aspekte

Nach dem Statistischen Handbuch des VDMA von 1972 ergibt sich folgende Größenklassengliederung im Maschinenbau für Unternehmen mit 10 und mehr Beschäftigten: 2)

10 - 49	Beschäftigte	1 260	Unternehmen	40,4 %
50 - 999	"	926	"	20,2 %
100 - 199	"	732	"	16,0 %
200 - 499	"	619	"	13,5 %
500 - 999	"	237	"	5,2 %
1 000 -4 999	"	190	"	4,2 %
5 000 und mehr	"	23	"	0,5 %,

1) Grochla, E.: Modelle als Instrumente der Unternehmensführung. In: Schmalenbachs Zeitschrift für betriebswirtschaftliche Forschung, 21. Jahrgang der Zeitschrift für Handelswissenschaftliche Forschung neue Folge, Heft 6, Juni 1969, Seite 382-397

2) Verein Deutscher Maschinenbau-Anstalten e. V. (Hrsg): Statistisches Handbuch für den Maschinenbau, Ausgabe 1972

d. h.

40,4 % aller Unternehmen im Maschinenbau haben weniger als 50 Beschäftigte

76,6 % haben weniger als 200 Beschäftigte,

90,1 % haben bis 500 Beschäftigte

96,3 % haben bis 1000 Beschäftigte.

Sie gehen sicherlich mit mir einig, wenn ich behaupte, daß dies 96 % der Maschinenbauunternehmen nicht in der Lage sind, leistu fähige Informationszentren in dem hier zur Diskussion gestellte Sinne aufzubauen. Diesen Unternehmen müssen wir Hilfestellung geben beim Aufbau von Informationssystemen, um ihre Wettbewerbs kraft nachhaltig sicherzustellen. Die Notwendigkeit hierzu ergi sich verstärkt aufgrund der inzwischen sehr stark gewandelten Wettbewerbssituation, ausgehend von den Änderungen auf dem Währungssektor.

2.1.2 Technologische Aspekte

Betrachten wir zwei Unternehmen mit gleichem Produktionsprogram das eine Unternehmen hat mehr als 1 000 Beschäftigte, das andere Unternehmen vielleicht 200 oder 300 Beschäftigte. Man kann sicherlich davon ausgehen, daß beide Unternehmen zur Ingangsetzung und Steuerung der betrieblichen Leistungsprozesse die gleichen Informationsarten benötigen. Dennoch kann es hinsichtlich der Ausprägung der Informationszentren in beiden Unternehmen zweckmäßig sein, unterschiedlich zu verfahren, da das Datenvolumen, das zu bewältigen ist, berücksichtigt werden muß. Diese Übereinstimmung der Informationsarten ist dann nicht mehr überall gegeben, wenn es sich um Unternehmen handelt, die verschiedenen technologischen Gruppierungen angehören. Der Maschinenbau gliedert sich unter dem Aspekt der Technologie und teilweise auch unter Berücksichtigung von Marktgesichtspunkten in über 30 verschiedene Gruppierungen, wie z. B. Werkzeugmaschinen, Pumpen und Verdichter, Kraftmaschinen, Armaturen, Apparatebau usw.

Bei voller Würdigung der vielen Unterschiede, die sich aufgrund der Größenverhältnisse und der technologischen Orientierung ergeben, sind wir dennoch der Auffassung, daß es unabhängig davon sehr viel Gemeinsames gibt. Diese Gemeinsamkeiten gilt es herauszufinden, um das Betreiben von Informationszentren in Maschinenbaubetrieben mit minimalen Kosten, unter Verwendung einheitlicher Programme, zu ermöglichen.

Die damit verbundenen Aufgaben und Probleme können nur durch kooperatives Handeln einer befriedigenden Lösung zugeführt werden Die Aufgabe des Verbandes besteht darin, diese Kooperation zustande zu bringen und zu betreuen. Wesentliche Bedeutung kommt diesem Zusammenhang dem 2. Datenverarbeitungsprogramm der Bundesregierung zu, das solche kooperative Aktivitäten auf dem Gebiet der Datenverarbeitung finanziell unterstützt.

2.2 Das Kölner Integrationsmodell als Denkansatz für eine Neustrukturierung der DV-Prozesse im Maschinenbau

Bei der Suche nach Modellvorstellungen für den Aufbau von betriebsspezifischen Informationszentren stießen wir auf das Kölner Integrationsmodell 3).

2.2.1 Die Hypothese der Normierbarkeit von Ablaufstrukturen

Das Kölner Integrationsmodell basiert auf der Prämisse, daß die Ablaufstrukturen in der Industrie - ein entsprechendes Abstraktionsniveau vorausgesetzt - und die damit in Zusammenhang stehenden Informationsflüsse in weiten Bereichen gleich sein könnten. Das heißt, die Legitimation zur Entwicklung des KIM leitet sich aus der Hypothese der Normierbarkeit von Ablaufstrukturen und den damit in Zusammenhang stehenden Informationsflüssen ab. Diese Hypothese sind wir dabei, im Maschinenbau zu überprüfen und festzustellen, bis zu welchem Abstraktionsniveau diese Hypothese Gültigkeit hat. Daß diese Hypothese nicht völlig abwegig ist, zeigt das Programmsystem DAISY, das für die etwa 8 000 Firmen der Druckindustrie entwickelt worden ist und zur Zeit implementiert wird 4).

2.2.2 Der systemtheoretische Ansatz in der Modellstruktur

Was uns an dem Kölner Integrationsmodell gefiel, ist der systemtheoretische Ansatz. Er geht davon aus, daß die Elemente des Modells die Datenverarbeitungsaufgaben sind und die Informationsflüsse zwischen diesen Datenverarbeitungsaufgaben die Beziehungen. Die Datenverarbeitungsaufgaben stehen über die Informationsflüsse in einem (dynamischen) Wirkzusammenhang. Es gilt nun herauszufinden, ob in verschiedenen Betrieben des Maschinenbaus der gleiche Wirkzusammenhang gegeben ist.

2.3 Das Kölner Integrationsmodell als Instrument zur Unterstützung branchenspezifischer Modellentwicklungen

Das Kölner Integrationsmodell existiert als Grundmodell für den Wirtschaftsbereich der Industrie (Abb. 1). Im Rahmen einer Analyse wurde geprüft, in welcher Weise dieses Modell für den Aufbau eines branchenspezifischen Modells für den Maschinenbau mit herangezogen werden kann. Diese Analyse befaßte sich mit

- der Darstellungsform
- der Kontrollfunktion und
- der Motivationsfunktion

des Kölner Integrationsmodells.

2.3.1 Die Ausprägungen des KIM

Das Kölner Integrationsmodell liegt in graphischer und verbaler Form vor. Die graphische Ausprägung (Abb. 2) ist für die

---

3) Grochla, E.; Garbe, H.; Gillner, R.; Poths, W.: Grundmodell zur Entwicklung eines itegrierten Datenverarbeitungssystems - Kölner Integrationsmodell (KIM) -. BIFOA-Arbeitsbericht 71/6, Köln 1971

4) BDI/RKW-Schriftenreihe (Hrsg.): Integrierte EDV in der Industrie dargestellt am Beispiel der Druckindustrie, Teil I Leitfaden, Teil II Formulare. Rationalisierungskuratorium der deutschen Wirt schaft e. V., Frankfurt 1973

praktische Arbeit nur bedingt brauchbar, dagegen jedoch für didaktische Zwecke geeignet, insbesondere veranschaulicht die Grafik den theoretischen Ansatz. Demgegenüber kann das Verbalmodell, das als Computerausdruck erzeugt werden kann, als Hilfsmittel bei der Ist-Aufnahme dienen.

2.3.2 Die Kontrollfunktion des KIM

Dabei fungieren die im Verbalmodell enthaltenen DV-Aufgaben und Informationsflüsse quasi als Checklisten. Auf diese Weise kann bis zu einem gewissen Grade die Vollständigkeit der erfaßten DV-Aufgaben und Informationsflüsse geprüft werden. Dies gilt jedoch nur insoweit, als das Kölner Integrationsmodell umfassend genug ist.

2.3.3 Die Motivationsfunktion des KIM

Darunter möchte ich lediglich verstehen, daß zumindest was die Aktivitäten im Maschinenbau anbetrifft, das KIM der Auslöser war. In einer Fachkreissitzung der Abteilung Informatik des VDMA wurde über das Kölner Integrationsmodell berichtet und es herrschte darauf die einhellige Meinung, man müsse auch für den Maschinenbau ein solches Modell als Grundlage für den Aufbau betriebsspezifischer Informationszentren entwickeln.

3. Modellgestützte Gestaltung von Informationszentren im Maschinenbau

Das KIM stand also am Anfang unserer Bemühungen, ein Modell der integrierten Datenverarbeitung für den Maschinenbau aufzubauen. Es war der Auslöser für diese Aktivität. Es wäre sicherlich dennoch nicht zu dieser Kooperation und Bündelung der Aktivität gekommen, wenn nicht zwei weitere Umstände dieses Vorhaben begünstigt hätten. Ich darf vielleicht zuerst die bereits erwähnte Förderung der Datenverarbeitung durch die Bundesregierung nennen. Diese Förderung bezieht sich auch auf den kooperativ betriebenen Aufbau von computergestützten Dispositions-, Lenkungs- und Entscheidungssystemen. Oder anders formuliert: die kooperative Entwicklung von betriebsindividuellen Informationszentren - wenn sie mir diesen Ausdruck in diesem Zusammenhang gestatten.

Zum zweiten ist die technologische Entwicklung zu nennen. Bei denjenigen Mitgliedfirmen des VDMA, die bereits seit Jahren elektronische Datenverarbeitungsanlagen einsetzen, haben sich inzwischen eine mehr oder weniger große Zahl von Anwenderprogrammen angesammelt, die durchaus die ihnen übertragenen Aufgaben zur Zufriedenheit der Benutzer erfüllen. Im Laufe der Zeit haben jedoch folgende beiden Entwicklungen stattgefunden:

1. Hardware und Systemsoftware sind wiederholt den umfangreicher gewordenen Aufgabenstellungen angepaßt worden, und zwar auf Betreiben des Betriebes
2. außerdem sind Hardware und Systemsoftware durch die Hersteller ständig verbessert worden und stellen ein Leistungspotential dar, das zumindest von den älteren Programmen nicht mehr ausgeschöpft wird.

Diese Diskrepanz zwischen technologischem Leistungspotential und den gewachsenen Kapazitäten auf der einen Seite und den für weniger leistungsfähige Systeme und geringere Kapazitäten ausgelegten Programme machen es notwendig, einen Optimierungsprozeß in Gang zu setzen, der darauf abzielt, das Leistungspotential der inzwischen verfügbaren bzw. neu angemieteten Datenverarbeitungsanlagen auszuschöpfen. Die Dimension dieser Aufgabe ist jedoch so umfangreich, daß es zweckmäßig erscheint:

- die Kräfte zu bündeln und die Entwicklung kooperativ zu betreiben und
- vom Methodischen her die Aufgabe mit Hilfe von Modellen anzugehen.

.1 Das Modell der integrierten Datenverarbeitung für den Maschinenbau (MIDAM)

Ausgehend von dieser Erkenntnis fanden sich einige VDMA-Mitgliedfirmen zusammen mit dem Ziel, ein maschinenbauspezifisches Modell zu entwickeln, das

- den Leistungszusammenhang des betrieblichen Geschehens abbildet, soweit er seinen Niederschlag im Fluß von Informationen widerspiegelt
- als Grundlage und Leitfaden für den Aufbau betriebsspezifischer Informationszentren im Maschinenbau dienen kann
- so strukturiert ist,

  daß Abläufe, die in vielen (allen) Maschinenbau-Unternehmen gleich sind in einem Rumpfmodell zusammengefaßt werden;

  daß gruppenspezifische Abläufe zu gruppenspezifischen Ergänzungsmodellen zusammengefaßt werden (Abb. 9).

Bei dieser Aufgabe sollte uns das KIM Hilfestellung geben.

.1.1 Vom KIM zum MIDAM

Natürlich wäre es relativ einfach gewesen, die Modalitäten und Vorgehensweise beim Kölner Integrationsmodell zu übernehmen. Inzwischen zeigten jedoch die Erfahrungen, die mit dem Kölner Integrationsmodell gewonnen wurden, daß die Handhabung des Modells, insbesondere als Abbild der sich ständig wandelnden Organisation zu wünschen übrig läßt. Außerdem mußte für die Ist-Aufnahme in verschiedenen Betrieben durch verschiedene Aufnahmeteams eine einheitliche Vorgehensweise sichergestellt werden, und zum Dritten mußte ein Instrumentarium geschaffen werden, das für den Vergleich von Organisationsstrukturen eingesetzt werden kann.

3.1.2 Manipulierbarkeit

Die Manipulierbarkeit setzt die Entwicklung einer sog. Manipulationssoftware voraus. Diese Software muß im wesentlichen in der Lage sein, die aufgenommenen Daten zu speichern und einen Änderungsdienst gestatten, um das Modell sukzessive im Verlaufe der Entwicklung dem jeweiligen Änderungsstand anpassen zu können.

3.1.3 Das MIDAM-Raster

Um eine einheitliche Vorgehensweise der verschiedenen Aufnahmeteams in den Unternehmungen sicherzustellen, wurde eine Matrix entwickelt, die folgenden Aufbau hat (vgl. Abb. 3 u. 4). Mit Hilfe dieser Matrix kann grob abgegrenzt werden, in welchen Bereichen die einzelnen Teams Ist-Aufnahmen durchführen sollen.

3.1.4 Instrumente für den Vergleich von Organisationsstrukturen

Bei einer auf Ist-Aufnahmen mehrerer Betriebe basierenden koope rativen Entwicklung eines Modells muß die Möglichkeit gegeben sein, Ist-Strukturen zu vergleichen, um Gemeinsamkeiten erkenne bzw. Unterschiede aufzeigen zu können. Hier muß ich ganz freimütig gestehen, daß wir mit den bisher erzielten Ergebnissen nicht zufrieden sind. Das Instrumentarium ist noch unzureichend Zielsetzung ist jedoch weiterhin, mit Hilfe eines geeigneten Schlüsselsystems und einer zweckmässigen Software einen maschinellen Vergleich zu ermöglichen.

3.2 Entwicklungsschritte von den Ist-Strukturen zum MIDAM

Meine sehr geehrten Damen und Herren, ich möchte Ihnen nun anhand eines Schaubildes (Abb. 5) die Schritte erläutern, die von den Ist-Aufnahmen bis hin zum fertigen Modell zu gehen sind

3.2.1 Die Erfassung der Ist-Strukturen

Die Erfassung der Ist-Strukturen umfaßt die Erfassung der Datenverarbeitungsaufgaben, die Erfassung der fließenden Daten und die Erfassung der Datensätze. Die Ist-Aufnahme dieser drei Datenkategorien erfolgt mit speziellen hierfür entwickelten Erfassungsformularen, dem sog. MIDAM-Formalismus (Abb. 6, 7,8). Dieser Sachverhalt ist in der Abb. 5 im oberen Block angedeutet Es handelt sich dabei zunächst um einen manuellen Erfassungsprozeß, der möglicherweise ab einer gewissen Zeit computergestützt durchgeführt werden kann, indem neu hinzukommende Firmen die erfaßten Daten anderer Betriebe verwenden können.

3.2.2 Die Verwaltung der Ist-Strukturen

Ich hatte vorhin bereits angedeutet, daß es nicht mehr zeitgerecht ist, Ist-Aufnahmen in der bisher üblichen Form auf Papier zu dokumentieren und in dicken Ordnern zu verwahren. Auch Ist-Aufnahmen, die ja über einen längeren Zeitraum durchgeführt werden, müssen änderbar sein. Dieser Änderungsdienst ist jedoch bei papierorientierter Speicherung sehr schwer durchführbar. Au diesem Grunde sind wir der Auffassung, daß die Verwaltung und Speicherung der aufgenommenen Daten mit Hilfe einer geeigneten Software sichergestellt werden muß. Dabei geht es vor allem darum, möglichst schnell zu erkennen, an welchen Stellen Auswirkungen zu erwarten sind, wenn an einer Stelle eine Änderung durchgeführt wird.

3.2.3 Die Ableitung des Generalmodells Maschinenbau

Bis zur Speicherung und Verwaltung der aufgenommenen Elemente der Informationswirtschaft bewegen wir uns noch auf einem abgesicherten Gebiet. Die Probleme beginnen, wenn wir uns daran begeben, die Ist-Aufnahmen aus den verschiedenen Firmen zu analysieren, die Daten zu gruppieren und zu einem Rumpfmodell zusammenzusetzen, dessen Struktur und Inhalt wesentliche Probleme sehr vieler Unternehmen adäquat abbildet. Hierzu liegen bisher kaum Erfahrungen vor. Eine ganz besondere Schwierigkeit liegt darin, daß die organisatorischen Strukturen in der Vergangenheit ohne die normierende Wirkung einer einheitlichen Betriebswirtschaftslehre wild gewachsen sind.

Dieser analytische Prozeß und der Versuch zu einer Synthese zu gelangen, stellen das Hauptproblem der Modellentwicklung dar.

Wir stellen uns jedenfalls vor, und wir haben dies in einem Teilbereich des großen Bereiches Absatz auch bereits getestet , daß wir bei dieser Analyse Elemente erkennen, die in einer großen Zahl von Mitgliedfirmen gleich sein können, zumindest in den Projektfirmen gleich sind. Daneben wird es Organisationselemente der Informationswirtschaft geben, die gruppenspezifischen Charakter haben, d.h. Elemente die einmal für bestimmte technologisch orientierte Gruppen oder auch nach größenspezifischen Gesichtspunkten, vielleicht auch nach Marktgesichtspunkten gleich sein können, ggf. auch unter dem Gesichtspunkt des Leistungstyps gruppiert werden können. Hier müssen aber entsprechende Erfahrung gesammelt werden. Neben diesen beiden Gruppen von Organisationselementen der Informationswirtschaft wird immer ein Rest unternehmungssepzifischer Elemente verbleiben. Wenn ich hier den Begriff Organisationselemente der Informationswirtschaft verwende, so meine ich einmal die Datenverarbeitungsaufgaben, die fließenden Daten oder Kanäle und die Datensätze. Die maschinenbauspezifischen Elemente bilden das sog. Rumpfmodell (Abb. 9), die gruppenspezifischen Elemente werden zu gruppenspezifischen Ergänzungsmodellen zusammengefaßt, durch Definition bzw. Fixierun der entsprechenden Schnittstellen muß es möglich sein, Modellvarianten praktisch für jeden Betrieb aufzubauen, wie das aus der Abbildung hervorgeht.

Bis zu diesem Punkt geht unsere Aufgabe, ein Modell der integrierten Datenverarbeitung für den Maschinenbau zu entwickeln. Wie sehen nun die Stufen aus, die erforderlich sind, um aus diesem Generalmodell firmenspezifische Informationszentren aufzubauen?

3.3 Vom MIDAM zum betriebsindividuellen Informationszentrum

Wir gehen davon aus, daß die Modelldaten in den vorhin genannten Gruppierungen auf geeigneten Speichern zur Verfügung stehen und für betriebsindividuelle Manipulationen verwendet werden können, für computergestützte Manipulationen und Experimente, an deren Ende das betriebsindividuelle Informationszentrum steht.

3.3.1 Die Konkretisierungsstufen vom Generalmodell zum Betriebsmodell

Der Weg vom Generalmodell zum Betriebsmodell erfolgt in drei Konkretisierungsstufen.

- Konkretisierungsstufe 1
Das Modell dieser Konkretisierungsstufe enthält alle Organisationselemente, die die Unternehmung in ihrem Informationssystem benötigt eimmal, d.h. ohne Multiplikationseffekt, wie ich das immer zu bezeichnen pflege. Einmal ein Materialkonto, einmal ein Kundenkonto usw. Das Ergebnis ist das MIDAM-Prinzip-Modell, das die jeweilige Unternehmung prinzipiell abbildet.

- Konkretisierungsstufe 2
In der nächsten Stufe erfolgt die Explosion, d.h. Verringerung des Abstraktionsgrades in einem Modell, in dem die Organisation elemente der Informationswirtschaft in genau dem Umfang enthalt sind, wie sie für die Unternehmung benötigt werden, aber noch ohne Feldinhalte (MIDAM-Konkret-Modell).

- Konkretisierungsstufe 3
Im nächsten Schritt werden die Organisationselemente mit den betriebsrelevanten Daten, die gerade gültig sind, gefüllt. Das bedeutet, das Modell bildet einen bestimmten Betriebszustand nahezu 100 %ig ab (MIDAM-Real-Modell). Nun ist es verständlich, daß ein solch großes Modell in seiner Gesamtheit nicht direkt der Verarbeitung zugänglich gemacht werden kann, zumindet nicht mit den heutigen Mitteln.

3.3.2 Die Konkretisierungsstufen vom Betriebsmodell zum Informationszentrum

Bis zum arbeitsfähigen Informationszentrum sind zwei weitere Konkretisierungsstufen erforderlich

- Konkretisierungsstufe 4
In dieser Konkretisierungsstufe kommt es darauf an, problemspezifische Datengruppierungen vornzunehmen. Datengruppierungen für die in der Vergangenheit Bewegungsdaten angefallen sind und deshalb gemeinsam mit diesen Bewegungsdaten der Verarbeitun zugeführt werden müssen, damit die gespeicherten Daten wieder ein aktuelles Abbild des Betriebes darstellen.

- Konkretisierungsstufe 5
Mit Hilfe einer geeigneten Software sollen dann die den Datengruppierungen entsprechenden Problemprogramme generiert werden. Inwieweit diese generierten Programme in einer Bibliothek verwaltet werden oder nicht, kann hier noch nicht entschieden werd Wir neigen jedoch zu der Auffassung, daß es für viele Probleme zweckmässig sein kann, situationsbedingt jeweils Neugenerierung vorzunehmen. Für viele andere Probleme mag es durchaus zweckmässig sein, einmal generierte Programme für einen mehr oder weniger langen Zeitraum in einer Programmbibliothek zu verwalten.

.4 Software-Analyse

Parallel zur Modellentwicklung lassen wir von einigen Instituten eine Methodensammlung und Software-Analyse durchführen. Auf diese Weise möchten wir feststellen, welche verschiedenen Methoden im Maschinenbau zum Einsatz kommen. Die Software-Analyse dient dazu, praktisch in Konkurrenz zum Generatorenansatz festzustellen, inwieweit vorhandene Software in der Lage ist, das Modell abzudecken bzw. wo Lücken vorhanden sind. Nur auf der Basis einer solchen Vorgehensweise ist u. E. auf lange Sicht das Problem der Einpassung von Standard-Software in Organisationsstrukturen zu lösen[5]

.5. Stand der Arbeiten

Um die geschaffenen Analyse-Instrumente (Aufnahmeformalismus, MIDAM-Raster, Auswertungs-Software) zunächst auf ihre Praktikabilität zu untersuchen, wurde in einem definierten Teilbereich des Absatzes eine Pilotstudie in den am Projekt beteiligten Firmen durchgeführt.

Die Ergebnisse können zusammengefaßt wie folgt formuliert werden:

- Aufgrund der gewachsenen Organisationsstrukturen konnte nur in Teilbereichen ein einheitliches Grundmuster erkannt werden.

- Das dennoch erstellte maschinenbauspezifische Teilmodell stellt einen Kompromiß dar, der weitgehend auf den Ist-Aufnahmen der Firmen mit dem höchsten Organisationsstand basiert.

- Die Erarbeitung des Teilmodells war mit einem hohen zeitlichen und personellen Aufwand verbunden, der im Hinblick auf die weitern Ist-Aufnahmen - auch unter Berücksichtigung des Lerneffektes - Konsequenzen erfordert.

Aufgrund dieser Ergebnisse haben wir im vergangenen halben Jahr die bisherige Konzeption überarbeitet und gehen nun gut gerüstet in die zweite Runde, insbesondere mit dem Ziel, die zeitliche Komponente des Projektes besser in den Griff zu bekommen.

. Auswirkungen und Nutzen betriebsindividueller Informationszentren.

Wenn ich abschließend einige Anmerkungen über Auswirkungen der Informationszentren mache, so muß ich hierzu folgendes voranstellen. Wir können im Maschinenbau aufgrund der gegebenen strukturellen Situation, d.h. aufgrund der gebenen Betriebsgrößen nicht davon ausgehen, daß in der Mehrzahl der Firmen ein Stab von Spezialisten vorhanden ist, der die Teilbereiche der Unternehmen jeweils mit Informationen versorgt. Unseres Erachtens müssen diese Informationszentren so geartet sein, daß zumindest

---

) Poths, W.: Die Bedeutung problemorientierter Software für die Gestaltung betrieblicher Anwendungssysteme. In: Elektronische Datenverarbeitung 8/69, S. 356-361 die Verantwortlichen der jeweiligen Bereiche mit Hilfe einfacher Sprachen Zugang zu dem Informationszentrum haben. Sofern diese Voraussetzung erfüllt ist, kann ich mir sehr gut vorstellen, daß die betriebliche Leistung durch aktuelle situationsbezogene Informationen beachtlich gesteigert werden kann. Informationszentren im Maschinenbau können also einen wesentlichen Beitrag leisten zur Verbesserung des Verhältnisses von Aufwand und Ertrag, der in den letzten Jahren aufgrund verschiedener Ursachen so ungünstig beeinflußt worden ist.

Eine weitere wesentliche Auswirkung betriebsindividueller Informationszentren in der von mir geschilderten Art dürfte darin liegen, daß für viele Mitarbeiter der Zugang zum Computer erschlossen wird, weil der Umgang mit ihm nicht aus der Distanz heraus erfolgt, sondern in direktem Zugriff zu den von ihm gespeicherten Daten. Durch diese Konzeption - ein Sektor Informationszentrum für jeden verantwortlichen Mitarbeiter - kann erreicht werden, daß der Computer in Zukunft viel stärker als bisher als hilfreicher "Kollege" akzeptiert wird.

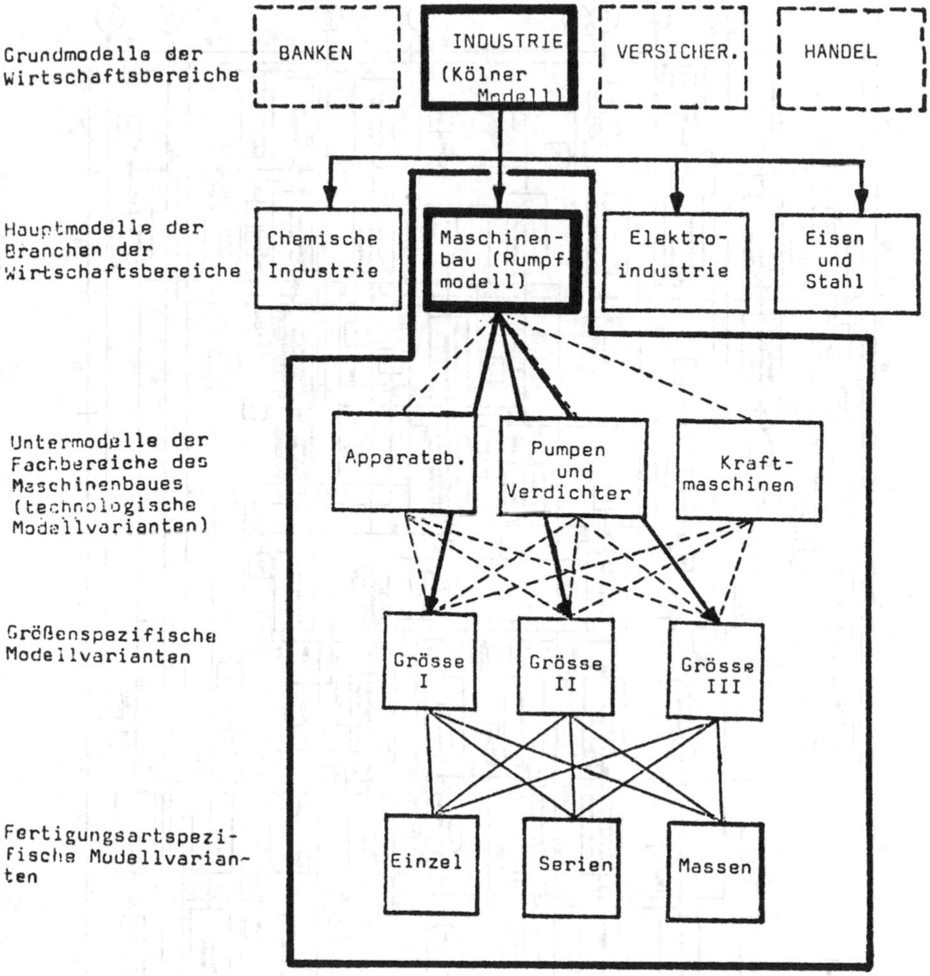

Grundmodelle der Wirtschaftsbereiche

BANKEN

INDUSTRIE (Kölner Modell)

VERSICHER.

HANDEL

Hauptmodelle der Branchen der Wirtschaftsbereiche

Chemische Industrie

Maschinenbau (Rumpfmodell)

Elektroindustrie

Eisen und Stahl

Untermodelle der Fachbereiche des Maschinenbaues (technologische Modellvarianten)

Apparateb.

Pumpen und Verdichter

Kraftmaschinen

Größenspezifische Modellvarianten

Grösse I

Grösse II

Grösse III

Fertigungsartspezifische Modellvarianten

Einzel

Serien

Massen

 INFORMATIK	Schematische Darstellung des aus dem Industrie-Grundmodell abgeleiteten maschinenbau-spezifischen Modellsystems.	Abb. 1

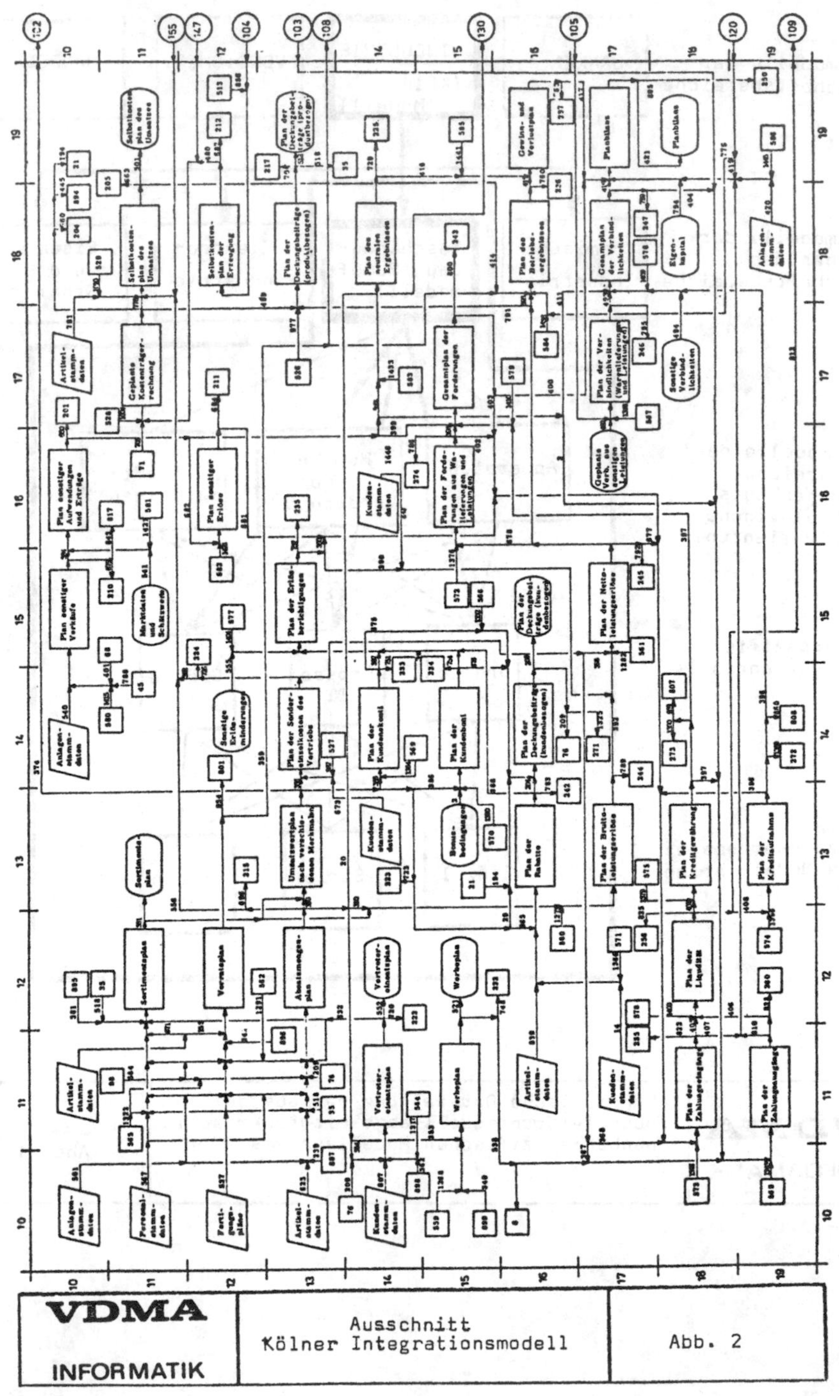

VDMA INFORMATIK | Ausschnitt Kölner Integrationsmodell | Abb. 2

Funktion → / ↓ Phase	(1) Beschaffung	(2) Produktion	(3) Absatz	(4) Entwicklung, Konstruktion	(5) Finanz- und Rechnungswes.	(6) Personal- und Sozialwesen
Politik (.../1)						
Forschung (.../2)						
Planung (.../3)						
Disposition (.../4)						
Abwicklung (.../5)						

VDMA INFORMATIK	MIDAM - Grobraster	Abb. 3

Übersicht über die Gliederung des Bereiches Absatz

Teilbereich	Absatzpolitik	Absatzforschung	Absatzplanung	Absatzdisposition	Absatzabwicklung
31 Marketing					
311 Produkte	311/1 Produkt- und Sortimentspolitik	311/2 Produktforschung	311/3 Produktplanung		
312 Verkaufsförderung	312/1 Werbepolitik	312/2 Werbeforschung	312/3 Werbeplanung	312/4 Werbeeinsatz	312/5 Abwicklung Werbung
313 Absatzmethoden	313/1 Absatzmethodenpolitik	313/2 Absatzmethodenforschung	313/3 Absatzmethodenplanung		
314 Preisgestaltung	314/1 Preispolitik	314/2 Marktpreisforschung	314/3 Planung Preise/Kondition	314/4 Preisbildung	314/5 Preisermittlung
32 Vertrieb					
321 Auftragsbildung (Akquisition, Projektierung)		321/2 Projekterkundung und -analyse	321/3 Projektierungs- und Vertretereinsatzplanung	321/4 Projektsteuerung	321/5 Projektierung
322 Auftragswesen			322/3 Auftragsplanung	322/4 Auftragsdisposition	322/5 Auftragsbearbeitung
33 Lagerwesen und Versand					
331 Lagerwesen	331/1 Lagerhaltungspolitik	331/2 Lagerhaltungsforschung	331/3 Lagerhaltungsplanung	331/4 Lagerhaltungsdisposition	331/5 Lagerführung
332 Versand	332/1 Versandpolitik	332/2 Versandforschung	332/3 Versandplanung	332/4 Versanddisposition	332/5 Versandabwicklung
333 Außenmontage			333/3 Montageplanung	333/4 Montagevorbereitung	333/5 Montageabwicklung
34 Kundendienst					
341 Produktüberwachung (inc. Wartung u. Generalüberholung)			341/3 Garantie-u. Wartungsplanung	341/4 Wartungsdisposition	341/5 Garantie-u. Wartungsabwicklung
342 Lager- u. Werkstattführung			342/3 Bedarfsplanung	342/4 Montoureinsatz- u. Ersatzteildisposition	342/5 Kundendienstabrechnung und Ersatzteilverwaltung
343 Technische Information			343/3 Informationsplanung	343/4 Informationssteuerung	343/5 Informationsdienst

VDMA INFORMATIK | MIDAM - Feinraster | Abb. 4

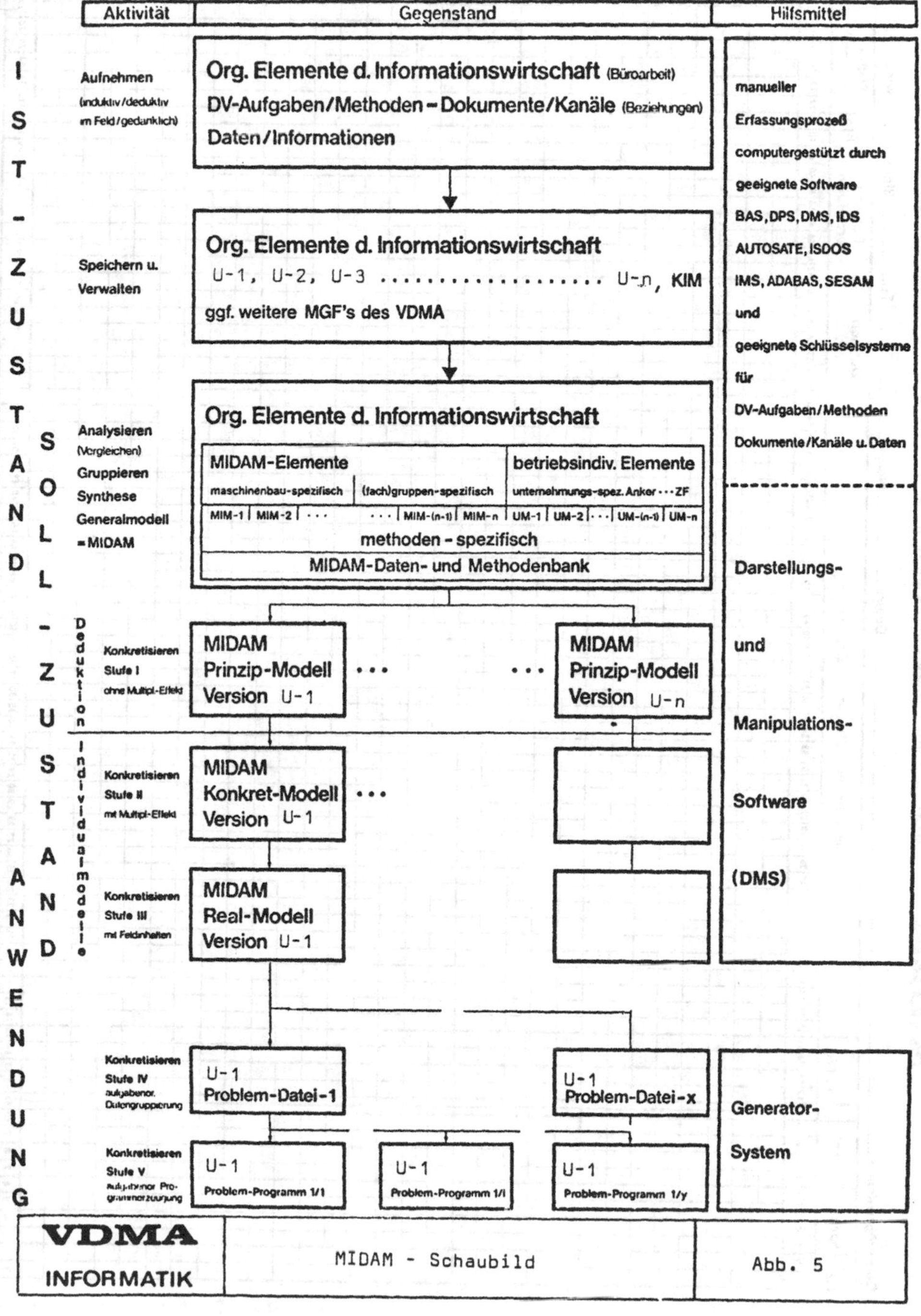

MIDAM - Schaubild | Abb. 5

MIDAM Erfassungsformular **Datensatzbeschreibung**

Datenträger/Kanal: .... Datum: .... Name: .... Tel.: .... Blatt: .... von ....

Sp.-Art (1–2)	Speicher (3–6)	Kanal (7–10)	(11)	St. (12–13)	Fol. (14–15)	Bezeichnung / Struktur Datenart (16–53)	Datenart Nr. (54–61)	Datenart Kurzzeichen (62–69)	F (70)	K (71)	Stellen vor (72–74)	Stellen nach (75–76)	DIM (77–79)	KA (80)
														3
														3
														3
														3
														3
														3
														3
														3
														3
														3
														3
														3
														3
														3
														3
														3
														3
														3
														3
														3
														3
														3
														3
														3
														3
														3
														3
														3
														3
														3

Abb. 6

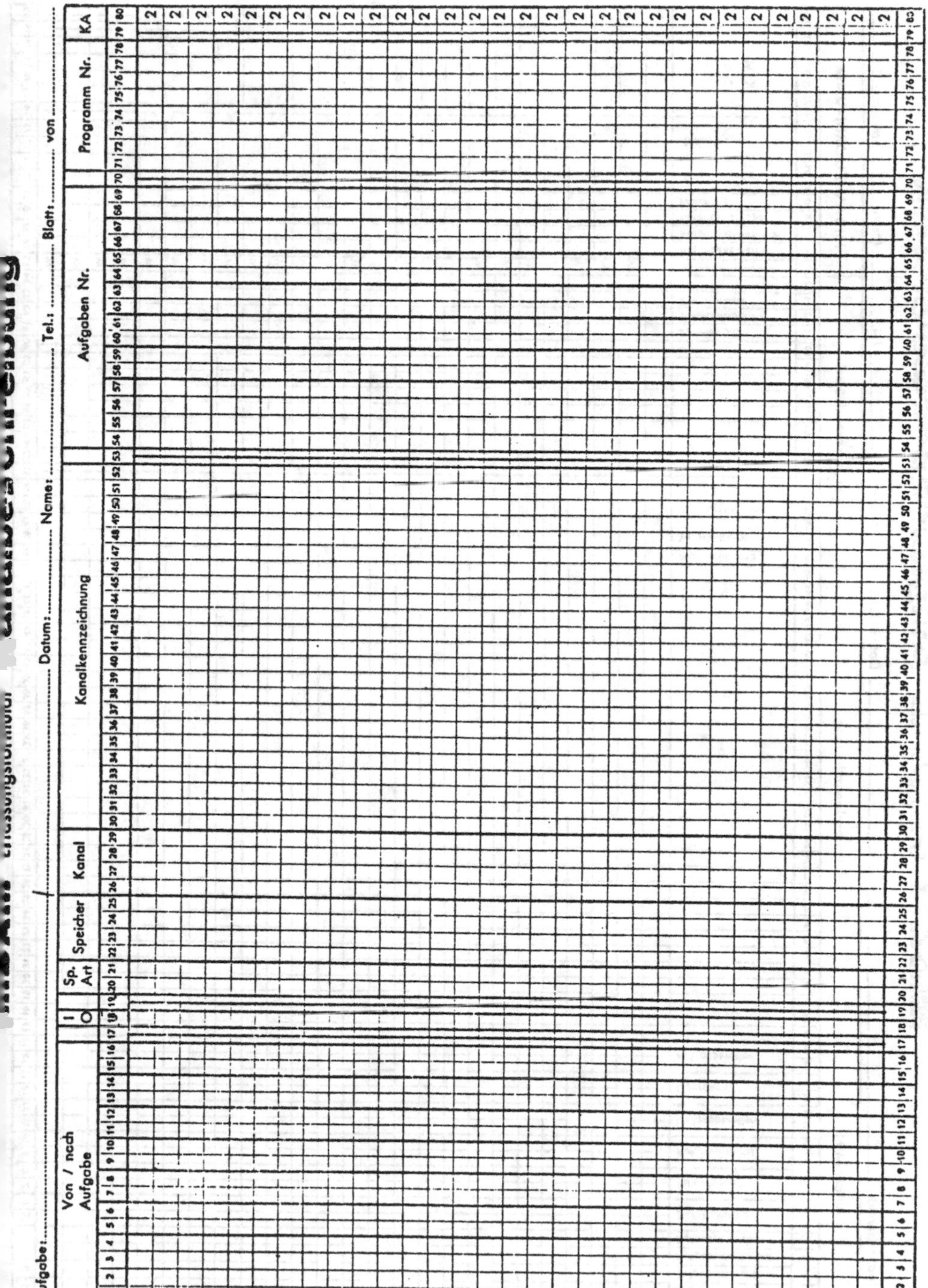

Erfassungsformular

Aufgabe: .... / .... Datum: .... Name: .... Tel.: .... Blatt: .... von ....

Von / nach Aufgabe	I O	Sp. Art	Speicher	Kanal	Kanalkennzeichnung	Aufgaben Nr.	Programm Nr.	KA
1 2 3 4 5 6 7 8 9 10 11 12 13 14 15 16	17 18 19	20 21	22 23 24 25	26 27 28 29	30 31 32 33 34 35 36 37 38 39 40 41 42 43 44 45 46 47 48 49 50 51 52 53	54 55 56 57 58 59 60 61 62 63 64 65 66 67 68 69 70	71 72 73 74 75 76 77 78	79 80

Abb. 7

MIDAM Erfassungsformular Aufgabenbeschreibung

Aufgabenbereich: ______ Datum: ______ Name: ______ Tel.: ______ Blatt: ______ von ______

Aufgaben Nr.									Aufgabenkennzeichnung	Aufgabenverschlüsselung							MIDAM-ZUORDNUNG							
1	2	3	4	5–6	7–8	9–10	11–12	13–14	15–16	17–46	47	48–49	50	51–60	61–62	63–64	65	66–67	68	69	70–71	72–73	74–78	79–80
FIRMA	Aufgabenbereich	Aufgabenteilbereich	Aufgabengruppe	Einzelaufgabe	Teilaufgabe	Aufgabenschritt	Makrooperation	Operation	Mikrooperation		Aktualitätsgrad	Verarbeitungs-rhythmus	EDV Realisierung		Summen KZ.	Verwandtschaft KIM Hinweis	Aufgabenbereich	Aufgabenteilbereich	Aufgabengruppe	Phasentyp	Einzelaufgabe	Teilaufgabe	KIM Nr.	K A

Abb. 8

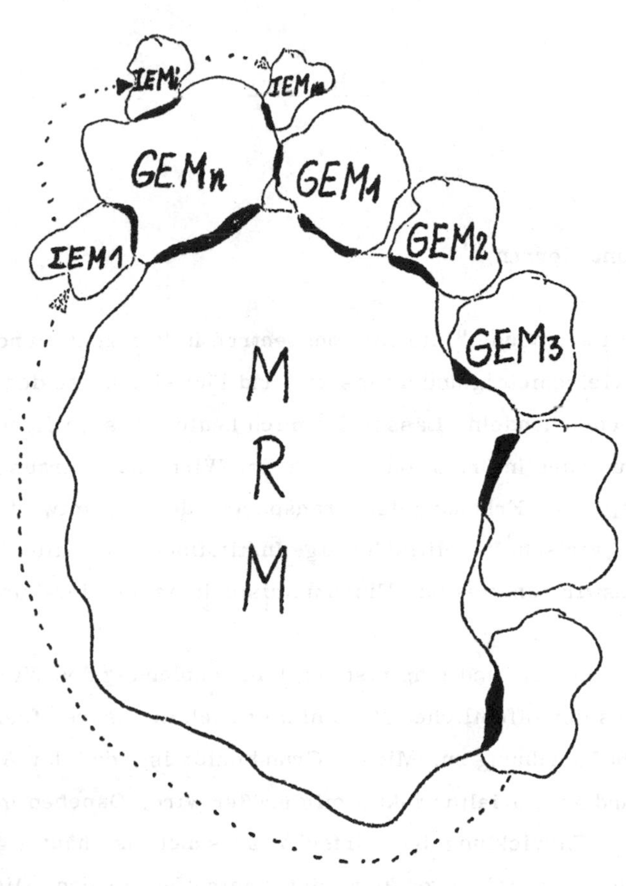

M R M = Maschinenbau-Rumpfmodell

G E M_i = Gruppenspezifisches Ergänzungsmodell

I E M_i = Individuelles Ergänzungsmodell

VDMA INFORMATIK	STRUKTURIERUNG INDIVIDUELLER MASCHINENBAU - MODELLE	Abb. 9

Der Beitrag von Informationszentren zur Verbesserung des Informationsniveaus der Wirtschaft

Dr. H. Pärli

Meine Damen und Herren,

das Thema der Fachtagung "Informationszentren in Wirtschaft und Verwaltung" ist sehr vielschichtig und umfassend und läßt sich unter den verschiedensten Aspekten abhandeln. Lassen Sie mich heute den spezifischen Aspekt der Verbesserung des Informationsniveaus der Wirtschaft herausgreifen, genauer gesagt, einer Erhöhung der Transparenz des gesamtwirtschaftlichen Geschehens für wirtschaftspolitisch tätige Institutionen der öffentlichen Hand, etwa des Bundeswirtschafts- und Finanzministeriums und der Bundesbank.

Die Tendenz zur mittel- und langfristigen Rahmenplanung des Wirtschaftsgeschehens seitens der öffentlichen Hand nimmt auch in unserer freiheitlich orientierten Wirtschaftsordnung zu. Mit ein Grund dafür ist, daß der Anteil der öffentlichen Hand am Sozialprodukt stetig größer wird. Daneben müssen aber, abhängig von der Entwicklung des Wirtschaftsgeschehens, häufig gewisse wirtschaftspolitische Entscheidungen kurzfristig getroffen werden. Diese können einmal den Charakter von Steuerentscheidungen im Rahmen einer vorgegebenen Planung tragen, zum anderen zur Revision des Planungsrahmens selbst dienen. Als jedermann bekannte Beispiele seien hier nur die außenwährungs- und geldmarktpolitischen, kurzfristig zu treffenden Maßnahmen genannt. Denkbar ist darüber hinaus, daß noch andere, bisher nicht benutzte wirtschaftspolitische Instrumente vorhanden sind, deren man sich bisher einfach aus Mangel an geeigneten aktuellen Informationen darüber nicht bedienen kann.

Wie auch immer, es steht außer Zweifel, daß Qualität und richtiger Zeitpunkt vieler kurzfristig vorgenommenen wirtschaftspolitischer Entscheidungen ganz wesentlich von der Qualität und der Aktualität der zur Verfügung stehenden Informationen abhängen.

Im folgenden wird ein Denkmodell vorgestellt, das in der Lage wäre, die Informationen für die genannte Zielsetzung in ausreichender Qualität und Aktualität zur Verfügung zu stellen.

Der Grundgedanke dabei ist die Vorstellung, wesentliche gesamtwirtschaftliche Daten aus den verschiedenen einzelwirtschaftlichen Informationsströmen der Wirtschaft gewissermaßen automatisch zu entnehmen und zu kumulieren, so daß sie wirtschaftspolitischen Entscheidungen als optimale Basis dienen können.

Ein solches Modell müßte allgemein den nachstehenden Bedingungen genügen:

Es müßte für das Gesamt-Wirtschaftsgeschehen repräsentativ sein;
es müßte eine dem angestrebten Zweck angemessene Aktualität aufweisen;
es müßte sich um echte, reale Wirtschaftsdaten handeln;
es müßte mit vertretbarem Aufwand realisierbar sein.

1. Realisierbarkeit

Befassen wir uns zunächst mit der Frage der Realisierbarkeit eines dem Denkmodell entsprechenden Systems. Das liegt um so näher, als die anderen Punkte vor diesem Hintergrund gesehen werden müssen.

Der Grundgedanke des Denkmodells ist, wie gesagt, die Anzapfung bestimmter einzelwirtschaftlicher Informationsströme und deren Kumulation zu gesamtwirtschaftlich relevanten Daten.

Der Grundgedanke der Realisierung wiederum ist das Ansetzen geeigneter Maßnahmen in den automatisierten Datenverarbeits-Systemen der Unternehmungen und Verwaltungen.

Als Informationslieferanten kämen dabei Betriebe, Konzerne und Verbände ebenso in Frage wie mehr öffentliche Einrichtungen, z. B. Sozialversicherung, Krankenkassen, Industrie- und Handelskammern, Vermittlungsstellen u. a.

Welche der einzelwirtschaftlichen Informationsströme im einzelnen "angezapft" werden sollten, kann im Detail an dieser Stelle nicht gesagt werden. Dazu bedürfte es umfangreicher praktischer und theoretischer Untersuchungen. Klar ist, daß es sich um Informationsströme handeln muß, die regelmäßig mit großer Genauigkeit das Geschehen in den Unternehmen und Verwaltungen widerspiegeln. Zu denken wäre dabei an der Personalsektor (Lohn- und Gehaltsabrechnung), das Gebiet des Auftragseingangs und der Auftragsbearbeitung, an die Materialwirtschaft, den monetären Sektor usw. Allgemein würde eine solche Auswahl nach volkswirtschaftlicher Relevanz einerseits, nach dem Grad der Automation der einzelwirtschaftlichen Informationsflüsse andererseits vorgenommen werden.

Die erste Sammlung der zu diesem Zweck festgelegten Informationen müßte im bzw. durch das Datenverarbeitungssystem des einzelnen Informationslieferanten erfolgen. Von dort müßten die erfaßten Informationen an eine übergeordnete Institution weitergeleitet werden, die die entsprechende (Teil-) Akkumulation vorzunehmen hätte. (Für diesen Zweck würden sich die hier diskutierten Informationszentren, gleich, ob diese regionalen oder Sparten-Charakter hätten, ausgezeichnet eignen.) Die kumulierten Informationen würden wiederum in geeigneter Form und Weise an die wirtschaftspolitisch tätigen Einrichtungen der öffentlichen Hand weitergegeben werden.

Ein Bild mag diesen Gedankengang verdeutlichen.

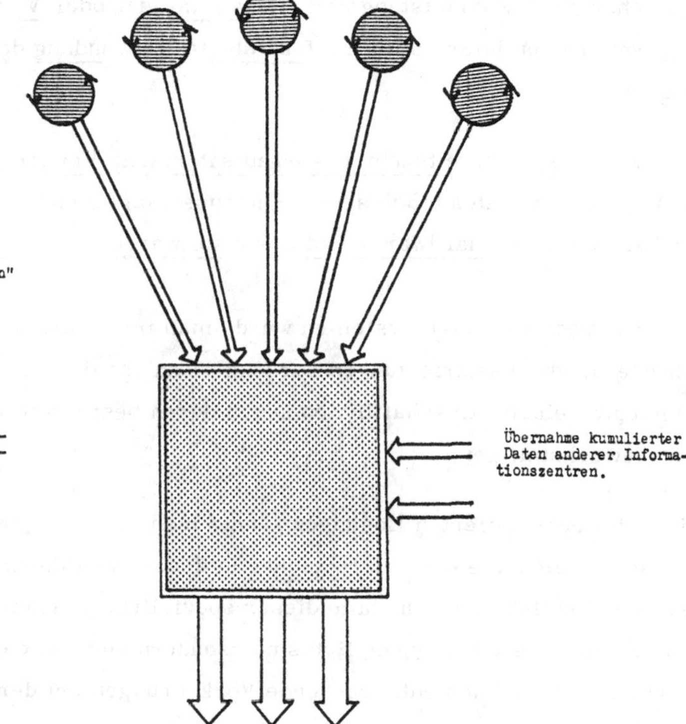
Automatisierte Informations-
ströme der Unternehmungen,
Verwaltungen,..
Übermittlung
festgelegter
Informationen
an „Informationszentren"
Kumulierung der einzel-
wirtschaftlichen Infor-
maticnen zu volkswirt-
schaftlichen Daten
Übernahme kumulierter
Daten anderer Informa-
tionszentren.
Weitergabe kumulierter
(Gesamtwirtschaftlicher)
Daten an steuernde Insti-
tutionen der öffentlichen
Hand.

Nachstehende Voraussetzungen zum Funktionieren eines Systems wie des skizzierten müßten geschaffen werden.

Zunächst ginge es um die rechtlichen Voraussetzungen, d. h. um die Schaffung entsprechender gesetzlicher Grundlagen. Diese hätten die erforderlichen Verpflichtungen der betreffenden Informationslieferanten (Beteiligungs-, Duldungspflicht etc.) ebenso zum Gegenstand wie die - sorgfältig zu formulierenden - Rechte des Verpflichteten bzw. Pflichten des Informationssammlers und -verwenders. Hierzu würden etwa gehören: Gewährleistung der Anonymität und/oder Vertraulichkeit der gesammelten Informationen, festgelegte Verwendung der Informationen etc.

Zum zweiten spielt die technisch-organisatorische Verwirklichung eines Systems wie des umrissenen eine ausschlaggebende Rolle. Denkbar sind mehr hardware- und mehr softwareorientierte Systeme.

Bei softwareorientierten Systemen würde man im wesentlichen auf bestehende Hardwareeinrichtungen zurückgreifen und die Sammlung der festgelegten einzelwirtschaftlichen Daten durch bestimmte Pflichtroutinen o. ä. bewerkstelligen.

Bei hardwareorientierten Lösungen könnte man z. B. daran denken, gewisse - gesicherte - Spezialspeicher in den ADV-Anlagen einzubauen, die ausschließlich zur Aufnahme dieser speziellen Informationen dienen und auch nicht beliebig zugänglich sind, sondern nur den dazu befugten Stellen. Daß dazu auch entsprechende Vorkehrungen bei der Software erforderlich sind, versteht sich von selbst.

Letztlich müßte die Frage nach Gesichtspunkten des Datenschutzes und der Datensicherheit beantwortet werden.

Zu klären wären dann weiterhin Fragen der Datenübertragung (Datenträgertransport, Übertragung über Leitung usw.) usw.; das würde von der Struktur der einzurichtenden "Informationszentren" (im hier gebrauchten Sinne) abhängen.

2. Repräsentativität

Aus dem Lösungsansatz selbst - "Anzapfen" automatisierter Informationsströme bei den Unternehmungen und Verwaltungen - ergibt sich, daß auf diese Weise die erfaßten festgelegten Informationen dem Umfang nach nicht vollständig sein können (weil eben nicht jedes Unternehmen, jede Verwaltung mit ADV-Anlagen arbeitet). Es muß dennoch gewährleistet sein, daß die gesammelten Informationen hinreichend zuverlässige Entscheidungen ermöglichen.

Denkbar wäre bei erstem Hinsehen ein repräsentatives Vorgehen im statistischen Sinne, das seinerseits die Möglichkeit zu Hochrechnungen u. dgl. böte. Bei näherem Hinsehen sieht man jedoch, daß ein solches Vorgehen aus demselben Grund nicht möglich ist wie die vollständige Erfassung bestimmter gesamtwirtschaftlicher Daten.

In dieser etwas mißlichen Situation hilft der Umstand weiter, daß in der Wirtschaft der BRD in den meisten, bestimmt in den wichtigsten Branchen der Großteil der Beschäftigten und des Umsatzes (um nur zwei wichtige wirtschaftliche Komponenten zu nennen) auf eine verhältnismäßig geringe Anzahl Unternehmen entfällt. Und gerade diese Unternehmen sind es im Regelfall, die über automatisierte Datenverarbeitung verfügen!

Einige Beispiele mögen das Gesagte verdeutlichen.

	Anteil der Unternehmen an			
	der Gesamtzahl der Unternehmen		den Beschäftigten	dem Umsatz
	in %	absolut	in %	in %
Industrie	2,87	1 293	50,72	60,31
Großhandel	28,72	446	66,61	83,56
Zeitungsverlage	12,96	21	53,23	59,54
		1 760		

Quelle: Statistisches Jahrbuch der Bundesrepublik Deutschland 1972

Man brauchte also nur 1 760 (gleich 2, 6 % der 46 814 in dieser Branche tätigen) Unternehmen in das skizzierte System einzubeziehen, um über 50 % der Beschäftigten sowie über 60 % des Umsatzes von Industrie (ohne Bauindustrie), Großhandel und Zeitungswesen zu erfassen.

Diese Angaben sind selbstverständlich in keiner Weise vollständig oder umfassend. Sie machen jedoch deutlich, worauf das Argument beruht, daß das beschriebene Denkmodell zu durchaus brauchbaren Entscheidungsunterlagen führen würde.

3. Aktualität

Bei der optimalen Bestimmung der Aktualität der gewonnenen Informationen handelt es sich vorwiegend natürlich darum, für ein nicht zu spätes Eintreffen der Informationen zu sorgen. Andererseits ist auch ein gewisser Glättungseffekt erforderlich, der verhindert, daß aus rein zufälligen Schwankungen übereilt Rückschlüsse gezogen und Entscheidungen getroffen werden. Es bietet sich daher an, für den angestrebten Zweck vorwiegend periodisch verarbeitete Informationen auszuwählen, wobei die Periode selbst nach dem volkswirtschaftlichen Problem einerseits, nach der üblichen Periodizität der Verarbeitung bei den Informationslieferanten andererseits festgelegt werden müßte. Gegenüber dem heute vielfach praktizierten Meldesystem würde das hier vorgeschlagene Modell die Aktualität der erfaßten Informationen um mehrere Größenordnungen steigern.

4. Echtheit der Informationen

Da nach dem dargelegten Konzept auf reale Informationsprozesse bei den Informationslieferanten zugegriffen würde, wären die gesammelten Daten gleichfalls von bislang unerreichter Echtheit. Selbstverständlich müßten bei der Systemkonzeption und der Systemimplementierung Sicherungen eingebaut werden, die es verhindern, daß fiktive oder bewußt falsche Informationen "gesammelt" und weitergegeben werden können.

Zusammenfassung und Ausblick

Das hier in seinen Grundzügen dargestellte Denkmodell zur Erhöhung der Transparenz des gesamtwirtschaftlichen Geschehens für wirtschaftspolitisch tätige Institutionen der öffentlichen Hand könnte zunächst von beachtlichem Nutzen sein für Steuerungsentscheidungen im Rahmen vorgegebener Pläne oder zur Planrevision. Nach längerem Bestehen könnte es jedoch auch die Grundlage für längerfristige Planungen bilden, wie ohne weiteres ersichtlich ist. Dazu müßten aber neue, andersgeartete Überlegungen angestellt werden, wie etwa über die Koordinierung mit und/oder Einbettung in bestehende informationsliefernde Einrichtungen - etwa das in diesem Referat indirekt angesprochene Statistische Bundesamt. Von solchen Überlegungen wurde hier bewußt abgesehen.

Zugrunde liegt den hier entwickelten Vorstellungen die Gewißheit, daß es - auch für ein freiheitlich orientiertes Wirtschaftssystem - widersinnig ist, ausgerechnet diejenigen Institutionen, deren Entscheidungen die größten Auswirkungen auf das Geschehen in der Gesamtwirtschaft ausüben, am schlechtesten mit relevanten Informationen zu versorgen.

Und schließlich mag hier noch ein Gedanke anklingen, der sich geradezu paradox ausnimmt: Die freiheitlich orientierten Wirtschaftssysteme werden - im makroökonomischen Bereich - in Zukunft mehr und besser planen und entscheiden müssen als planwirtschaftliche Systeme, wenn sie auf die Dauer mit diesen schritthalten wollen. Und zwar einfach deswegen, weil sie - im mikroökonomischen Bereich - freiheitlich orientiert sind.

Das hier vorgestellte Denkmodell könnte mit ein Instrument darstellen zur Bewältigung der vor uns liegenden Aufgaben.

4. Sektion

INFORMATIONSZENTREN UND DATENSCHUTZ

Datenschutzrechtliche Anforderungen an die Organisation von Informationszentren

Wilhelm Steinmüller
Fachbereich Recht
Universität Regensburg

0. Einleitung

Im Laufe der fortschreitenden Spezialisierung und Arbeitsteilung der Gesellschaft wird nach Mechanisierung und Automatisierung der körperlichen Arbeit nunmehr die Automatisierung der geistigen Arbeit notwendig, um die gestiegene und sonst unbewältigbare Komplexität der Gesellschaft beherrschbar zu halten.

Als Folge dieses gesellschaftlichen Bedürfnisses wurden "Rechner" (informationsverarbeitende Automaten) erfunden, entstand die Hardware- und Softwareindustrie, bilden sich neuartige Formen der Informationsproduktion und -distribution aus, wird nunmehr auchdas gesellschaftliche Leitungssystem ("Verwaltung", rudimentär auch Parlament und Justiz) zunehmend von unten nach oben automatisiert.

Es entstehen "Informationszentren", allgemeiner: Informationssysteme in Wirtschaft und Verwaltung. Die Diskussion ihrer befriedigenden organisatorischen und rechtlichen Einordnung ist Gegenstand dieser Tagung. Wegen der engen Verbindung und Verflechtung von Wirtschaft und Staat, die durch die Entwicklung computerunterstützter Informationssysteme eine neue Stufe erreicht, ist es nicht sinnvoll, das Thema auf öffentliche Informationssysteme zu beschränken, zumal die öffentliche Hand ihrerseits auf zahlreiche Formen privatwirtschaftlicher Informationsverarbeitung zurückgreift und die Erfüllung öffentlicher Bedürfnisse zunehmend die Ausformung öffentlich-privater Verbundsysteme erforderlich macht oder zu machen scheint, vor allem im Bereich des Sozialwesens.

Freilich liegt der Schwerpunkt der nachfolgenden Ausführungen auf dem öffentlichen Sektor.

1. Terminologie

Zur besseren Verständigung im Rahmen eines interdisziplinär zu behandelnden Themenbereichs dienen folgende Festlegungen - je unter rechtlichem Aspekt und in ihrer Bedeutung zunächst auf dieses Referat beschränkt - :

1.1 Datenschutz ist die Menge aller Vorkehrungen zur Verhinderung unerwünschter Datenverarbeitung oder unerwünschter Folgen erwünschter Datenverarbeitung. Unerwünscht ist, was angebbaren - insbesondere rechtspolitischen - Zielvorstellungen widerspricht.
Datenschutzrecht ist die Menge der juristischen Normen über Datenschutz.
Datensicherung als Menge aller Vorkehrungen zum Schutz von Daten, Programmen und Anlagen (und insofern terminologisch zu eng!) sei nur insoweit berücksichtigt, als sie zugleich Datenschutzwirkungen entfaltet.
Datenschutz und Datenschutzrecht sind, so verstanden, lediglich schlagwortartige Charakterisierungen für ein umfassendes Phänomen, nämlich für das Problem der befriedigenden Einordnung von insbesondere computerunterstützten Informationssystemen in das bestehende Rechtssystem und,da dies aus noch zu erörternden Gründen unmöglich ist, zusätzlich der Anpassung des Rechtssystems an die neuartige gesellschaftliche Realität. So betrachtet scheint es sinnvoller zu sein, statt Datenschutz von "Informationskontrolle" zu sprechen und das Datenschutzrecht auch im Sinne eines "Datenverkehrsrechts" (Rave) weiterzuentwickeln.

Da unerwünscht jede Datenverarbeitung ist, die unmittelbar oder über ihre Folgen entweder natürliche Personen und Personenmehrheiten bedroht oder die gesellschaftlichen Institutionen gefährdet, soll unterschieden werden zwischen Individual- und Institutionenschutz. Unter ersteren fällt eine mögliche Gefährdung der Privatsphäre des Bürgers, unter letzteren etwa Verschiebungen im Informationshaushalt zwischen Verwaltung und Regierung einerseits, Parlament und Justiz andererseits. Beide Aspekte des "Datenschutzes" müssen unter dem übergeordneten Gesichtspunkt gesellschaftlicher Informationskontrolle zusammen betrachtet werden, da eine isolierte Betrachtung eines Teiles von einem überholten, Staat und Gesellschaft bzw. Individuum gegenüberstellenden Gesellschaftsmodell des 19. Jhr. ausginge.

1.2 Organisation sei allgemein jede (im formalen Sinne) Struktur gesellschaftlicher Systeme, wobei im besonderen scharf zu unterscheiden ist zwischen der rechtlichen, informationellen, prozessualen (Ablauf-) und institutionellen (Aufbau-) Organisation, zu ergänzen durch die spezielle technische Rechner-, Daten- und Datenbankorganisation. Diese terminologische Unterscheidung wird notwendig im Hinblick auf die rechtliche Regelung von Informationssystemen.

1.3 Informationszentrum sei jedes reale und dynamische informationsverarbeitende System, wobei für diese Untersuchung besonders interessant ist die Untermenge der Informationssysteme, die als (computerunterstützte) Mensch-Maschine-Systeme organisiert sind. Diese allgemeine Begriffesbestimmung erlaubt, Dokumentationssysteme mit Systemen der Rechts- und Verwaltungsautomation bis hin zu überregionalen integrierten Systemen unter einem Oberbegriff zusammenzufassen, was im Hinblick auf die zu erwartende Tendenz zur Integrierung von Dokumentations- in allgemeinere Informationssysteme von Bedeutung ist.

2. Grundannahmen

Jede rechtliche Regelung hat von Annahmen über den zu regelnden gesellschaftlichen Sachverhalt auszugehen. Sind die Annahmen unzutreffend, wird die Regelung wirkungslos oder nicht befolgt.

2.1 "Datenverarbeitung" erscheint in rechtlicher Sicht nicht primär als Rechnerfunktion, sondern als Funktion eines übergreifenden Systems, das aus mindestens folgenden Bestandteilen besteht: Rechner, Informationen, Programme, Mensch, Organisation, zwecksetzende Umwelt. Dieses Mensch-Maschine-System vereint Eigenschaften menschlicher und automatisierter Teilsysteme. Auf beide muß zu einer befriedigenden rechtlichen Regelung Rücksicht genommen werden. Für das menschliche Teilsystem kann auf normative Zielvorstellung zurückgegriffen werden, wie sie vor allem in den Bestimmungen der Verfassung niedergelegt sind, insbesondere dem Grundrechtskatalog und den verfassungsrechtlichen Organisationsbestimmungen. Für das maschinelle Teilsystem fehlen entsprechende Regelungen; es ist als Hilfssystem des Menschen aufzufassen, das menschliche Informationsprozesse mit millionenfach grösserer Schnelligkeit, Genauigkeit, Zuverlässigkeit und Komplexität ausführt und durch geeignete technische usw. Organisation im Stande ist, Ereignisse aus der Gesellschaft (im nicht erreichbaren Idealfall) in real-time aufzunehmen, zu verarbeiten und Anweisungen für eine adäquate Reaktion an den "Unternehmer" des Informationssystems zu geben.

2.2 Integration: Computerunterstützte Informationssysteme tendieren aus Zweckmäßigkeitsgründen zur Integration menschlicher und organisatorischer Teilfunktionen und Teilinstitutionen, um das ihnen mögliche Ausmaß an Komplexitätsverarbeitung wirtschaftlich auszunutzen. Dies bedeutet zunächst für das Informationssystem selbst: Informationen über die Umwelt des Systems werden möglichst selten und mit möglichst geringer Redundanz aufgenommen (Minimierung der Datenmenge); sie werden an beliebiger Stelle zentral oder dezentral gespeichert, sie werden an beliebiger Stelle von beliebigen Benutzern abgerufen, sie werden von möglichst wenig Programmen verarbeitet, gleiche Informationen werden zu möglichst vielen Zwecken verarbeitet, darum an möglichst vielen Orten (Maximierung des Datenflusses = Datenaustausches);sie werden schließlich möglichst lange im System erhalten, also nur einmal gelöscht. Es entstehen dadurch hochkomplexe Systeme neuer Art, deren wichtigste Eigenschaft es ist, informationelle Modelle über andere (reale oder ideelle) Systeme bereitzustellen und mit Hilfe dieser Modelle neue Informationen über die abgebildeten Systeme zu erzeugen.

Zum anderen bringt diese Integration der Informationsprozesse in Informationssystemen sekundär eine Vereinigung bisher getrennter geistiger und organisatorischer Prozesse und Institutionen mit sich, seien es Behörden im öffentlichen Bereich, Unternehmen aller Art im privaten Bereich (überregionale bzw. überbetriebliche Integration). Die Behörden- bzw. Unternehmensstruktur bleibt dadurch im theoretischen Idealfall völlig unangetastet; zugleich werden tendenziell immer mehr Informationsprozesse in das Informationssystem ausgelagert.

2.3 Informationsorganisation

Da auch das Informationssystem eine Ablauf- und Aufbauorganisation ausbildet, von der die Rechenzentren nur Teile sind, entsteht damit eine bislang in dieser generellen Form unbekannte "Informationsorganisation"; sie tritt neben (über, unter) die bisherige Behörden- bzw. Unternehmensorganisation in einem Prozess der Systemdifferenzierung und nachfolgend der Systemintegration im Informationsbereich. Dieses Phänomen der Systemdifferenzierung in Staat und Wirtschaft sei genannt "Dissoziation" der Verwaltungen. Nicht gemeint ist damit eine völlige Ablösung der beiden Teilsysteme voneinander; vielfältige (vor allem Informations-) Koppelungen verbinden Verwaltungs- und Informationsorganisation. Herkömmliche Verwaltungsorganisation kann dabei im Extremfall bis zum Potemkinischen Dorf ausgehöhlt werden, zur Irreführung des Publikums wie sogar der im Verwaltungssystem selbst Tätigen; diese Struktur der Informationsorganisation kann sich wegen der hochdifferenzierbaren Organisation und Informationsverarbeitung verflüchtigen bis zu scheinbar unzusammenhängenden übers Land verstreuten Computern - und einem Organisationshandbuch.

3. Rechtliche Lösungsmöglichkeiten für das Problem der Informationskontrolle

3.1 Kritik bisheriger Lösungsvorschläge

3.11 Die frühere juristische Diskussion knüpfte vor allem unter amerikanischem Einfluß an den Begriff der "Privatsphäre" an: Privat- oder Intimsphäre des einzelnen Staatsbürgers sei das zu schützende Rechtsgut. Diese Vorstellung ist nicht nur darum aufzugeben, weil sie von der überholten Gegenüberstellung zwischen Individuum und Gesellschaft, Gesellschaft und Staat ausgeht. Sie ist aus vielfachem Grund unhaltbar. Privatspäre als Wertvorstellung der betroffenen Bevölkerung ist mangels empirischer Untersuchungen völlig unerforscht. Privatsphäre als Rechtsbegriff ist juristisch nicht bestimmbar, da kein Bereich einer hypothetisch angenommenen "Privatspäre"

existiert, über den hinlänglich Informationen im Rahmen der öffentlichen Verwaltung vorhanden sind. Entsprechendes gilt abgeschwächt für den Bereich der Wirtschaft. Vielmehr ist davon auszugehen, daß jede Behörde, jedes Unternehmen über die bei ihr bzw. ihm vorhandenen Informationen einen spezifischen Teil des Rollenverhaltens von Individuen abbildet und abbilden soll; spezifische Funktionen von Behörden und Unternehmen werden durch spezifische Informationen erfüllt. Andere Informationen werden nicht benötigt. Was darum verhindert werden muß, ist unspezifische Informationssammlung und -weitergabe.
('Relativität der Privatsphäre': Privatsphäre in diesem Sinn ist relativ zum einzelnen Behörden- und Unternehmenszweck.)

3.12 Auch der scheinbar modernere Versuch, unter Aufgabe des unbrauchbaren Begriffs Privatsphäre mit dem Schutzgut "personenbezogene Daten" als informationelle Abbildung der Privatsphäre zu operieren, schlägt fehl: Die Personenbezogenheit haftet Daten nicht als abstrakte Qualität an, sondern ergibt sich aus der jeweiligen Organisation eines Informationssystems. Je nach Dateiaufbau und Datenbankstruktur, nach Dateninventar und Programmrepertoire können auch Sachdaten, generelle und statistische Daten, selbst anonymisierte Daten zu personenbezogenen Daten verbunden werden. ("Relativität der personenbezogenen Daten", bezogen auf das jeweilige Informationssystem).

3.13 Mindestens ebenso rechtlich relevant wie Schutz individueller "Privatsphären" ist informationeller Minderheiten- und Institutionenschutz. Individuen leben in unserer Gesellschaft in vielfältigen Rollen; als Rollenträger sind sie Angehörige von Gruppen, häufig von Minderheiten. Eine privatistische Privatsphäre im Sinne eines Öffentlichkeitsfreien Raums existiert nur noch rudimentär; Schutz von Privatsphäre muß ergänzt werden durch Schutz von rollenspezifischem Verhalten von einzelnen und von Gruppen, wenn die Grundlage unseres freiheitlich-demokratischen Staatswesens, die Verantwortlichkeit des Bürgers, auch nur in Restbeständen erhalten bleiben soll.

Da der einzelne in seinem Intim- und Gruppenverhalten sich öffentlich über zahlreiche Institutionen äußert, und seine Äußerung nur so wirksam sein kann, läuft der Schutz informationellen individuellen und Gruppenverhaltens leer ohne Gewährleistung des Informationshaushaltes der bestehenden gesellschaftlichen Institutionen, die zum Schutz des Bürgers und zur Leitung des Staates in differenzierender Machtkontrolle aufgerichtet sind. Dieser Bereich des Institutionaldatenschutzes hat seine eigenen Gesetzmäßigkeiten, die mit den Gesetzmäßigkeiten der Staatsorganisation innig verbunden sind und hier nicht weiter behandelt werden.

3.14 Die Lage wird weiterhin dadurch kompliziert, daß der gestiegene Informationsbedarf einer planenden Verwaltung sich schlechterdings auf alle Datenkategorien richtet; das gleiche gilt für die Vorhut gesellschaftlicher Planung, die empirische Sozialforschung. Zu Ende ist das Märchen, der Planer bedürfte nur genereller und statistischer Daten - es ist inzwischen allgemein erkannt, daß effektive Planung nicht nur bei Verlaufs- und Wanderungsstatistiken auf individuelle Informationen über einzelne Personen und Institutionen über viele Jahre zugreifen muß.

3.15 Nicht verwunderlich ist darum, daß gegenüber diesem neuartigen Sachverhalt ein beliebtes Denkmuster juristischen Problemlösungsverhaltens versagt: Die "Verrechtlichung" des gefahrbringenden Systems. In der Tat wurde häufig vorgeschlagen, man bräuchte nur alle Informationsströme und -prozesse juristisch zu normieren, um die Gefahren zu bannen. Wenn man den Bürger noch zudem umfassend und über alle Datenbewegungen aller seiner Daten informierte, dann seien alle Gefahren gebannt. Ganz abgesehen davon, daß dieses Konzept juristisch unpraktikabel ist - es bedürfte einer Unmenge neuer Gesetze und Verordnungen, die die Gesetzgebung auf Jahre hinaus allein beschäftigen würde -, ist es zugleich völlig unrealisierbar, da die anfallenden Datenbewegungsprotokolle sehr bald alle Briefkästen sprengen würden.

3.2 Neuer Ansatz

Demgegenüber geht ein neuer Ansatz, zuerst entwickelt in der Bundestagsdrucksache VI/3826 und fortgeführt in ÖVD 11/1972, davon aus, daß moderne Datenverarbeitung selbst die Mittel bietet, ihre Gefahren zu steuern. Dabei stehen sich drei widerstreitende Interessen gegenüber, die befriedigt werden müssen: Das Interesse der Datenverarbeitung am Aufbau möglichst hochintegrierter Systeme; das Interesse des Benutzers, d. h. der beteiligten Verwaltungen, nicht nur an Rationalisierung, sondern auch an Optimierung im Hinblick auf neuzuübernehmende Planungsaufgaben; das Interesse des Betroffenen, des Bürgers, gesellschaftlicher Gruppierungen und Institutionen, an hinreichendem Schutz vor informationeller Durchleuchtung und Verplanung.

3.21 Lösungsprinzip

Der Lösungsgrundsatz lautet: Informationssysteme müssen so o r g a n i s i e r t sein, daß jede Behörde und jedes Unternehmen über nur diejenigen, jedoch auch alle diejenigen Informationen verfügt, die sie bzw. es mindestens zur Erfüllung seiner spezifischen Aufgaben und Zuständigkeiten bedarf. Mit anderen Worten: <u>Informationsströme sind funktionsspezifisch und kompetenzorientiert zu organisieren.</u>

3.22 Aufbau einer kontrollfreundlichen Informationsorganisation

Der übergeordnete Gesichtspunkt ist zunächst der Aufbau einer entsprechenden Informationsorganisation. Vermöge der Dissoziation der Verwaltung, wie sie oben beschrieben wurde, können innerhalb des Informationssystems alle technischen usw. Bedürfnisse der integrierten Datenverarbeitung realisiert werden (einheitlicher Daten- und Programmpool usw.), ohne daß die hochdifferenzierte bisherige Behördenstruktur angetastet zu werden braucht. Für Unternehmen dagegen scheint die Zulassung größerer Integrationen auf dem Informationssektor wegen bisheriger Unüberwachbarkeit höchst problematisch; hier wird man eine entsprechende Entwicklung nur sehr vorsichtig und Schritt um Schritt zulassen dürfen, insbesondere das Personenkennzeichen nicht zur Verfügung stellen. Integrierte Informationsorganisation und differenzierte Behördenorganisation stehen also einander gegenüber; erstere rationalisiert und optimiert letztere, womit die erste und zweite Forderung nach datenverarbeitungsgerechter und verwaltungsfreundlicher Datenschutzorganisation erfüllt wäre.

3.23 Programmkontrolle

Die dritte Forderung des Personen- und Institutionenschutzes wird realisiert zunächst durch Differenzierung innerhalb des Informationssystems: Die Behördenstruktur mit ihrem je kompetenzspezifischen Informationsbedarf wird abgebildet durch eine entsprechende Daten- und Programmstruktur innerhalb des Informationssystems. Dies bedeutet juristisch die Ausdehnung des Verfassungsgrundsatzes der Gesetzmäßigkeit der Verwaltung auf die Gesetzmäßigkeit der Informationsverarbeitung, gemäß der Rechtsprechung des Bundesverfassungsgerichts (Mikrozensusurteil u. a.). Geeigneter Dateiaufbau und strikte Kontrolle der Programmherstellung und -verwendung gewährleistet, daß jede Behörde nur ihr spezifisches Minimum an Informationen erhält. Auf die Programmkontrolle ist besonderer Wert zu legen: Software ist die objektivierte Problemlösungsstruktur,die zugleich die Informationskanäle regelt. Was man glaubte durch umfangreiche Paragraphenmengen normieren zu müssen, wird durch relativ einfache Programmkontrolle erreicht.

3.3 Flankierende Maßnahmen

Ein Bündel flankierender Maßnahmen ergänzt dieses organisations- und programmorientierte Schutzprinzip:

3.31 Das Prinzip der Informationsintegration wird ergänzt und abgesichert durch das Verbot von Doppelspeicherungen (Verbot von "Hausdatenbanken" von nichtberechtigten Behörden und Unternehmen).

3.32 Die Programmkontrolle wird arbeitsteilig übernommen: Vorbereitend durch die Informationsorganisation, begleitend und nachfolgend durch eine eigene Kontrollinstanz, die etwa institutionell realisiert sein kann als entsprechend ausgestatteter "Datenschutzbeauftragter" oder in einer eigenen Abteilung etwa des Landes- bzw. Bundesrechnungshofes für den öffentlichen Bereich, als Aufsichtsamt neben oder verbunden mit dem Gewerbeaufsichtsamt und dergleichen.

Aufgabe solcher Ämter ist die präventive Verhinderung von zu großem Machtzuwachs bei der Informationsorganisation, die Erarbeitung und Durchsetzung von Kriterien der Sprachen- und Programmstandardisierung sowie von Kompatibilitätsforderungen, der Beobachtung von Auswirkungen auf andere gesellschaftliche Teilsysteme (z. B. Justiz), usf.

Voraussetzung für eine effektive Organisation einer solchen Institution sind: Sachkompetenz, politische Unabhängigkeit, Desinteresse an eigener Datenverarbeitung. Auch hier gilt: Je sorgfältiger die Differenzierung zwischen Information- und allgemeiner Organisation durchgeführt ist (dies entspricht der Podlech'schen Trennung von Unternehmer und Benutzer), umso geringer ist der Aufwand für die Aufsichtsinstitution.

3.33 Datensicherung

Selbstverständlich haben auch die üblicherweise aufgezählten Datensicherungsmaßnahmen informationskontrollierende und bürgerschützende Wirkung; sie sind aber aus mehreren Gründen unbefriedigend: Datensicherungsmaßnahmen müssen vor allem auch Programm- und Hardwaresicherungsmaßnahmen sein; entscheidender aber sind Fortschritte im Rahmen der Entwicklung von Betriebssystemen: Durch Aufbau geeigneter Hard- und Softwarestrukturen, Verwendung von Microprogramming, Dateiaufbau usw. läßt sich nicht nur ein Großteil herkömmlicher Datensicherungsmaßnahmen erübrigen, sondern auch die Zuordnungsprobleme von Informationen zwischen Informationssystem und benützender Verwaltung eleganter lösen und zugleich sichern. Hier wäre noch einiges an Forschung zu tun; die heute zur Verfügung stehende Hard- und Software ist ungeachtet aller Weiterentwicklung immer noch hochgradig ungeeignet für größere Informationssysteme und ihre datenschutzgerechte Auslegung.

3.34 "Abschottung" "sensitiver Daten"

Da mit den Mißbrauchsmöglichkeiten auch die Mißbrauchswahrscheinlichkeit progressiv ansteigt, ist es notwendig, bestimmten Benutzern eigene Informationssysteme für besondere risikoreiche Daten zuzugestehen, damit sie der Versuchung widerstehen, wegen ihres großen Datenbedarfs auf das allgemeine System mit seinem umfassenden Datenreservoir zuzugreifen. Ich denke dabei vor allem an Nachrichtendienste, polizeiliche Informationssysteme, politische und Planungsinformationssysteme. Die meist unter dem Stichwort "Abschottung von Daten" verhandelte Frage ist in Wirklichkeit eine Frage der Systemdifferenzierung zwecks Machtkontrolle: Besonders risikoreiche Daten und Datenverarbeitung sollten isoliert werden - man siedelt ja auch nicht Sprengstoffabriken oder Atomspaltungsanlagen in Wohngebieten an.

3.35 Einbeziehung manueller und kommerzieller Datenverarbeitung

Mit der Ausformung elektronischer Informationsverarbeitung gewinnt auch die bisherige manuelle Datenverarbeitung eine neue Qualität: Sie steht von vornherein im möglichen Zusammenhang mit automatisierter Datenverarbeitung. Es ist lediglich eine Frage der Kosten und der Zweckmäßigkeit, ob ein bestimmtes Informationsproblem "manuell" oder "automatisiert" oder in einem Verbundsystem von manueller und automatisierter Datenverarbeitung gelöst werden soll.

Das bedeutet aber die Notwendigkeit der Einbeziehung - wenigstens der wichtigen Formen - der manuellen Datenverarbeitung in die Informationskontrolle. Unbequeme Schutzvorschriften könnten allzu leicht umgangen werden; nichts ist einfacher als im Rahmen automatisierter Datenverarbeitung manuelle Subsysteme zur Erschwerung von Kontrolle anzulegen.

Die Automatisierung der öffentlichen und privaten Information erleichtert die ohnehin schon bestehende starke Verflechtung zwischen Staat und Wirtschaft; dies zeigt sich im Informationsbereich als Ausformung staatlich-wirtschaftlicher Verbundsysteme, etwa im Sozialversicherungsbereich als Vorläufer künftiger Entwicklungen. Das bedeutet, daß auch der privatwirtschaftliche Informationsbereich dem "Datenschutz" unterliegen muß. Über

Einzelheiten wird man reden müssen; der Grundsatz ist klar - nicht nur wegen der Möglichkeit, daß der Staat aus vielfältigen Gründen auf private Datenverarbeitungsformen ausweicht.

Schließlich ist auch der nur-private Datenverarbeitungssektor von der Informationskontrolle nicht auszunehmen. Denn von ihm rühren die potentiell größeren Gefahren her. Private Informationsverarbeitung ist nicht bürger-, sondern profitorientiert. Dem entspricht das größere Schutzbedürfnis und die geringere Kontrollfähigkeit, also der ggfs. nötige größere Aufwand zur Kontrolle. Namentlich ist vor der Freigabe des Personenkennzeichens an die Privatwirtschaft zu warnen, da sie dem marktwirtschaftlichen System zuwiderläuft: Sie bedeutet eine wettbewerbsüberspringende und -unterlaufende Subvention betriebsübergreifender Informationssysteme, denen naturgemäß von Arbeitnehmerseite wie von Konsumentenseite wenig entgegengesetzt werden kann.

4. Alternative Möglichkeiten der EDV-Organisation

Wie vor allem durch Erfahrungen aus den USA belegt wird, stehen derzeit zwei Tendenzen einander gegenüber: Entweder Betonung der Datenverarbeitungsseite; sie führt zu zentralistischen Großsystemen relativ einfacher technischer und organisatorischer Struktur: Derartige Systeme werden nicht nur vom Benutzer als fremd empfunden und abgestoßen, also trotz großer finanzieller Aufwendung wenig benützt oder sabotiert, sondern sie sind auch datenschutzfeindlich in dem Sinne, als sie zum Mißbrauch für Machtzwecke geradezu herausfordern.

Oder Informationssysteme werden von vornherein benutzerfreundlich, d. h. modular und überschaubar organisiert; dies bedeutet im Prinzip die relativ detaillierte Abbildung der Verwaltungsstruktur auf das integrierte Informationssystem. Hieraus folgt nicht nur eine größere Flexibilität; die Systeme werden auch vom Benutzer leichter akzeptiert und sind besser den Informations-Kontroll-Erfordernissen gemäß zu organisieren. Es ist kein Zweifel, daß eine "modulare" Organisationsform, die zugleich allen Erfordernissen der Integration Rechnung trägt, den Bedürfnissen des Datenschutzes weit entgegen kommt.

Wir stehen heute sogar vor der Entscheidung, ob, vordergründigen Tagesbedürfnissen folgend, zunächst technokratisch - simplifizierende Lösungen gewählt oder konstruktive komplexere Entwicklungen gefördert werden sollen; erstere würden sozusagen "datenschutzfrei" organisiert und nachträglich wegen der Kontrollfremdheit solcher Organisation mit einem allzu aufwendigen Kontrollsystem überzogen; letztere wären von vornherein datenschutzfreundlich organisiert, so daß ein Minimum an rechtlichen und institutionellen Kontrollen erforderlich wäre.

Da eine problembewußte Öffentlichkeit bisher kaum in Ansätzen vorhanden ist, steht leider die erste Alternative als die wahrscheinlichere zur Realisation. Vor den volkswirtschaftlichen Kosten einer solchen Fehlentwicklung ist zu warnen.

Ungelöst ist das <u>Problem der Transparenz</u>, die über Mensch-Maschine-Systeme künstlich hergestellt werden muß. "Natürliche" Transparenz gemäß der durchschnittlichen Einsichtsfähigkeit eines Bürgers genügt nicht, da die immanente Rationalität von Informationssystemen zu komplex organisiert ist, als daß der Benutzer oder gar der Büger sie durchschauen könnte. Darum ist "künstliche" Transparenz erforderlich, die durch Sachverständige hergestellt wird, hier das Aufsichtsamt bzw. die Kontrollinstitution sowie die begleitenden juristischen Maßnahmen (vor allem Registrierungs- und Protokollpflichten). Diesen Institutionen kommt auch die Vermittlung dieser künstlichen Transparenz in die Formen natürlicher Transparenz zu, also die didaktische Aufgabe der Unterrichtung über anstehende Probleme und Lösungsmöglichkeiten.

5. Neuste Entwicklung der Datenschutzdiskussion

Nach dem bisherigen kann folgende Behauptung gewagt werden:

Von Sondergebieten abgesehen kann heute die Datenschutzproblematik grundsätzlich als gelöst angesehen werden. Das Problem der Informationskontrolle in Staat und Wirtschaft ist ungeachtet aller Teilprobleme prinzipiell und mit vertretbaren Mitteln lösbar.

Neuestens zeichnet sich jedoch eine unerwartete Entwicklung ab, nämlich die Tendenz, durch Maßnahmen der Gesetzgebung eine weitgehende Durchlöcherung möglicher Informationskontrollen zu erreichen. Diese Bestrebungen gehen bemerkenswerterweise nicht nur von der Privatindustrie aus, was verständlich wäre, sondern auch und vor allem von der Ministerialbürokratie.

Vorrangig ist hier zu nennen der Kabinettsentwurf des Bundesdatenschutzgesetzes, der - ein gesetzestechnisches Meisterwerk - unter dem Anschein umfassenden Datenschutzes ein äußerst durchdachtes System legislativer Durchbrechung vorsieht. Wie konnte es dazu kommen? Böswilligkeit ist auszuschalten, ebenso juristisches Unvermögen. Zu gründlich war die Vorbereitung, zu ausführlich die interne - freilich nicht die öffentliche! - Diskussion. Eine solche Entwicklung kann nicht zufällig sein.

5.1 Funktionswandel der modernen Verwaltung

In der Tat, wer die Argumentation bei der Einführung umfassender Informationssysteme vor allem im öffentlichen Bereich aufmerksam verfolgt, bemerkt das zunehmende Interesse an Planungsinformationssystemen und ihrer Rekonstruktion. Dies ist kein Zufall - und damit greifen wir auf die Einleitung zurück: Die Komplexität moderner Verwaltung ist in einem Ausmaß gewachsen und wächst ständig weiter durch den legislativen Zwang zur Übernahme neuer Aufgaben, daß ihre Befürchtung zu recht besteht, sie könne mit konventionellen Mitteln den Aufgabenzuwachs nicht mehr bewältigen; in der Automation liege das Heil.

Hinzukommt, daß nicht nur einzelne neue Aufgaben bewältigt werden müssen, sondern daß die Verwaltung insgesamt einem Funktionswandel unterliegt: dem Wandel von der (Einzelaufgaben) verwaltenden zur global planenden und regelnden Verwaltung. Ohne Globalplanung und Globalsteuerung kommt heute kein größeres Unternehmen mehr aus, erst recht nicht der Staat. Planung aber verlangt, im Unterschied zur Verwaltung von Einzelaufgaben, "Information über alles", nicht nur funktionsspezifische Informationen. Soll aber unspezifische Information über alle planungsrelevanten Vorgänge in der Gesellschaft erhoben, gesammelt, gespeichert und verarbeitet werden, dann scheint "Datenschutz" dysfunktional, "Schutz vor Datenschutz" die einzige sinnvolle Lösung.

In der Tat kann das Bundesdatenschutzgesetz in seiner Verkoppelung mit dem Bundesmeldegesetz, das das Personenkennzeichen als unabdingbare Voraussetzung für umfangreichere Verwaltungsautomation bringt, nicht anders verstanden werden, denn als politische Absicherung der Automationsvorhaben des Bundes, der Länder und der Gemeinden vor dem öffentlichen Vorwurf mangelnden Schutzes des Bürgers und seiner privaten Belange. (Darum auch ist nicht das Bundesjustizministerium, sondern das Bundesinnenministerium federführend für beide Vorlagen!).

Diese Hypothese der Absicherung des universalen und globalen Informationsbedarfs planender Verwaltungen in Staat und Wirtschaft erklärt viele sonst rätselhafte Einzelbeobachtungen: Ich nenne einige: Der Umbau des Personenmeldewesens in ein Personenwesen als Eingangsstufe und Informationssammelstelle für alle Personeninformationen, die im öffentlichen Bereich benötigt werden, durch das Bundesmeldegesetz; die Einrichtung einer Informationspreisgabepflicht für alle Hochschulmitglieder im Bereich der Hochschule durch den Entwurf des Bay. Hochschulgesetzes, abgesichert mit schwersten Sanktionen; die Umkehrung des Amtshilfeprinzips mit dem grundsätzlichen Verbot der Weitergabe von Daten zugunsten einer Weitergabepflicht, wiederum durch das Bundesmeldegesetz; die Umfunktionierung der Bundes- und Länderstatistiken von nachträglicher Kontrolle zu begleitender Überwachung und vorgängiger Planung durch Bundes- und Länderstatistikgesetze, ergänzt durch Spezialgesetze im Hochschulbereich und in anderen Ressorts; der Übergang von repressiver Kontrolle zur Prävention über polizeiliche und Kriminalinformationssysteme; der integrationsfreundliche Aufbau anscheinend völlig getrennter Datenbanken im Schulbereich, Hochschulbereich, HIS-GmbH, sowie deren Querverbindung zu Statistik einerseits, Ausbildungsförderung andererseits, der die Erfassung aller relevanten persönlichen und Vermögensdaten aller gegenwärtigen und künftigen Akademiker als der sozial wichtigsten Gesellschaftsschicht erlaubt; usf. usw..

5.2 Informationskontrolle bei Planungssystemen

Die Angst der Ministerialbürokratie vor einem allzu wirksamen Datenschutz ist zwar verständlich; doch sie ist unberechtigt. Denn die moderne Datenverarbeitungstechnologie erlaubt auch die Überwindung des anscheinend schwierigsten Problems das sich wie folgt formulieren läßt: Planung verlangt auch unspezifische Einzelinformationen über beliebige Personen und gesellschaftliche Sachverhalte über lange Zeit zur Erarbeitung genereller und detaillierter Prognosemodelle, Datenschutz scheint genau dies auszuschließen. Dieses Dilemma wird gelöst durch die Erkenntnis, daß Planung, von seltenen Ausnahmefällen abgesehen, nicht den informationellen Durchgriff auf einzelne Personen benötigt, sondern nur den Durchgriff auf den einzelnen apersonalen Träger einer Teilmenge planungsrelevanter Merkmale. Planung ist interessiert an individuellen Merkmalskombinationen, nicht an Personen.

Diese Erkenntnis ist in Informationsorganisation umzusetzen, und darin liegt die konzeptuelle Lösung des Planungsproblems: Planungsurdaten werden von allgemeinen Informationssystemen geliefert; sie sind über Personenkennzeichen eindeutig bestimmten Personen zugeordnet. Die Merkmalskombination wird nunmehr einem etwa durch Zufallsgenerator ermittelten "Planungskennzeichen" zugeordnet, die Zuordnungsdatei zwischen Planungs- und allgemeinen Personenkennzeichen wird unter erhöhten Schutz gestellt, etwa der Kontrollinstitution ausgehändigt, die auch allein die Befugnis hat, diese Datei verarbeiten zu lassen. Damit kann - wenigstens im Grundsatz - das normalerweise getrennt laufende Planungsinformationssystem alle gewünschten Daten erhalten und gleichwohl nicht auf Personen durchgreifen. Damit ist freilich erst ein Teilproblem gelöst; es bleibt die allzuleichte Rekonstruierbarkeit von Personen aus anonymisierten Daten, jedoch kann durch weitere Maßnahmen, die im Prinzip bekannt sind, auch der Rückschluß auf Einzelpersonen im Wege statistischer Methoden ausgeschlossen werden oder zumindest erheblich erschwert werden. Selbstverständlich müssen für Sonderfälle spezifischen Planungsbedarfs weitere Problemlösungen erarbeitet werden, die jedoch keine grundsätzlichen Schwierigkeiten aufwerfen.

Damit ist auch das H a u p t p r o b l e m m o d e r n e r V e r w a l t u n g i n S t a a t u n d W i r t s c h a f t, das Planungsproblem, jedenfalls im Grundsatz zu lösen. Es besteht kein Anlaß, gegenüber fortschrittlichen Datenschutzlösungen skeptisch zu sein. Um so wichtiger ist nunmehr die Aufgabe, einer zu informierenden Öffentlichkeit, das Datenschutzproblem in aller Dringlichkeit nahe zu bringen und sie für zukunftsweisende Lösungen vorzubereiten, die sowohl erlauben, das gewisse Instrumentarium moderner Informationstechnologie in den Dienst einer planenden und regelnden Verwaltung zu stellen als auch einen umfassenden Schutz von Personen und Institutionen vor unerwünschten Nebenwirkungen zu gewährleisten.

Probleme der Implementierung von "Privacy" in Informationszentren

Jochen Schneider
Universität München, Institut für Rechtsphilosophie

1. Datenschutz als integriertes Element von IZ

Der gegenwärtige Stand der Diskussion um den Datenschutz - was immer das auch sei - wird durch eine gewisse Skepsis gekennzeichnet, die in dem Ruf nach "Schutz vor den Datenschützern" gipfelt. Nun ist es noch nicht lange her, daß die öffentliche Diskussion in Gang gekommen ist. (Etwa mit der Tagung in Baden-Baden "Der numerierte Mensch" im April 1971). Wogen in der breiten Öffentlichkeit hat das Thema ohnehin nicht geschlagen. Das hängt nicht zuletzt mit der geringen Aktivität (und dem geringen Problembewußtsein) der Presse zusammen.

Jedenfalls steht zu befürchten, daß - bevor das Thema überhaupt umfassend diskutiert wurde - eine geringe Einschätzung der Gefahren dazu führt, daß man an sich notwendige Maßnahmen nicht ergreift, weil sie die EDV in Ausbreitung und Entwicklung der Anwendung hemmen könnten, da sie unnötig und somit unwirtschaftlich sind.

Während die grundsätzliche Frage, ob umfassende überregionale, integrierte Informationszentren überhaupt rechtlich zulässig bzw. rechtspolitisch erwünscht sind, gar nicht gestellt wird, wendet sich die Diskussion den Fragen zu, wie solche Zentren durch rechtliche Anforderungen oder Restriktionen beeinflußt werden bzw. ob die Auswirkungen rechtliche Relevanz aufweisen. Man könnte grob drei Grundeinstellungen zum Datenschutz bzw. zu seiner technisch/organisatorischen Realisierung skizzieren:

1. Datenschutz ist ein lästiges Schnörksel, der als Feigenblatt durch plakative rechtliche und technisch/organisatorische Vorkehrungen vor einer Beunruhigung der Öffentlichkeit bewahrt.

2. Datenschutz als Hemmschuh der Rationalisierung und der computergestützten Entscheidung und Planung.
3. Datenschutz als integrierter Bestandteil von Informationssystemen, der zum Bürgerservice gehört.

Natürgemäß kommt nur die dritte Version vernünftigerweise in Frage. Dazu bedarf es einer wechselseitigen, eventuell iterativen Analyse der technisch/organisatorischen Gegebenheiten und Möglichkeiten, der rechtlichen und rechtspolitischen Anforderungen bzw. die Bewertungen möglicher Auswirkungen der Anwendung der EDV. Dabei müssen die neuen Strukturen integrierter Informations- bzw. Verbundsysteme berücksichtigt werden: ressort-übergreifend, überregional, zentral, horizontal und vertikal integriert.

2. Transparenz - Mißbrauch

Schutzobjekt des Datenschutzes ist der Mensch, bzw. der Bürger, Konsument und Arbeitnehmer. Dennoch bestimmen die Regelungen des Datenschutzes kein Rechtsgut, etwa die Privatsphäre, sondern stellen Bestimmungen für den Umgang mit Daten auf, um dadurch "Beeinträchtigungen schutzwürdiger Belange entgegenzuwirken" (§1 EBDSG BR Drucks. 391/73). Dabei hat man vor allem den Mißbrauch, also den unberechtigten Umgang mit Daten im Auge. Damit avancieren die Daten zum primären Schutzobjekt und entsprechend bleibt der Aspekt der Transparenz als übergreifendes Problem unberücksichtigt.

Auch berechtigter Umgang mit Daten kann zur Transparenz der Person des Betroffenen führen.
Es wird aber angenommen, daß die Transparenz v.a. durch die neuen Möglichkeiten der Informationstechnologie und ihre Anwendung in umfassenden Informationszentren entsteht.
Der Befund: erhöhte Mobilität,
erhöhte Verfügbarkeit,
Vollständigkeit,
Möglichkeit selektiven, direkten Zugriffs,
erhöhte Auswertungsmöglichkeiten,
gemeinsame Nutzung bei heterogenem Teilnehmerkreis,

der Daten läßt eine eventuell neue Dimension der DV entstehen, die Entscheidungs- und Planungsprozesse mit maximaler Information zulassen - so das Ziel - und dabei den "Goldfischglas-Effekt" haben.
Offensichtlich müssen Möglichkeiten gefunden werden, Strukturen der Persönlichkeit in Informationszentren nachzuvollziehen, so daß Rechte an der gespeicherten Information erhalten bleiben.
Dieser Vorgang soll als Implementierung von "privacy" verstanden werden. Dabei treten naturgemäß dieselben Problemeauf, die schon eine generell gültige Bestimmung eines Rechtsguts "Privatsphäre" o.ä. verhindern. Dennoch liegt hier das Problem anders. Durch geeignete Systemgestaltung könnten die potentiellen Gefahren der Transparenz und auch des Mißbrauchs so reduziert werden, daß ihnen gegenüber eine - wenn auch nicht vereinfachte - Bestimmung der Privatsphäre möglich ist.

3. <u>Relativität der Privatsphäre bei Integration in und durch IZ</u>

1. Jedes Individuum hat ein ihm eigenes Verhältnis zu "seinen" Daten bzw. schätzt seine Privatsphäre in Umfang und Inhalt unterschiedlich ein.
2. Die individuelle Einschätzung variiert außerdem je nach Gesprächspartner bzw. Lieferant oder Empfänger der Information.

Während die erste Ebene der Relativität der Privatsphäre kaum Beachtung finden kann, ist die zweite bei der durch die Heterogenität der Benutzer entstehenden Problematik der Zusammengehörigkeit von Information und Verwendungszusammenhang wesentlicher Gegenstand der Überlegungen.
Entsprechend der Praxis einer Kommunikation mit Vorbehalten (Westin) bzw. einem institutions-bzw. benutzerabhängigem Rollenspiel sollten Informationen nicht außerhalb ihres Verwendungszusammenhangs gestellt werden. Nur wenn ein Benutzer den gleichen Zweck verfolgt, kann er - anstatt selbst zu ermitteln und zu erfassen - zugreifen. Das legt eine relativ benutzerunabhängige aber funktions- oder zweckorientierte Datenorganisation mit institutionell-orientierten Berechtigungszuweisungen nahe.

Datenorganisation

Geht man davon aus, daß Daten nicht ihrem Verwendungszusammenhang entfremdet werden dürfen, ohne nicht Rollenspiel bzw. Kommunikation mit Vorbehalten zu stören, müssen Folgedateien, die Funktionsgruppen und damit den Verwendungszusammenhängen entsprechen, gebildet werden. Die Verbindung mit gemeinsamen Daten (Grunddaten) würde die Individualisierung ermöglichen. Grundsätzlich könnte aber innerhalb einer Datei mit ent-individualisierten Daten gearbeitet werden. Diese funktionsorientierte Bildung von Folgedateien könnte zu einer Korrektur des Ziels von Datenbanken, der Integration führen: Die ressortübergreifende Integration würde ihre Grenze in den Verwendungszusammenhängen der eng zu fassenden Funktionsgruppen finden.

Benutzung "fremder" Dateien

Werden den Benutzern die einzelnen Folgedateien zugeordnet, würde es der Weitergabe bei konventioneller Datenverarbeitung entsprechen, wenn ein Benutzer eine "fremde" Datei nutzen will. Dieser Schritt würde einer besonderen Berechtigungsprüfung unterworfen, während der Zugriff innerhalb der eigenen Datei durch eintsprechende Zuweisungen in den Datenbeschreibungstafeln geregelt ist. Außerdem müssen die Funktionen und Programme festgelegt werden, die der Benutzer verwenden darf. Voraussetzung für diese relativ einfachen Zuordnungen ist, daß die Modelle der Privatsphäre damit übereinstimmen (vgl. dazu Müller, Administrative Datenbanken und die zu schützende Privatsphäre, in: ÖVD 2/73, S. 63). Die dargestellte - grobe - und noch zu verfeinernde Organisation, die sinngemäß auf ganze Datenbanken in überregionalen Verbundsystemen angewandt werden kann - deckt sich mit der Auffassung bei Müller von der Privatsphäre, die durch das Prinzip selektiver Informationsweitergabe qua Rolle (S.64) konstituiert wird. Problematisch wird es sein, geeignete Funktionsgruppen zu schaffen, die sowohl als noch konkreter Rollensatz fungieren können, als auch als integrationsfreundliches Organisationsprinzip.

Würde eine derartige Dateiorganisation nicht möglich sein, müßten durch individuelle Zuweisungen über Datenbeschreibungstafeln und Benutzertabellen dieselben Ergebnisse mit erheblich mehr Aufwand zu erreichen sein.

Sensitivity

Wenn nicht bei der Benutzerberechtigungsprüfung möglich so könnte eine - trotz aller Relativität der Privatsphäre mögliche - grobe Bewertung der Daten nach Sensitivitäten für die Protokollierung ermittelt werden. Für die Auswertung der Protokolle ergäben sich u.U. wertvolle Hinweise über den Umschlag sensitiver Daten.

4. Standardisierung

Mit der Einrichtung der Informationszentren und Verbundnetze geht ein Trend zur Standardisierung einher. So begrüßenswert die Entwicklung sein mag, wenn generell einsetzbare Datenverwaltungssysteme bzw. Hersteller-unabhängige Schnittstellen für Methoden und privacy entwickelt werden (vgl. CODASYL), so problematisch kann dieser Trend für den Datenschutz werden. Er kann wirtschaftlich nur mehr betrieben werden, soweit er bereits - sozusagen als black box - vorgesehen ist. Eine spätere prinzipielle Änderung in den Strukturen a.G. von Anforderungen des Datenschutzes scheidet aus.
In beiden Fällen - ob vorgesehen oder nicht - entstehen im Zuge der Standardisierung einige für den Individualdatenschutz in seiner technisch/organisatorischen Ausgestaltung wesentlichen Probleme.

Datenbankstruktur

Es wurde zwar bisher nicht unternommen, aber es wäre langfristig denkbar, Datenbankstrukturen den Persönlichkeitsstrukturen "nachzuzeichnen", so daß der zusätzliche Aufwand für Datenschutz verringert würde. Eine solche Tendenz wird durch Standardisierung sehr erschwert:

1. Relativität der Privatsphäre
2. nicht überall gleicher Bedarf an datenschutzorientierten Strukturen.

Kompatibilität

Die Kompatibilität würde - wunschgemäß - verbessert. Die DBS werden sowohl BS - als auch anwenderunabhängig. Entsprechend ihrer Aufgabe werden sie sozusagen neutral. Das erschwert ihre systematischeEinordnung und die datenschutzspezifische Zuordnung ihrer Funktionen im Sinne von Strukturen und Organisationsformen, die die Persönlichkeitsstrukturen nachzeichnen sollen. Umgekehrt ist Kompatibilität auch der Datenschutzmaßnahmen Voraussetzung für den wirtschaftlichen Betrieb von IZ.

5. "Verdatung" und Kontext

Mit der Standardisierung geht ein Trend nach Integration i.S. von Einmal-Erfassung und Einmal-Speicherung, evtl. Einmal-Programmierung einher. Das bedeutet, daß an sich unterschiedliche Benutzer auf Daten zugreifen, die zum Zwecke der Operabilität in kleinste Merkmale aufgegliedert sind. Der Benutzer geht mit diesen Merkmalen in für ihn spezifischen Kombinationsmusternum. Erst bei dieser konkreten Kombination wird der Verwendungszweck erkennbar und damit kontrollierbar.

D.h. daß eine Beurteilung der einzelnen Merkmale nach ihrer Bedeutung für die Privatsphäre sogar für die einfache Frage der Weitergabe nur schwer entschieden werden kann, da der Bezug zu benutzer- oder persönlichkeitsorientierten Kriterien erst im konkreten Fall im Zusammenhang mit dem Kontext der anderen, damit verknüpften Daten hergestellt werden kann. Betrachtet man deshalb die Daten isoliert und rein statisch, sind sie schein-rational und vor allem kaum mehr auf Rollen oder Sphären zu projezieren. D.h. daß die entsprechende Datenorganisation scheitern müßte.
Diese Reduzierung auf die rein syntaktische Ebene erfordert einen Datenschutz, der erst bei konkretem Umgang auf Kontext und Verwendungszusammenhang abstellt. Für die Prüfroutinen heißt das, daß sie den Ersatz für die Modellbildung in den Datenstrukturen bilden müssen, z.B. in Datenschutztafeln entsprechend den DDT. Damit verbunden sind erhebliche Anforderungen an die DBS bzw. Datenbeschreibungstafeln (s.a. Walter in:Fischer/Walter, Lutz,Klimesch).

Integration könnte somit theoretisch dort ihre Grenzen finden, wo die Auflösung in kleinste Merkmale zum semantischen Problem der Aussage über die Privatsphäre außerhalb des Kontextes des Verwendungszusammenhangs wird.

6. Programmschutz

Eine gewisse Ablösung von der Konzeption des Datenschutzes als Schutzes der Daten vor Mißbrauch bringt die Forderung nach (zusätzlichem) Programmschutz*. Da ja der Umgang mit den zu schützenden Daten immer über Programme erfolgt, sollte sich der Schutz auch auf sie erstrecken.
Die Forderung würde einleuchten, wenn damit intendiert würde, die Datenstrukturen und damit die Datenbeschreibungen der DBS in das Instrumentarium, "privacy" nachzuvollziehen, einbezogen würde. Es geht aber bei diesen Forderungen um die Richtigkeit und Erhaltung dieser Richtigkeit bei den Programmen und um die Berechtigung zu ihrer Nutzung. Je weniger aufgaben- oder benutzerspezifisch aber ein Programm ist - man denke nur an die Schwierigkeit, DBS eindeutig entweder den Hersteller- oder den anwenderorientierten Programmen zuzuordnen - desto geringer ist auch sein spezifischer Bezug zum "privacy" Problem. Gerade die typischen Funktionen der Verknüpfung und des Zugriffs sind so allgemein, daß es vor allem um die betreffenden Daten bei der Berechtigungszuordnung geht. Eine Verrechtlichung des Umgangs und damit bei EDV eine Formalisierung setzt eine Beurteilung der Funktion in Bezug auf ihren Belang für die Privatsphäre voraus. Insofern lassen nur aufgabenbezogene Programme eine solche Verrechtlichung zu.

---

* vgl. Podlech, Datenschutz in der öffentlichen Verwaltung, Berlin 1973 (Beiheft 1 der DVR) S.15 ff, S.63 ff

Zentralisierung der Programme und Integration durch entsprechende Programme führen zu immer weniger benutzerspezifischer Ausgestaltung. D.h. daß ein genereller Programmschutz wohl weniger wichtig ist als die Berechtigungszuweisungen der Nutzung und deren Überprüfung im konkreten Fall.

Ein gewichtiges Problem der Genehmigungen von Programmen zwecks Programmschutz sind die durch Änderungen der BS bedingten Veränderungen. Praktisch müßten laufend die Genehmigungen neu erteilt werden. Zu bedenken ist auch, daß nicht nur personenbezogene Daten mit den Programmen verwaltet und verarbeitet werden.

Insgesamt erscheint ein zusätzlicher Programmschutz wenig aussichtsreich für die Implementierung von privacy. Eine Berücksichtigung i.S. der Berechtigungsprüfungen (Daten in konkreter Kombination, Funktion der DBS, Programm, Benutzer bzw. Funktionsgruppe) bleibt dagegen unerläßlich.

7. Anforderungen an Implementierungen

Zum Schluß seien einige Kriterien genannt, die für eine wirksame Implementierung des Individualdatenschutzes beachtet werden sollen.

Wirtschaftlichkeit (Kernspeicherbelegung, Dauer des Prüfdialogs)
Lückenlosigkeit
Starkes Differenzierungsvermögen nach Daten und Benutzern
Flexibilität
Wirksamkeit

Voraussetzung für die Erfüllung dieser Anforderungen ist eine Schnittstellenbildung auf allen Ebenen der IS, die auch den Aufbau der IZ betrifft. Da jeweils über BS und DBS Methoden und Datenbankstrukturen bis zu den Kommunikationselementen Teile des Datenschutzes zu einem umfassenden Schutz zusammenwirken sollen, müssen entsprechende Schnittstellen für die jeweiligen Ausgestaltungen dieser Elemente vorgesehen sein.

Literatur-Verzeichnis

Conway/Maxwell/Horgan — On the Implementation of Security Measures in Information Systems, in: Comm. of the ACM Vol. 15 April 72

Fischer/Walter (Hrsg.) — Informationssysteme in Wirtschaft und Verwaltung, Berlin-New York 1971

Graham, R.M. — Protection in an Information processing utility, in: Communic. of the ACM Vol. 11, Nr. 5, May 1968, S. 365 ff

Korhausen/Müller — Datenbank - Datentransparenz und Datenschutz, in: Nachr. f. Dok, 23 1972, Nr. 4

Lutz/Klimesch — Die Datenbank im Informationssystem, München-Wien 1971 S. 138 ff, S. 156 ff

Müller, P.J. — Administrative Datenbanken und die zu schützende Privatsphäre, in: ÖVD 2/73, S. 61 ff (63)

Peterson/Turn — Systems Implications of information privacy, in: AFIPS, Proc. of the Spring Joint Computer conference Vol. 30 1967, S. 291 ff

Podlech, A. — Datenschutz im Bereich der öffentlichen Verwaltung, Berlin 1973 (DVR-Sonderheft 1)

Schneider, J. — Datenschutz - Datensicherung, Beiträge zur integrierten Datenverarbeitung in der öffentlichen Verwaltung, München 1971 (Hrsg.: Siemens AG)

ders. — Technische Möglichkeiten des Datenschutzes in:Kilian/Lenk/Steinmüller (Hrsg) Datenschutz, Frankfurt 1973, S.223 ff

Seidel, U. — Das aktuelle Thema: Datenschutz, in: ON-LINE 1973, S.143 ff, S.247 ff, S. 359 ff, S. 436 ff

Sizer, T.H.R. — Privacy and the Computer, in: Computer Bulletin Aug.1972, S. 384 ff

Steinmüller/Lutterbeck Mallmann/Harbort/Kolb/ Schneider — Grundfragen des Datenschutzes, Gutachten im Auftrag des BMI, Juli 1971 BT-Drucksache VI/3826, Anlage 1

Zur Problematik des Entwurfs eines Bundesdatenschutzgesetzes

Dr.jur. Albert Windolph, 624 Königsstein/Taunus

Jeder technische Fortschritt bringt, gleich einem Januskopf, in der Regel segensreiche Fortschritte, wirft aber auch beinahe regelmäßig mehr oder weniger gravierende gesellschaftspolitische Probleme auf, mit deren evtl. schädlichen Auswirkungen sich der Gesetzgeber befassen muß.
Die Eisenbahn, die dazu verhalf, große Entfernungen in damals ungeahnt kurzer Zeit zu überwinden, war in ihren schädlichen Wirkungen, der Gefährdung der Benutzer und anderer Verkehrsteilnehmer noch vergleichsweise harmlos. Es war aber doch erforderlich, ihre spezifischen Gefahren in einem Gesetz, dem Eisenbahnhaftpflichtgesetz mit seiner typischen Gefährdungshaftung zu regeln. Die Erfindung und erste Auswertung der Atomkraft diente zur Menschenvernichtung, bis man sich auch auf die friedlichen Möglichkeiten besann. Aber auch diese zeigen unerwünschte und schädliche Nebenwirkungen, etwa die Strahlenschäden, denen man technisch, aber auch durch Gesetz in Bezug auf die Zulässigkeit der Anwendung und durch Schutzvorschriften begegnen mußte. Inzwischen hat menschlicher Geist ein neues Instrument geschaffen, welches das Leben unserer und künftiger Generationen in noch nicht absehbarer Weise verändert: der Komputer. Ende 1972 waren allein in der Bundesrepublik 12000 Datenverarbeitungsanlagen installiert, manche Quellen sprechen von 22000. Im Bereich der öffentlichen Verwaltung arbeiteten Ende 1972 rund 1000 EDV-Anlagen. In zunehmendem Maße werden auch Daten für andere als reine Verwaltungszwecke, speziell für wissenschaftliche und statistische Zielrichtungen gespeichert. In einigen Verwaltungen, so in Nordrhein-Westfalen, wurde mit dem Aufbau integrierter Datenverarbeitungssysteme begonnen. Auch in anderen Bereichen, so der Wissenschaft und der Wirtschaft wird es, jeweils abgestimmt auf die spezifischen Bedürfnisse zu integrierten Informationssystemen kommen.

Neben den positiven Seiten ist aber auch die Gefahr des Mißbrauchs gegeben, und zwar in zweierlei Richtungen:

1. Auf dem kriminellen Sektor:
   Es hat sich bereits eine Art "Komputer-Kriminalität" entwickelt, die anhand von 4o authentischen Fällen in einer kürzlich erschienenen Monographie von Rainer von zur Mühlen dargestellt wird (1). Ein sehr eindrucksvolles Beispiel ereignete sich bei einer Bank. Die Bruchteile von Pfennigen, die bei der Zinsberechnung entstehen und normalerweise untergehen, hat der Täter auf ein eigenes Konto "abgezweigt" und innerhalb von zwei Jahren auf diese Weise eine halbe Million DM verdient. Weitere, noch zum Teil ungeahnte, aber gefährliche Anwendungsmöglichkeiten ergeben sich auf dem Gebiet der Industriespionage und Sabotage. Man denke an das Entwenden ganzer Fabrikationsprogramme, technischer Verfahren, Kundenlisten - so geschehen bereits bei einem Versandhaus - oder das Löschen von Magnetbändern mit betriebsinternen Daten, sodaß man ein ganzes Unternehmen bis auf weiteres paralysieren kann.

Handlungen dieser Art sind sicherlich strafwürdig, aber bisher nur zum Teil strafbar, d.h., nicht oder nur mit einer Art Vergewaltigung unter die bestehenden gesetzlichen Bestimmungen zu subsumieren. Soweit sie strafbar sind, steht die Strafandrohung in keiner Relation zu dem angerichteten Schaden.

Mit dieser Seite der Gefährdung durch die EDV hat sich der Gesetzgeber noch nicht befaßt. Allerdings hat sich bereits das Versicherungswesen des Problems angenommen. Eine bedeutende Versicherungsgesellschaft bietet seit einiger Zeit eine Komputer-Mißbrauchsversicherung an.

2. Die Gefährdung der Persönlichkeit:
   In den Blickpunkt der Öffentlichkeit ist ein anderes und zugestandener-maßen ernstes Problem getreten. Die Gefährdung der Persönlichkeit und der damit verbundenen persönlichen Freiheit, ein Problem höchster gesellschaftspoli-

tischer Brisanz. Wissen ist Macht und Macht verleitet zum Machtmißbrauch. Es ist daher legitim und sogar notwendig, daß sich der Gesetzgeber auch mit diesem Problem befaßt. Der zweite Jahresbericht des Hessischen Datenschutzbeauftragten vom 3.3.1973 zählt solche Fälle auf, insbesondere durch Adressenverlage (2). Die Notwendigkeit des Datenschutzes wird in Wissenschaft und Praxis nicht mehr bestritten, dies gilt auf jeden Fall für die Datenverarbeitung in der öffentlichen Verwaltung.

So ist es nicht verwunderlich und ein Zeichen der Zeit, daß in der Mehrzahl der technologisch führenden Länder, soweit diese freiheitliche und demokratische Verfassungen haben, die Regierungen oder öffentlichen Körperschaften die Initiative ergriffen, um die durch die moderne technische Entwicklung gefährdete Freiheit zu schützen. Dieser Notwendigkeit müssen sich die Benutzer von Datenbanken unterwerfen, doch haben sie andererseits einen legitimen Anspruch darauf, daß die Maßnahmen des Gesetzgebers vernünftig und praktikabel sind.

Auf Bundesebene kam es 1971 zu einem interfraktionellen Initiativ-Antrag eines Gesetzes zum Schutze vor unbefugter Verwendung personenbezogener Daten (3). Initiatoren waren insgesamt 47 Abgeordnete aller Parteien. In bemerkenswerter Selbsterkenntnis brachten diese in der Begründung zum Ausdruck, daß der Gesetzentwurf keinen Anspruch darauf erheben kann, in allen Punkten völlig ausdiskutiert und ausgereift zu sein, eine Feststellung, die bestimmt nicht untertrieben war. So enthielt, um nur ein Beispiel zu nennen, § 3, Abs.3 des Entwurfes die lapidare Bestimmung, dass bei widerrechtlicher Speicherung, Einsicht, Änderung oder Vernichtung oder widerrechtlichen Abruf der Verletzte Schadenersatz verlangen konnte. Dies hätte speziell auf dem Gebiet des Datenschutzgesetzes die Durchbrechung des in unserem Rechtssystem dominierenden

Grundsatzes des Verschuldens zu Gunsten einer reinen Gefährdungshaftung durchbrochen (4). Dieser Entwurf ist nicht bis zur ersten Lesung des Bundestages gekommen, vielmehr wurde auf Wunsch der Bundesregierung das Innenministerium mit der Ausarbeitung eines Regierungsentwurfes beauftragt.

Der Entwurf des Bundesinnenministeriums mit Stand vom 15.8.1972 war Gegenstand eines dreitägigen Hearings vom 7.Nov.1972 in Bonn. Die Debatten und die Kritik waren lebhaft. Es wurde zwar anerkannt, daß der Entwurf Milderungen im Vergleich zu dem interministeriellen Entwurf brachte, doch sind speziell seitens der Wissenschaft, der Wirtschaft und der Medizin starke Bedenken vorgetragen worden. Selbst der Hessische Datenschutzbeauftragte schloß sich diesen an (5). Nunmehr liegt seit dem 25.5.1973 der zweite Regierungsentwurf eines Bundesdatenschutzgesetzes vor, der noch Gegenstand der Beratungen des Bundesrates und des Bundestages sein wird (6).

Ein Studium dieser bisher letzten Gesetzesvorlage läßt erkennen, daß die in dem Bonner Hearing geäusserte Kritik und gegebenen Anregungen zwar nicht unberücksichtigt geblieben sind, doch bleiben die prinzipiellen Bedenken gegen alle drei bisherigen Entwürfe bestehen.

Das Problem des Datenschutzes ist supranational. Wenigstens im Raume der europäischen Gemeinschaft sollte schon jetzt auf diesem völlig neuen und für die Zukunft äusserst wichtigen Rechtsgebiet eine Koordinierung angestrebt werden. Die Rechtsungleichheit und die damit verbundene Rechtsunsicherheit innerhalb der Staaten der europäischen Gemeinschaft ist jetzt schon groß genug. Die Koordinierung der Datenschutzgesetzgebung wäre eine dankbare Aufgabe des europäischen Parlaments.

Schon im April 1972 warnte Eduard Zimmermann unter der Überschrift "Schutz gegen Datenschutz" (7) vor typisch deutscher Gründlichkeit und Perfektion, die dazu führen könne, daß die von der Ministerialbürokratie eingebaute Notbremse dazu führt, daß der der EDV gar nicht erst in Fahrt kommen kann. Auch der Hessische Datenschutzbeauftragte warnt vor einer Lösung in der Form "All at once" und schlägt ein sachlich differenziertes und zeitlich gestaffeltes Vorgehen vor, das die verschiedenen Lebensbereiche je nach Dringlichkeit erfaßt. Auch das Hearing war durch das Verlangen nach stärkeren Differenzierungen gekennzeichnet, unter Berücksichtigung spezieller Verhältnisse, Interessenslagen und Gepflogenheiten einzelner Bereiche in der Kenntnis, daß die Eingriffe in eine gewachsene Informationsstruktur nur dann den gewünschten Erfolg zeitigen, wenn sie dem spezifischen Verhältnis des jeweiligen Sozialbereiches ausreichend Rechnung tragen. Aus diesem Grunde sieht der Hessische Datenschutzbeauftragte in Anlehnung an das Hessische Datenschutzgesetz und Entwürfe des Auslandes in institutionellen Vorschlägen, etwa Datenschutzkommissionen, Datenschutzbeauftragten oder Registerbehörden ein wichtiges Instrument für Ausbau und Fortentwicklung des Datenschutzes.

Ein eindrucksvolles Beispiel des Perfektionismus bietet § 3, Abs. 3:

> "Im Sinne dieses Gesetzes ist eine Datei eine gleichartig aufgebaute Sammlung von Daten, die nach bestimmten Merkmalen geordnet, nach anderen bestimmten Merkmalen umgeordnet und ausgewertet werden kann, <u>ungeachtet der dabei angewendeten Verfahren.</u> Nicht hierzu gehören insbesondere Akten, Aktensammlungen und Bücher."

Weil zugestandenermaßen die Datenverarbeitung bei Einsatz moderner Hilfsmittel, insbesondere der EDV, eine Gefährdung <u>der Persönlichkeit</u> mit sich bringen kann, macht man gleich reinen Tisch und erfaßt auch die Methoden der herkömmlichen Datenspeicherung, also in Form von Archiven, Karteien usw.. Die Begründung im ersten Regierungsentwurf ist nicht überzeugend. Eine Ausklammerung der herkömmlichen Datenbanken würde zu einer ungleichen Behandlung führen und Gesetzesumgehungen provozieren. Diese Logik leuchtet selbst dem Hessischen Datenschutzbeauftragten nicht ein, der die Anregung gegeben hat, daß sich das Datenschutzgesetz auf die Abwehr derjenigen Mißbrauchsgefahren beschränken sollte, die für die automatische Datenverarbeitung spezifisch sind. Dieser Einwand ist umso beachtlicher und begründeter, als bei der herkömmlichen Datenverarbeitung die durch die Integrierung möglicherweise heraufbeschworenen Gefahren nicht existieren. Auf dem Gebiete der konventionellen Datenspeicherung ermuntert der Entwurf aber geradezu zu Gesetzesumgehungen, die er vermeiden möchte. Man braucht nur die in einer konventionell geführten Kartei gespeicherten Daten in Leitzordner abzulegen. Dies wäre büroorganisatorisch zwar ein Rückschritt, würde aber von den sehr weitgehenden Bestimmungen des Datenschutzgesetzes entbinden.

Ziel des Datenschutzgesetzes ist, den in Artikel 2, GG als Grundrecht ausgestalteten Persönlichkeitsschutz zu sichern und zu erweitern. Die Medaille hat aber auch eine Kehrseite, und zwar, das ebenfalls in allen freiheitlichen Verfassungen und in Artikel 5 GG verbriefte Recht auf Informationen, freie Meinungsbildung und freie Meinungsäusserung. Diese Grundrechte implizieren das Recht auf die Sammlung und Weitergabe von Informationen, denn ohne diese ist eine Meinungsbildung und Meinungsäusserung nicht möglich. Es ergibt sich also folgende Interessenlage:

1. In welchem Umfange muß das Individuum als Teilnehmer am Sozialleben hinnehmen, daß und ggf. welche Informationen über ihn gesammelt und weitergegeben werden?

2. Auf welche Informationen und zu welchem Zweck haben die Teilnehmer am Sozialleben einen legitimen Anspruch?

Zwischen diesen beiden Stühlen sitzt regelmäßig - und nicht erst seit heute - der Informant. Er muß in Wahrnehmung der berechtigten Interessen aller Teile einen vernünftigen Ausgleich finden, denn "nur wenn in gebotenem Umfange geschwiegen und in erforderlichem Umfange Auskünfte erteilt werden, kann das moderne Sozialleben mit seiner vielfältigen Verflechtung von Schutz- und Entfaltungssphären funktionieren (9).

Der Entwurf ist in 6 Abschnitte eingeteilt. Die allgemeinen Vorschriften enthalten den Inhalt des Datenschutzes, Legaldefinitionen, den Anwendungsbereich, sowie technische und organisatorische Maßnahmen.
Abschnitt 2 befaßt sich mit der Datenverarbeitung der Behörden. Die Abschnitte 3 und 4 sind der Datenverartung nichtöffentlicher Stellen gewidmet, wobei unterschieden wird in solche, die Daten für eigene Zwecke speichern und solche, die geschäftsmäßig Daten verarbeiten zum Zwecke der Weitergabe an Dritte. Hierzu zählen z.B. Auskunfteien und Detekteien, Markt- und Meinungsforschungsinstitute, Lohnrechenzentren usw. Überhaupt nicht unter das Gesetz fallen die Hilfsunternehmen in der Presse, Rundfunk und des Films, soweit sie geschäftsmäßig für publizistische Zwecke Daten speichern und weitergeben.

Der "Betroffene" hat in allen Bereichen grundsätzlich folgende Rechte:

a) Auskunft über die zu seiner Person gespeicherten Daten.
b) Berichtigung unrichtiger oder mißverständlich gespeicherter Daten.

c) Sperrung, wenn der zulässige Beschaffungszweck weggefallen ist.
d) Löschung, wenn die Beschaffung unzulässig war.

Diese Rechte sind für die verschiedenen Bereiche noch unterschiedlich ausgestaltet, wobei die Datenbanken im nichtöffentlichen Bereich zum Teil wesentlich strengeren Auflagen unterworfen sind, als die Datenbanken der Behörden.

Die Auswirkungen auf die Wirtschaft, insbesondere die Kreditwirtschaft lassen sich einstweilen noch nicht absehen. Besonders beschnitten werden die Möglichkeiten, sich über einen Geschäftspartner zu informieren, eine Aufgabe, der sich u.a. die Banken, insbesondere Kreditschutzorganisationen aller Art unterziehen. Zu nennen sind hier speziell die seit über einem Jahrhundert bestehenden Handelsauskunfteien, die den Kreditgeber mit den notwendigen Informationen versorgen, um einerseits den gesunden Kredit zu fördern, andererseits vor Verlusten zu schützen. Ihre präventive Tätigkeit gegen die Wirtschaftskriminalität, die jährlich Schäden zwischen 15 und 2o Milliarden DM verursacht, und die der Staat auf der anderen Seite endlich energisch bekämpfen will, wurde nicht in entsprechender Weise berücksichtigt. So heißt es z.B. in § 27, daß personenbezogene Daten am Ende des 5. Jahres nach ihrer Einspeicherung zu sperren sind, wenn der Betroffene es verlangt. Personenbezogene Daten sind nach § 2 Einzelangaben über persönliche oder sachliche Verhältnisse einer natürlichen Person. Hiermit werden die persönliche Ehre und der wirtschaftliche Ruf in einen Topf geworfen, Begriffe, die Wissenschaft und Judikatur bisher scharf trennte. Eine Millionenpleite, bei der zahlreiche Gläubiger geschädigt wurden, wird so zu einem personenbezogenen Datum des Konkursiffexes und ist auf dessen Verlangen ohne Rücksicht auf die Belange des Interessenten zu sperren. Nicht ganz zu unrecht wurde in dem Hearing in Bonn offen die Befürchtung ausgesprochen, daß aus dem Datenschutzgesetz ein Schwindlerschutzgesetz werden könnte.

Es ist nicht ausgeschlossen, ja sogar damit zu rechnen, daß der verstärkte Persönlichkeitsschutz in seinen Auswirkungen für den kreditsuchenden Teilnehmer am Wirtschaftsleben (ob Unternehmen oder Privatperson) ein Danaegeschenk werden wird. Der Kreditgeber hat das berechtigte Anliegen, sich über die Vertrauenswürdigkeit und die Zahlungsfähigkeit des Kreditsuchenden zu unterrichten. Werden ihm diese Möglichkeiten künftig beschnitten, so wird er sie in stärkerem Maße als bisher von Sicherheiten abhängig machen. Auch die Beschaffung von Krediten wird teurer. Die optimistische Auffassung im Vorwort des Entwurfes, daß Auswirkungen auf das allgemeine Verbraucherpreisniveau kaum zu erwarten seien, kann nicht geteilt werden.

Staatliche Eingriffe sind nur dann zulässig, wenn sie erforderlich sind und wenn Aufwand und Erfolg in einem angemessenen Verhältnis zueinanderstehen. Die bloße Möglichkeit von Mißbräuchen auf dem Gebiete der Datenverarbeitung durch die EDV ist kein Anlaß, den Grundsatz der Verhältnismäßigkeit zu verlassen. Ernstlich zu prüfen ist ferner, ob durch diesen Entwurf das in Artikel 5 GG verbriefte Informationsrecht und das Recht der freien Meinungsäusserung durch eine Überbetonung des Persönlichkeitsschutzes des § 2 GG verletzt wird.

Anmerkungen zum Aufsatz von Dr.Windolph

1) Rainer von zur Mühlen
   Computer-Kriminalität
   Luchterhand-Verlag, Neuwied

2) Zweiter Jahresbericht des Hess.Datenschutzgesetzes vom 31.3.1973.

3) Bundesdrucksache VI/2885

4) Rödl/Windolph Datenschutz u. private Datenbanken, Verband der Handelsauskunfteien e.V. Neuss

5) Zweiter Jahresbericht, Anlage I.

6) Bundesdrucksache 391/73 v. 25.5.1973

7) Düsseldorfer Nachrichten v. 21.4.1972 und Rhein-Neckarzeitung v. 31.5.1972

8) Zweiter Jahresbericht S. 29-32

9) Dr.Dr. Hertel "Ärztliche Schweigepflicht".

SIND INFORMATIONSZENTREN REALISIERBAR ?

Podiumsdiskussion

Leitung: Prof. Dr. P. Schmitz

Teilnehmer:

Lutterbeck, E. Regierungsdirektor im Bundesministerium des Inneren, Bonn

Massat, D. Dipl.-Volkswirt, Leiter des Finanzverwaltungsamtes der Stadt Osnabrück

Schröder, J.C.W. Dipl.-Ing., Hauptabteilungsleiter DFV der Datel GmbH Darmstadt

Stöckle, J. Regierungsdirektor im Innenministerium des Landes Hessen, Mainz

Zangemeister, C. Priv.-Doz. Dr. Ing., WEMA-Institut Köln

Schmitz: Meine Damen und Herren, wir haben uns hier zu einer Podiumsdiskussion mit sehr heterogenen Fragestellungen eingefunden. In den Referaten dieser Tagung sind im wesentlichen Lösungsvorschläge vorgetragen worden für die Entwicklung von Zielvorstellungen, für die Konzipierung und die Implementierung von Informationszentren. Ich glaube, wir haben erkennen können, daß nur sehr wenige Informationszentren bereits in der Praxis realisiert sind, die hohen Ansprüchen, gekennzeichnet etwa durch die Komplexität der Aufgabenstellung oder durch die hohe Zahl der möglichen Benutzer, genügen. Nachdem vor 10 Jahren die ersten Erfahrungen in der automatisierten Datenverarbeitung gemacht worden waren, knüpfte man an die aufkommende sogenannte 3. Generation die Erwartung, daß sich integrierte Datenverarbeitungssysteme in sehr einfacher Weise entwickeln lassen würden; diese sollten es dem Manager ermöglichen, Entscheidungen mit Hilfe des Computers zu treffen. Wir haben dann nach einigen Jahren sehr rasch erkennen müssen, daß sich diese Erwartungen nicht erfüllen ließen.

Heute glauben wir, die Möglichkeiten zur Entwicklung von Informationszentren zu haben; und hier sind nun Lösungsvorschläge zur Vorgehensweise gemacht worden. Wir waren der Meinung, daß zum Schluß dieser Tagung eine Diskussion über die Frage nützlich sei, ob überhaupt derartige Informationszentren realisierbar sind.

Die Probleme, die in diesem Zusammenhang zu diskutieren wären, betreffen die reine Maschinentechnik (Hardware), die Datenfernübertragung, die Programmtechnik (Software), die konzeptionelle Seite, die Frage der Implementierung und Durchsetzung sowie rechtliche Fragen. Wir sind natürlich nicht in der Lage, alle diese Probleme im Hinblick auf die Frage der Realisierbarkeit von Informationszentren hier anzusprechen, sondern wir müssen uns auf einige wesentliche Gesichtspunkte beschränken.

Ich darf Ihnen die Teilnehmer an der Podiumsdiskussion vorstellen:

Zunächst Herrn Dipl.-Ing. Schröder. Herr Schröder ist Hauptabteilungsleiter für Datenfernverarbeitung bei der Datel GmbH in Darmstadt. Bevor er vor etwa 2 Jahren zur Datel ging, ist er 11 Jahre bei der Firma Philipps in der Forschung der Datenfernübertragung und in der Entwicklung von Datenübertragungssystemen wie Terminals etc. tätig gewesen.

Herr Massat ist Dipl.-Volkswirt und Leiter des Finanzverwaltungsamtes der Stadt Osnabrück; zuvor war er im Innenministerium in Schleswig-Holstein tätig.

Herr Dr. Zangemeister ist am WEMA-Institut in Köln tätig und nebenamtlich Privat-Dozent für Systemtechnik und Systemplanung an der TU Berlin. Er beschäftigt sich mit Methodenentwicklung zur Zielplanung und zur Nutzwertanalyse sowie mit der Entwicklung computergestützter Planungssysteme in Industrie und Verwaltung.

Herr Ministerialrat Dr. Stöckle leitet im Innenministerium des Landes Rheinland-Pfalz das Koordinierungsreferat für ADV-Planung der Landesregierung und ist gleichzeitig Leiter des Landesrechenzentrums.

Herr Regierungsdirektor Lutterbeck befaßt sich im Bundesinnenministerium mit dem Bundesinformationssystem, mit der Dokumentationsmethodik in der Bundesverwaltung und mit Verwaltungsinformationssystemen.

Sie können aus den Arbeitsgebieten der Teilnehmer erkennen, daß wir in der Tat nicht alle Problemstellungen, die zur Fragestellung 'Sind Informationszentren realisierbar ?' gehören, abgedeckt haben; ich bin aber sicher, daß wir einige interessante Aspekte ansprechen werden. Darf ich nun als erstes Herrn Schröder bitten, zu diesem Fragenkomplex Stellung zu nehmen.

Schröder: Ich möchte die Podiumsdiskussion mit einer provokatorischen These eröffnen: Große Informationszentren mit Rechnerverbundsystemen sind nicht auf der Basis von sogenannten in-house-Systemen wirtschaftlich realisierbar.

Zunächst möchte ich ganz kurz einmal erläutern, wie ein derartiges Informationszentrum mit einem Rechnerverbund aussieht und welche Betriebsmittel erforderlich sind, um die entsprechende Leistung anzubieten. Zunächst wird man in diesem System mehrere Rechner im Netz zur Verfügung haben müssen, die sämtliche Formen der Datenverarbeitung abwickeln können, wie z.B. Dialog, lokaler Stapelbetrieb, Remote Job Entry. Dann wird es notwendig sein, ein Leitungsnetz zur Datenfernübertragung zur Verfügung zu stellen, das die Leistungen der Informationszentren oder allgemein des Rechnerverbundsystems in allen Einzugsgebieten, d.h. praktisch bundesweit, zu gleichen Kosten anbieten kann. Außerdem ist die Forderung zu erfüllen, daß verschiedenartigste Terminals verschiedener Hersteller an das Netz angeschlossen werden können, und daß wir darüberhinaus auch bereits existierende Rechenzentren anschließen können, die kurz- oder langfristig Zugriff zu den Date bänken dieses Netzes haben wollen. Weiterhin werden in diesem Netz neuartige Systemhilfen zur Benutzung der Informationszentren berei gestellt werden müssen, die bisher mit den verfügbaren Anlagen von den Herstellern nicht geliefert werden können. Ich denke hier an z. B. flexible und benutzerfreundliche Data-Management-Sprachen, u die Fülle des Datenmaterials benutzergerecht abfragen zu können. A Grund der Sicherheitsanforderungen, die verschiedentlich diskutier wurden, werden nicht unerhebliche Zusatzleistungen in das Netz implementiert werden müssen; das sind Verwaltungsprogramme, die sich stellen, daß bestimmte Benutzerkreise nur zu bestimmten Datenbestä den zugreifen können. Weiterhin müssen Zusatzleistungen im Netz ve fügbar sein, um Zuverlässigkeitsanforderungen zu genügen: Das sind Doppel- und Mehrfachrechner, die im Falle von auch nur kurzen Syst störungen dem Benutzer einen ungestörten und kontinuierlichen Zugr zu den Datenbänken ermöglichen.

Die Wirtschaftlichkeit eines derartigen Systems wird wesentlich einmal durch den Betrieb und zum anderen durch die Wartung beeinflußt. Derartig komplexe Systeme erfordern ein sehr hochqualifiziertes Team von Wartungsspezialisten und auch Programmierern, die spezielle Systemhilfen programmieren, warten und weiter entwickeln. Der kritische Punkt ist die Auslastung eines derartigen Systems und hierin unterscheiden sich im wesentlichen die beiden Systeme: in-house- und Service-Unternehmen. Die Benutzung eines Datenbanksystems vollzieht sich in der Dienstzeit bzw. in den Tagesstunden; die Auslastungskurve entspricht daher der einer Fernsprech-Nebenstellenanlage, d.h. die zur Verfügung gestellten hochqualifizierten Dienstleistungen können während der Nacht nicht benutzt werden. Daher wage ich zu behaupten, daß bei in-house-Systemen die erforderliche hohe Auslastung nicht erreicht werden kann. Untersuchungen haben nämlich gezeigt, daß bei gewissen Modellen von in-house-Systemen, die durchgerechnet wurden, nur etwa 32 % der technischen Kapazität ausnutzbar sind; dies ist im wesentlichen die dialog-orientierte Verarbeitung. Die verbleibenden 68 % der Kapazität, die am Tag im Hintergrund und über Nacht im Stapelbetrieb genutzt werden müßten, können nur von Service-Unternehmen wirklich genutzt werden.

Schmitz: Vielen Dank. Überspitzt formuliert sagt Herr Schröder also, daß alle bisher entwickelten Systeme unwirtschaftlich sind und bleiben, wenn sie in der Weise von in-house-Systemen weitergeführt werden. Wirtschaftlich sind nur Systeme von der Art der Dienstleistungsorganisationen, wie sie z.B. die Datel darstellt und von der möglicherweise noch andere entstehen werden. Darf ich Sie bitten, zu dieser Frage Stellung zu nehmen.

Wurr (SPL, Frankfurt/M.): Ich glaube, daß Ihre These sicher provokatorisch ist, aber mir ist die Aussage zu absolut. Diese These eines nationalen Computernetzes mit einheitlichen Preisen gilt sicher nur für bundesdeutsche Unternehmen; sie gilt nicht für internationale Unternehmen. Ferner kann die Information für unterschiedliche Unternehmungen unterschiedlich wichtig sein, so daß ein in-house-System durchaus wirtschaftlich sein kann.

Schröder: Ich habe meine These nicht beschränkt; ein nationales Unternehmen, das einen derartigen Verbund aufbaut, ist nicht gehindert, sein Netz mit dem anderer Länder zu koppeln. Aber Sie sprechen hier noch ein weiteres schwieriges Problem an, welchen Wert für Sie die Abfragemöglichkeit gespeicherter Informationen hat. Und da können Sie natürlich spezifische Anwendungen aus der Industrie herausgreifen, bei denen ein System, das am Tag vielleicht nur ein oder zwei Stunden ausgelastet ist, unbedingt wirtschaftlich ist.

Sass (BMF): Läuft Ihre These darauf hinaus, daß Ihnen ein Informationssystem nur sinnvoll erscheint, wenn die technischen Einrichtungen einschl. der Endplätze auch für andere Aufgaben mitbenutzt werden.

Schröder: Es gibt eine untere Grenze vom sagen wir es einfach Umsat oder Kostenvolumen. Die Untergrenze des Umsatzvolumens eines derartigen Systems dürfte meiner Schätzung nach bei 100 bis 150 Mio. D pro Jahr liegen. Erst ab dieser Größenordnung kann das System wirtschaftlich arbeiten. Das bedeutet, daß Sie mehrere verschiedene solcher Anwendungen zusammenfassen müssen, deren Umsatz oder anders ausgedrückt deren Informationswert, den Sie in Marktpreise umsetzen können, diese Werte erreicht.

Schultheiß (GFK): Sie haben mehrfach die Begriffe 'Wirtschaftlichkeit' und 'Umsatz' gebraucht. Gerade im Bereich der Informationsverarbeitung wird es jedoch Bereiche geben, die sich nicht mehr unter rein ökonomischen Gesichtspunkten betrachten lassen, so z. B. die Kombination Dokumentations- und Informationsbereitstellungssysteme. Bei diesen geht es nicht nur darum, eine 100 %-ig Auslastung anzustreben. Im Bereich der Anwendung kann man sich im behördlichen Bereich auch andere funktionale Betrachtungsweisen vor stellen.

Schröder: Im behördlichen Bereich können natürlich völlig andere Gesichtspunkte zum Tragen kommen, als wenn ich ein derartiges System auf dem freien Markt als Dienstleistungssystem anbiete. Das ist eine ganz andere Betrachtungsweise.

Schultheiß: Auch im behördlichen Bereich sind jedoch Dienstleistungen solcher Systeme vorstellbar, so z.B. im medizinischen Sektor oder im Energiesektor.

Steinmüller: Wenn die Argumente von Herrn Schröder auf technologischen, ökonomischen oder politischen Wegen nicht erschüttert werden können, müßte das zur Folge haben, daß ein öffentliches Computernetz mit beliebigen Benutzern aufgebaut wird. Ist dies der Fall?

Schmitz: Würden Sie dem als Vertreter der Datel zustimmen, daß die Datel dahingehend tendiert, ein öffentliches Computernetz aufzubauen ?

Schröder: Ich glaube, es ist noch zu früh, über derartiges zu diskutieren, weil wir gerade im Bezug auf Rechnerverbundnetze noch sehr in den Anfängen der Studien stehen.

Wurr: Sie sagen, ein in-house-Netz in Form eines Informationszentrums sei nicht realisierbar. Es gibt sicherlich eine Reihe von Industriefirmen, die Netze dieser Art aufgebaut haben, die nicht einen Wert von 150 Mio. DM haben, weil dies gar nicht ihren Zielen entspricht. Ich kenne z.B. Firmen in der Stahlindustrie, die in ihrem Netz mit Remote-Job-Entry und Dialog-Betrieb arbeiten, mit vollem Erfolg ihre Unternehmensbedürfnisse befriedigen und nicht 150 Mio. DM investiert haben.

Schröder: Ich kenne auch eine ganze Reihe solcher Systeme. Aber ich lege die Betonung darauf, derartige Leistungen bundesweit verfügbar zu machen. Das bedeutet eine erhebliche Vorleistung an Investitionen, z.B. für das Übertragungsnetz, die in viele Millionen geht; ein anderer Aspekt sind die Sicherheitsanforderungen. Die Zielsetzung dieses Systems ist aus diesem Grunde eine völlig andere, als die spezieller Informationssysteme in Firmen, wo diese Kriterien nicht so entscheidend sind. Gerade heute morgen wurde über eine juristische Datenbank gesprochen, zu der jeder - auch in Oberbayern - gleichberechtigt Zugriff haben muß. Sie müssen hier Vorleistungen erbringen, die in der ersten Aufbauphase eines derartigen komplexen Netzes nicht rentabel sind. Aus dem Grunde kommen Sie sehr schnell in solche Bereiche des Umsatzes oder des Kostenvolumens.

Schrammel: In welchem Zeitraum glauben Sie, läßt sich ein derartiges Netz realisieren, noch heute mangelt es z.B. an einer angemessenen Infrastruktur des Telefonnetzes.

Schröder: Die Probleme der Übertragung im Zusammenhang mit Telefonleitungen halte ich für trivial im Zusammenhang mit Problemen des Betriebssystems und der Verwaltung eines solchen Systems und der Organisation. Es gibt eine Reihe Systeme in den USA, die diese Leistung auf dem Markt anbieten. Sie haben gezeigt, daß sie wirtschaftlich arbeiten; so ist das erste kommerzielle System vor einigen Monaten profitabel geworden. Die Entwicklungszeit betrug 5 Jahre, derartiges liegt also im Bereich des möglichen.

Schmitz: Vielen Dank. Es ist hier der Begriff Wirtschaftlichkeit aufgetaucht und das bedeutet, daß man die Information, die man aus dem System gewinnt, auch bewerten muß. Dazu glaube ich, kann Herr Massat etwas sagen.

Massat: In der öffentlichen Verwaltung stand bei der Einführung der elektronischen Datenverarbeitung erstaunlicherweise meist die Frage nach der technischen Ausstattung im Vordergrund. Erst als angesichts steigender Haushaltsansätze die Abgeordneten bzw. die Ratsmitglieder in den Städten stutzig wurden, stellten sie sich die Frage, wo wird dies hinführen, und welcher Teil des Haushaltsvolumens wird einmal für die Installation und Betrieb von Datenverarbeitungsanlagen notwendig sein. Es tauchte eben die Frage auf, wie man die Wirtschaftlichkeit eines Informationssystems - bzw. in der Vorstufe dazu die Wirtschaftlichkeit eines automatisierten Verfahrens - messen bzw. beschreiben kann. Zur ökonomischen Rechtfertigung findet man in der Literatur relativ wenig und die Diskussion eben mit Herrn Schröder zeigt auch, daß eigentlich kein Maßstab für die Wirtschaftlichkeit greifbar ist.

Für die öffentliche Verwaltung ist die Wirtschaftlichkeitsmessung zum Teil dadurch noch etwas schwieriger, da die Informationen, die dort beschafft und verarbeitet werden müssen, über keinen Markt laufen. Allerdings bieten sich Hilfsmaßstäbe an, wenn man davon ausgeht, daß sich die Aufgaben in der öffentlichen Verwaltung grundsätzlich unterteilen lassen, einmal in Aufgaben des Verwaltungsvollzugs und zum anderen in solche, die man als Gestaltungsaufgaben bezeichnen kann. Wenn man sich an die Aufgaben des Verwaltungsvollzugs hält, dann handelt es sich um Aufgaben, denen ganz bestimmte Rechtsnormen zugrunde liegen, so z. B. ein Steuergesetz. Die Frage, welche Informationen der Verwaltungsbeamte oder -angestellte braucht, ist relativ leicht zu beantworten. Der Informationsbedarf ist weitgehend einzugrenzen, der Verwaltungsbeamte braucht nämlich die Bemessungsgrundlagen, nach denen jemand steuerpflichtig ist. Das sind die Informationen, die der Beamte zur Wahrnehmung seiner Aufgaben z. B. in der Steuerverwaltung benötigt. Jetzt kann man zweierlei Kosten gegenüberstellen, wenn man die Wirtschaftlichkeit eines Informationssystems feststellen will, wobei noch zu definieren wäre, was man im einzelnen darunter versteht. Das sind einmal die Kosten, die durch die Erfüllung der Aufgaben verursacht werden, nachdem man z. B. die elektronsiche Datenverarbeitung eingesetzt hat; dabei ist Voraussetzung, daß das was Herr Ravé heute vormittag in seinem Referat angeschnitten hat: Es müssen die Kosten der Gesamtverwaltung gesehen werden und nicht bloß etwa die Betriebskosten des Rechenzentrums. Zum anderen wären diesen Kosten gegenüberzustellen entweder die Kosten des manuellen Verfahrens oder die Kosten, die ich hier als Vermeidungskosten bezeichnen möchte; nämlich jene Kosten, die durch den Einsatz der elektronischen Datenverarbeitung vermieden werden konnten. Diese Methode führt meiner Auffassung nach durchaus zu brauchbaren Ergebnissen; dabei wird unterstellt, daß das Arbeitsergebnis gleich ist. Sehr viel schwieriger wird die Wirtschaftlichkeitsmessung bei sogenannten Gestaltungsaufgaben, wie sie in den Kommunen und bei den Ländern zunehmen, Gestaltungsaufgabe z. B. verstanden als Aufgaben der Daseinsvorsorge. Es sind keine klar definierten Rechtsnormen vorhanden und die Informationsverbreitende Tätigkeit, wie man Verwaltung ja weitgehend auffassen kann, ist hier anders zu sehen, weil nämlich der Informationsbedarf von vornherein nicht feststeht. Wenn Sie das Städtebauförderungsgesetz anwenden wollen, um eine Stadt zu sanieren, so haben Sie als generelle Rechtsnorm das Ziel der Beseitigung von städtebaulichen Mißständen zu beachten; und schon darüber gehen die Auffassungen auseinander. Im Zusammenhang mit der Lösung dieser Aufgabe wären dann Informationssysteme erforderlich, in denen alle planungsrelevanten Daten gespeichert sind.

Die Stadtplaner wollen grundsätzlich alle verfügbaren Daten gespeichert wissen; da müßte man kritisch fragen, inwieweit solche Informationen überhaupt irgendwann einmal einsetzbar sind. Man könnte eine Wirtschaftlichkeitsmessung von Informationssystemen bei Gestaltungsaufgaben danach vornehmen, inwieweit das Informationssystem geeignet ist, Fehlinvestitionen zu vermeiden. Wenn z. B. einem Mitglied der Schulverwaltung gesagt wird, daß die Zahl der Kinder 1985 in diesem Stadtteil oder diesem Bereich so und so hoch ist, kann er darauf hin den Bau einer Schule verzögern oder gar nicht stattfinden lassen; die Gegenwerte von vermiedenen Fehlinvestitionen könnten dabei als Maßstab für die Bewertung von Informationen bzw. Informationssystemen dienen; dabei gestehe ich gern ein, daß in diesem Bereich die Fragen im Einzelfall schwierig zu beantworten sein können.

Ich möchte noch kurz einen Gedanken nachschieben. Die ganze Veranstaltung schien mir unter dem Vorurteil zu stehen, daß Informationssysteme an sich gut sind, und daß viele verfügbare Daten zu besseren Informationen führen. Meiner Auffassung nach wären viele Angehörige in der Verwaltung und sicherlich auch in der Privatwirtschaft besser bedient, wenn sie weniger Informationen hätten, aber dafür die richtigen Informationen. Wir sind hier bei der funktionsspezifischen Information angelangt, wenn es auch oft recht schwierig ist, diese zu definieren. Aber wenn man sich an die Definition von Shannon erinnert, dann ist die Information der Teil einer Nachricht, der geeignet ist, den Unsicherheitsgrad des Verwaltungsmitgliedes zu verringern. Am Beispiel der Schulverwaltung erläutert, braucht jedes Mitglied der Schulverwaltung sicherlich Informationen über Standorte, aber keine Informationen über den Wasserverbrauch einer Stadt oder des Landes.

Schmitz: Wenn ich Sie richtig verstanden habe, sehen Sie es zur Schaffung von realisierbaren Informationssystemen als notwendig an, daß man eine sehr genaue Bewertung der Informationen vornimmt. Zum anderen sagten Sie, daß es im Bereich der Routineaufgaben in einfacher Weise möglich ist, eine solche Bewertung vorzunehmen. Da bei Planungsaufgaben gewisse Schwierigkeiten vorhanden sind, bieten Sie als mögliche Bewertungsweise an, nach dem Umfang zu bewerten, in dem Fehlinvestitionen vermieden werden können. Da sehe ich doch eine Schwierigkeit.

Massat: Es muß vorher kalkuliert werden. Es ist in beiden Bereichen möglich.

Schmitz: Es ist also auch möglich, Fehlinvestitionen zu kalkulieren und dann daraus ungefähr abzuleiten, welchen Wert diese Information hat. Sie haben eine Aussage gemacht, die bei Herrn Prof. Steinmüller zum Widerspruch führen müßte. Sie haben gesagt, daß der Informationsbedarf des Mitarbeiters im Verwaltungsbereich in einfacher Weise festgestellt werden kann. Ich glaube, Herr Prof. Steinmüller hatte eben festgestellt, daß dies gar nicht möglich sei.

Steinmüller: Ich sehe keinen Widerspruch und möchte erläutern, warum nicht. Bei der Eingriffsverwaltung haben wir relativ einfache Tatbestände, in denen abstrakt normiert ist, welche Informationen eine Berechtigung der Verwaltung zum Eingriff begründen. Schwierigkeiten macht dabei allerdings die logische Zuordnung von abstrakten Tatbestandsmerkmalen und konkreten Einzelinformationen. - Planende und Leistungsverwaltung dagegen hatten sehr vage und pauschale Tatbestände, die noch keine bzw. zu weite Kriterien für den Informationsbedarf enthalten. Hier liegt das Problem, das ich vorhin zeigen wollte. -

Aber auch der Informationsbedarf der Eingriffsverwaltung ist trotz seiner relativ einfacheren Struktur nicht unproblematisch. Ich möchte das an einem Beispiel erläutern. Eine Eingriffsnorm laute: "Bei Unzuverlässigkeit ist dem Gastwirt die Konzession zu entziehen." Nun kann man zwischen Primär- und Sekundärinformationen unterscheiden. Primärinformationen sind "Gastwirt", "Vorhandensein der Konzession", "Unzuverlässigkeit".

Bei 'Unzuverlässigkeit" gibt es ein sehr breites Spektrum von möglichen Informationen, die zu der Bewertung als "unzuverlässig" beitragen können - von notwendigen über nur wünschenswerte bis zu überflüssigen Informationen. Ferner braucht der Verwaltungsfachmann noch Sekundärinformationen, die die Primärinformationen bewerten, ob sie brauchbar, zuverlässig, "wahr" sind oder nicht. Hier wird das Feld möglicher Information bereits so breit, daß nicht mehr deutlich angebbar ist, welche Sekundärinformationen erforderlich sind - immer vorausgesetzt, daß es wünschenswert (und ökonomisch) ist, daß möglichs wenig Informationen verarbeitet (und damit auch gesammelt und bereitgestellt) werden.

Denn je umfangreicher die beziehbare Information ist, um so riskanter ist dies naturgemäß für den Betroffenen und seine Privatsphäre. Insofern gibt also die scheinbar einfache Zuordnung zwischen Funktion und Tatbestand einerseits und Information andererseits doch sehr verwickelte Probleme auf, die keineswegs trivialer Natur sind.

Massat: Allerdings sagten Sie in Ihrem Referat - auf diesen Widerspruch wollte ich schon vorhin hinweisen - '...die funktionsspezifi schen Informationen müssen ausgeweitet werden. Wir müssen weg von der funktionsspezifischen Information.' Insofern ist meine Frage hierzu beantwortet.

Steinmüller: Das ist ein Mißverständnis. Aufgaben- oder funktionsspezifische Information ist ein zu grobes Filter, es läßt zuviele Gefährdungen für Betroffene zu und muß darum durch das feinere Filter der tatbestandsmäßig notwendigen Information ergänzt werden.

Schmitz: Vielen Dank. Meine Damen und Herren, darf ich Sie um Wortmeldungen zu diesem Fragenkreis 'Bewertung von Information' bitten.

Sass: Man wird sicherlich wohl eines sagen können, daß man das Problem der Wirtschaftlichkeit nicht so sehr betonen darf. Es gibt eine ganze Reihe von zusätzlichen Faktoren, die bei der Entscheidung über den Einsatz der EDV von ganz besonderer Bedeutung sind; dies ist einmal im Bereich der Rechtsinformation der Begriff des Datenschutzes, hier ist das Motiv sicherlich kein wirtschaftlicher Aspekt, sondern das Motiv ist ein ganz eminent politisches Ziel. Ein wesentliches Moment, das neben der Wirtschaftlichkeit auch genannt werden muß, ist der Umstand, daß gerade die Verwaltung oft nicht in der Lage ist, ihre Aufgabe durchzuführen, ohne die EDV einzusetzen und sich auf diesem Wege ein Informationssystem zu schaffen. Ich habe einmal ein derartiges System in einem Versandhaus besichtigt. Es schreibt ganz automatisch die Bestände fort und füllt die Rechnungen aus. Aus dem Teilnehmerkreis wurde die Frage gestellt, was kostet denn das alles und lohnt sich denn das. Darauf sagte der Referent, daß dies keine Frage der Kosten sei, vielmehr die EDV in die Organisation einbezogen werden muß, weil es anders nicht geht. Dies sollte man noch neben die reine Frage nach der Wirtschaftlichkeit stellen.

Dierstein: Die Einwände, die Sie gerade brachten, scheinen mir doch gefährlich, und zwar deshalb, weil man an sehr vielen Stellen die EDV gerade unter sogenannten "höheren Aspekten" eingeführt hat. Daß das Versandhaus die EDV einsetzt, weil es anders seine Lagerhaltung nicht fortschreiben kann, ist zuallererst eine Frage der Wirtschaftlichkeit. Ohne EDV könnte das gesamte System bei dem Versandhaus nicht weiterbestehen. Ich möchte davor warnen, mit solchen "höheren Aspekten" die Einführung von Informationssystemen zu begründen. Es könnte uns sonst ergehen wie der amerikanischen Mondfahrt, die aus rein politischen Gründen Geld verpulvert hat, ohne nach wirtschaflichen Zielen zu fragen.

Die alte Anekdote, nach der es drei Möglichkeiten gibt, einen Betrieb zu ruinieren (Spiel, das ist die schnellste; Frauen, das ist die angenehmste und EDV, das ist die sicherste und die teuerste dazu), kennen Sie gewiß. Ich glaube, daß dem wirtschaftlichen Aspekt gar nicht genug Beachtung geschenkt werden kann, insbesondere, wenn es sich um Informationszentren handelt, die ausschließlich von der öffentlichen Hand getragen werden sollen. Ich darf an die Ausführungen von Prof. Sackman erinnern: er warf die Frage auf, wieviel die 100 Mio. Dollar, die bisher in die EDV investiert wurden, dem Steuerzahler in den USA eingebracht haben, und gleich danach, wie hoch die Einrichtungskosten für die so begehrten Central Computer Information Utilities seien. Es mag amerikanische Mentalität sein, zuerst nach den Kosten zu fragen, doch halte ich es in diesem Zusammenhang für gut, diese Mentalität auch auf deutsche Verhältnisse zu übertragen.

Schmitz: Ich stelle fest, daß Herr Dr. Dierstein als Repäsentant der Gesellschaft für Informatik eine starke Zuwendung dieser zunächst theoretisch arbeitenden Gesellschaft zur Wirtschaftlichkeit hin zeigt.

Sass: Auf die Bemerkung von Herrn Dierstein hin bin ich gern bereit, mein Beispiel von dem Versandhaus zu modifizieren.

Sicherlich ist es ein Wirtschaftlichkeitsargument, das für eine derartige Lösung bei dem Versandhaus spricht; aber Sie können das Problem auch anders gar nicht mehr lösen. Sie können andererseits auch nicht mehr ohne einen Einsatz der EDV auskommen. Ich will ein Beispiel aus der Verwaltung nehmen, in dem deutlich wird, daß einmal die Wirtschaflichkeitsfrage sicherlich eine nicht ganz so große Rolle spielt und zum anderen sie in der Verwaltung noch weniger meßbar ist als in der Wirtschaft. Nehmen Sie den Lohnsteuerjahresausgleich, der ohne EDV nicht mehr durchführbar wäre. Das ist keine Frage der Wirtschaftlichkeit, das geht nicht mehr anders.

Grochla: Da einige Aufgaben heute praktisch nicht mehr ohne automatisierte Datenverarbeitung erfüllt werden können, ist diese "technische" Lösung zugleich auch die wirtschaftliche. Wenn Sie berücksichtigen, daß die Personalkosten außerordentlich angestiegen sind und wenn Sie die Menge an notwendigem Personal für die gleiche Aufgabe bewerten, kommen Sie nach einem Vergleich mit den ADV-Kosten zu einem, wenn auch fiktiven, Wirtschaftlichkeitsergebnis. Ich glau allerdings, das ist ein Streitpunkt, der noch nicht ausdiskutiert i

Schmitz: Ich glaube nicht, daß dies so kontrovers ist, um der Sache auf den Grund zu gehen. Ich bitte Herrn Massat, noch abschließend dazu etwas zu sagen.

Massat: Ich sehe das Problem, das Sie anschnitten, noch als relativ leicht lösbar an, weil Sie nämlich ein gleiches Arbeitsergebnis unterstellen und man über Vermeidungskosten bzw. fiktive Freisetzungseffekte sehr gut maßstäblich die Wirtschaftlichkeit ermitteln kann. Ich könnte aber die Sache etwas komplizieren, wenn ich nämlich unterschiedliche Arbeitsergebnisse unterstelle; und ich habe mich gewundert, daß dieser Einwand nicht kam, daß man ein Arbeitsergebnis in besser aufbereiteter Form bekommt oder besser lesbar usw.; aber auch in solchen Fällen kann man sehr gut Vergleichsmaßstäbe finden. Bloß wird die Sache etwas schwieriger, ist aber prinzipiell lösbar. Ich habe das für einige Verfahren mit anderen Herren durchführen können; bloß scheut sich die öffentliche Verwaltung sehr oft, solche Dinge zu ermitteln, weil sie immer den Charakter einer Schätzung haben. Und da ein kamerales Denken dort vorherrscht, sagt man, die Zahl ist ja nicht genau. Können wir sie denn überhaupt niederschreiben? Das ist eigentlich nach meiner Auffassung das Kernproblem.

Schmitz: Generell sind wir also einig darüber, daß die Frage der Wirtschaftlichkeit bei Informationssystemen von zunehmender Bedeutung ist. Ich darf Herrn Dr. Zangemeister bitten, etwas zu sagen. Herr Dr. Zangemeister hat sich mit der Systemanalyse, Bewertung, Nutzwertanalyse befaßt; ich glaube er wird zum Ausdruck bringen, daß es notwendig ist, auch bei der Konzipierung von Informationszentren neue Methoden anzuwenden.

Zangemeister: Wenn ich mich vor die Frage gestellt sehe, sind Informationszentren realisierbar oder nicht, dann möchte ich eine Antwort darauf unter zwei Aspekten der Realisierbarkeit geben. Zunächst einmal ist Realisierbarkeit im Sinne von technisch-ökonomischer-organisatorischer Machbarkeit zu prüfen. Aus den verschiedenen Referaten habe ich den Eindruck gewonnen, daß unter diesem Aspekt keine grundsätzlichen Schwierigkeiten bestehen, Informationszentren zu realisieren. Ich glaube jedoch, daß man die Dinge anders sehen muß, wenn man die Realisierbarkeit mehr interpretiert im Sinne von dauerhafter Durchsetzbarkeit, und zwar unter gesellschafts- und sozialpolitischen Gesichtspunkten. Wenn wir diesen Aspekt im Auge haben, dann sollte man vielleicht grundsätzlich zwei Kategorien von Informationszentren unterscheiden.

Bei der ersten Kategorie handelt es sich um Informationszentren, die Informationsdienste im wesentlichen wie bisher zur Verfügung stellen, allerdings in technisch verfeinerter Form und für einen wesentlich breiteren Benutzerkreis. Das wären z. B. Dienstleistungen auf dem Gebiet von Marktinformationen, Bibliotheksinformationen und ähnlichen Dingen. Für Informationszentren dieser ersten Kategorie spielen sozialpolitische und gesellschaftspolitische Gesichtspunkte in meinen Augen eine untergeordnete Rolle. Ob solche Informationszentren eingerichtet werden sollten oder nicht, können wir fast ausschließlich unter Wirtschaftlichkeitsgesichtspunkten bzw. unter dem Gesichtspunkt ihrer Kostenwirksamkeit beurteilen.

Eine zweite Kategorie von Informationszentren, die wir hier unterscheiden müssen, würde gegenüber dem heutigen Zustand, nicht nur zu einer Verbesserung des Informationsangebotes führen. Diese würden darüber hinaus auch zu wesentlichen Veränderungen in den Funktionserfüllungen der öffentlichen Verwaltung, zu Veränderungen in den Kompetenzverteilungen und insbesondere auch zu Veränderungen im persönlichen Freiheitsspielraum des einzelnen führen. Diese zweite Kategorie von Informationszentren muß daher meiner Ansicht nach, bevor mit ihrer möglichen Realisierung begonnen werden kann, auf einer sehr breiten und fachübergreifenden Basis analysiert werden. Dies ist nur möglich mit Hilfe der Methoden der sozio-ökonomischen Systemforschung. Dabei würde es zunächst darum gehen, eine umfassende Bewertungsbasis zu schaffen, um solche Informationszentren, alternativ untereinander und im Vergleich zu herkömmlichen Informationsdiensten, einstufen können. Wenn ich hier von Methoden der sozio-ökonomischen Systemforschung spreche, so denke ich dabei beispielsweise an Verfahren der Zielplanung, des Szenarienentwurfs und der Nutzwertanalyse mit deren Hilfe eine Bewertungsbasis zu entwickeln ist. Diese Bewertungsbasis sollte möglichst operational aufzeigen, was neben technischen und ökonomischen Anforderungen insbesondere auch unter gesellschafts- und sozialpolitischen Gesichtspunkten wünschenswert ist und dementsprechend grundsätzlich auch durchsetzbar ist.

Einer so entwickelten Bewertungsgrundlage sind dann alternative Konzepte für die Entwicklung von Informationszentren gegenüberzustellen. Diese sind dadurch gekennzeichnet, daß bestimmte Funktionen im Rahmen von Informationszentren oder auf der Basis von Informationssystemen unterstützt werden können. Dabei stellt sich nicht nur die Frage, welche zielrelevanten Auswirkungen der Betrieb derartiger Informationszentren mit sich bringt. D. h. diese Systeme sind der gesamten sozio-ökonomisch-technischen Bewertungsbasis systematisch gegenüberzustellen. Erst auf dieser Grundlage erscheint es mir sinnvoll, verschiedene Systemvorschläge, in Form von Alternativkonzepten genauer zu beurteilen. Ich bin der Auffassung, daß solche Untersuchungen schnellstens von den zuständigen öffentlichen Stellen in Auftrag gegeben werden müßten. Es handelt sich hierbei primär um Forschungsarbeiten, die in diesem Zusammenhang erst bruchstücksweise behandelt wurden.

Schmitz: Vielen Dank. Würden Sie damit sagen, daß solche modernen Techniken der Systemplanung bisher nicht angewendet worden sind?

Zangemeister: Ja und ich möchte an das Referat von Prof. Sackman erinnern,.der ja auch sagte, daß die Rand Corporation gerade in dieser Richtung für die politischen Entscheidungsträger Grundlagenstudien anfertigt. Und wenn ich diese Studie richtig interpretiere, dann geht es gerade darum, solche Bewertungsbasen zu erarbeiten. Etwas entsprechendes müßten wir hier bei uns aus politischen und fachlichen Gründen unbedingt auch haben; vielleicht existiert das eine oder andere bereits für Teilbereiche, was dann aber noch der Ergänzung und Integration bedarf. Um hier nicht von Fehlentwicklungen überrollt zu werden, müssen die Bedeutung dieser Aufgabe rechtzeitig erkannt und Systemstudien eingeleitet werden.

Massat: Ich habe einige Berichte gelesen über die Einführung des Planning-Programming-Budgeting-Systems unter Johnson in den USA; in diesen Berichten wurde ganz besonders die Systemanalyse angegriffen. Sei es, daß da psychologische Widerstände innerhalb der Verwaltung vorhanden waren; sei es, daß der Umsetzungsprozeß nicht stattfand, den sich die Systemanalytiker vorgestellt hatten, im Hinblick auf die funktionalen Auswirkungen und die Aufgabenerfüllung. Wenn ich das so vortrage, dann verbinde ich damit keinen Unmut gegenüber der einen oder anderen Seite, sondern stelle das bloß als Faktum dar. Ich sehe darin ein wesentliches Problem bei der Durchführung von Systemanalysen.

Zangemeister: Ich glaube doch, daß man heute einen wesentlichen Schritt weitergekommen ist. Gerade dieses angeführte Beispiel hat nämlich gezeigt, daß es nicht genügt, ein mehr oder weniger theoretisch begründetes Verfahren zu entwickeln. Ebenso müssen in den Systementwurf empirisch nachweisbare organisationssoziologische Zusammenhänge integriert werden. Das hat man beim PPBS übersehen, was dazu führt, daß man die gesamte Organisationsstruktur sowohl vom Aufbau als auch vom Ablauf her gesehen ganz wesentlich ändern mußte, und zwar so ändern mußte, daß - ich möchte das mal vereinfacht sagen - ganz krasse organisationssoziologische Randbedingungen verletzt wurden. Was unsere heutige Arbeit auf diesem Gebiet angeht, so kann ich sagen, daß man gerade aus diesem Beispiel gelernt hat.

Für die Entwicklung um Implementierung von Planungs- und Informationssystemen im öffentlichen und privatwirtschaftlichen Bereich spielen organisationssoziologische Überlegungen in der Systemanalyse heute eine wesentliche Rolle.

Fiedler: Ich meine, was hier von Herrn Zangemeister angesprochen wird, ist etwas, was gerade wir in der öffentlichen Verwaltung doch sehr ernst nehmen sollten und was wir in Angriff nehmen müßten, nämlich die Einführung und Heranziehung der Kostennutzenanalyse als eine Verallgemeinerung der sonst üblichen Wirtschaftlichkeitsbetrachtungen. Die Frage, die sich jedoch dann stellt und die sich jetzt ein bißchen im Schweigen des Auditoriums wiederspiegelt, wäre, was ist nötig, dieses Instrumentarium in die öffentliche Verwaltung zu übernehmen, anzupassen oder überhaupt erst zu entwickeln. Ich glaube, hier stehen wir am Anfangspunkt ausgedehnter Forschungsaufgaben.

Steinmüller: Was Herr Fiedler für den Bereich der öffentlichen Verwaltung gesagt hat, möchte ich ausweiten auf den Bereich der Gesetzgebung und der Rechtspolitik allgemein.

Aber es ist hinzuweisen auf eine strukturelle Spannung, wenn nicht Widerspruch zwischen Art der Präferenzfindung, wie sie mit diesen Hilfsmitteln prinzipiell möglich wäre, und der derzeitigen Methode der Präferenzentscheidung, wie wir sie im Parlament vorfinden. Der Ausgleich dieser Spannung ist ein Grundproblem der Effizienz gesellschaftlicher Planung.

Zangemeister: Vielleicht ist dazu grundsätzlich noch zu sagen, daß natürlich auch diese Verfahren, die ich hier ganz kurz andeutete, nicht dazu geeignet sind, grundsätzliche Interessengegensätze zu überbrücken. Diese Verfahren zielen eigentlich nur darauf ab, bestehende Interessengegensätze möglichst differenziert auszuweisen, um damit eine erhöhte Transparenz in die Problematik hineinzubringen. Auf diese Weise kann genauer gesehen werden, wo die Interessengegensätze bestehen, wie sie im einzelnen gewichtet werden und wie wesentlich sie sich unter Umständen auf eine Gesamtentscheidung auswirken. Gerade der letzte Aspekt wird in diesem Zusammenhang mit der Nutzwertanalyse mit Hilfe von Empfindlichkeitsanalysen untersucht. Das heißt, wenn wir eben entdecken, daß unterschiedliche Gruppen vorhanden sind, und diese Gruppen unterschiedliche Präferenzen haben, dann können die Auswirkungen dieser unterschiedlichen Werthaltungen auf die zu vergleichenden Alternativen in einer abgestuften entscheidungslogischen Verdichtung explizit gemacht werden. Damit hat man eine trans parente Diskussionsgrundlage, um Standpunkte kritisch zu überdenken Aber wie gesagt, Interessengegensätze können und sollen durch dieses Instrumentarium nicht überbrückt werden. Es wäre irrational, dies versuchen zu wollen.

Zöllner: Ich möchte Herr Prof. Fiedler wiedersprechen. Es ist m.E. nicht ein reines Forschungsproblem; es ist genau das, was Herr Zangemeister hier ansprach, es hängt vielmehr von dem eigentlichen Problem ab, was ebenso wichtig ist, wie die einzuübende Organisation des Beauftragenden.

Schmitz: Meine Herren, ich möchte etwas auf die Zeit drängen und würde sehr gern Herrn Stöckle bitten, aus seiner Sicht zu dem Thema zu sprechen.

Stöckle: Die Beantwortung der in der Diskussionsrunde gestellten Fragen hängt von den anstehenden Anforderungen ab; das ist ja jetzt in der Diskussion sehr klar herausgekommen. Selbstverständlich können Anforderungen und deren Erfüllung auch subjektiv bestimmt werden und in der Datenverarbeitung, zumindest der immer noch herrschenden Phase der propagandistischen Datenverarbeitung, läuft man ja leicht Gefahr, zu überhöhen. Bei einer solchen Fragestellung kann man natürlich beides tun, man kann bescheiden sein und man kann überhöhen. Wenn man in den Anforderungen bescheiden, d.h. realistisch ist, wird man in jedem Fall die Frage bejahen können, ebenso wenn man die Aufgaben sieht, die zur Zeit erfüllbar sind. Für ein Informationszentrum für die öffentliche Verwaltung, und zwar hier bezogen auf den Bereich der Hoheitsverwaltungen, kann ich daher in jedem Falle die gestellte Frage mit ja beantworten, da hier bereits derartige Informationszentren, wie beispielsweise in unserem Lande. realisiert sind. Im Bereich der Leistungsverwaltung, insbesondere im Bereich der Planungsautomation stehen wir jedoch erst an den Anfängen. Hier fehlt es vor allem noch an den methodischen Grundlagen. Es gibt zwar einzelne Ansätze, mit Hilfe der Datenbasis aus dem Verwaltungsvollzug erste Lösungen und Informationsangebote über ein solches Informationszentrum anzubieten. Allen insoweit bestehenden Bemühungen sind jedoch nicht in methodischer, sondern vor allem auch in personeller Hinsicht noch Grenzen gesetzt, da das für die Schaffung solcher Systeme benötigte qualifizierte Personal nicht oder nur in unzureichendem Maße vorhanden ist und bei der allgemein bekannten prekären Personalmarktsituation in diesem Bereich auch kaum von der öffentlichen Verwaltung angeworben werden kann. Hinzukommt, um etwas aufzugreifen, was vorhin auch von Herrn Steinmüller gesagt worden ist - daß vor der Inangrifffnahme umfassender Lösungen noch eine Reihe von rechtlichen Fragen zu klären sind. Denn in diesem Bereich ist im Gegensatz zu dem rechtlich abgesicherten Bereich der Hoheitsverwaltung die Frage der Schaffung der normativen Voraussetzungen noch auszudiskutieren. Bei der Hoheitsverwaltung zeigt sich die Möglichkeit - immer gemessen an der heutigen Technik - wie wir in der öffentlichen Verwaltung durch das Zusammenfassen von Informationen ein weitaus besseres Informationsangebot erbringen können. Die Anforderungen richten sich dabei vor allem auf eine höhere Verfügbarkeit und eine höhere Schnelligkeit der Information. Damit tritt natürlich auch eine für die Gesamtplanung günstige Situation ein, daß praktisch Organisationsstufen übersprungen werden können. Gemessen an den vorerwähnten Anforderungen können heute schon technologisch sehr gut ausgerüstete Systeme aufgebaut werden, die dann auch in hard- und softwaremäßiger Hinsicht die entsprechende Basis für den weiteren Ausbau bilden. In absehbarer Zeit können dann auch andere Informationsbereiche der öffentlichen Verwaltung in einem solchen Zentrum zusammengefaßt werden.

Für uns stellt sich die Frage der Wirtschaftlichkeit ähnlich wie sie Fiedler angesprochen hat, als im wesentlichen noch ungeklärtes

Problem; es ist eine öffentliche Forderung, die ähnlich dem Datenschutz auf uns in den letzten Wochen in verstärktem Maße zukommt und der wir uns, abgesehen von den sehr plakativen Anklagen, die hier und da in Manager-Zeitschriften vorgebracht werden, stellen müssen. Es ist ein Gebot der Verantwortlichkeit gegenüber öffentlichen Haushalten, die wirtschaftliche Vernunft bei der Systemplanung und Realisation zu berücksichtigen. Darauf begründet sich auch meine Aussage, solche Zentren und Systeme auf dem festen Boden der Hoheitsverwaltung zu beginnen und nicht auf dem doch sehr schwankenden und für uns noch nicht klar umrissenen Boden der planenden Verwaltung.

Schmitz: Das heißt, Sie wollen also klein anfangen und dann langsam aufbauen und nicht versuchen, ein großes Konzept direkt zu realisieren. Wie gewährleisten Sie dann aber, daß dieser Aufbau tatsächlich auch funktioniert ? Denn wenn Sie mit einem kleinen System beginnen und nachher aufbauen wollen, dann stellen Sie ja normalerweise fest, daß Sie irgenwo eine Verbindung nicht realisiert haben, die Sie brauchen. Wie gewährleisten Sie diese Möglichkeit, ein kleines Modell zu realisieren und es zu einem größeren System ausbauen zu können ?

Stöckle: Wobei man natürlich noch dazu sagen muß, daß klein ein Begriff ist, der unter Umständen eine solche Applikation nicht richtig bewertet. Ich bin der Meinung, daß es eine sehr große Applikation ist, denn es ist ein Realsystem und gemessen an dem, was heute nur konzeptionell vertreten wird, immerhin ein rentables System, das über eine sehr verzweigte Benutzerorganisation verfügt, die immerhin 50 % sämtlicher Behörden eines Landes unmittelbar an ein Datenbanksystem anschließt. Hiermit sind gleichzeitig auch die technologischen und organisatorischen Voraussetzungen geschaffen worden, die Datenbasis durch neue Anwendungen aus anderen Fachbereichen zu erweitern. Durch die mir in der Landesregierung übertragene Koordinierungsfunktion bin ich in der glücklichen Situation, auf der einen Seite zu planen und auf der anderen Seite dies auch zu realisieren, was manchmal auch recht unangenehm sein kann. Die Koordinierungsbefugnisse sind so ausgelegt, daß damit die vielfältigen EDV-Planungen eines gesamten Landes sowohl von der staatlichen wie von der kommunalen Verwaltung in einem Gesamtsystem zusammengefaßt werden können. Um dieses Ziel zu erreichen, muß bereits bei der Entwicklung der Einzelsysteme auf eine flexible Organisation hingewirkt werden, damit eine Anpassung an die sich ständig ändernden und schnell wachsenden Anforderungen möglich ist. Das von uns entwickelte System kann für den in diesem Bereich überschaubaren und damit planenden Zeitraum als ein für eine solche Informationszentrale ausreichendes technisches und organisatorisches Instrument angesehen werden.

Fiedler: Wenn ich noch einmal versuche, das zu interpretieren, was hier eben von 'klein' gesagt worden ist, so stand vielleicht der Wunsch dahinter, so anzufangen, daß man bei der Bewertung der Sache, der Wirtschaftlichkeitsanalyse, keine Probleme hat. Denn dann könnte man ja sagen, wir fangen mit der Automatisierung solcher Aufgaben an, die sozusagen aufgabenidentisch automatisiert werden können, so daß man wirtschaftkeitsmäßig weiß, was man einspart. Das ist - meine ich - eine gewisse Vorgehensstrategie der Verwaltung, die nachträglich betrachtet ganz sinnvoll ist. Man fängt an, die überschaubaren Bereiche zu automatisieren, und zwar in solchen Bereichen, wo die Aufgaben identisch gelöst werden können; dies scheint ein Weg des Vorgehens mit verhältnismäßig geringem Risiko. Das ist natürlich nicht unproblematisch, weil es nicht von einer Gesamtkonzeption ausgeht, von der aus analytisch die einzelnen Elemente erarbeitet werden. Ich glaube, es bezieht ein quasi-experimentielles Element der Entwicklung in die Zukunft ein, daß sich wenigstens in der Vergangenheit nicht als hinderlich erwiesen hat.

Schmitz: Vielen Dank. Das war eine sehr glückliche Ergänzung und andere Interpretation dessen, was Herr Stöckle gesagt hat.

Schröder: Eine ganz praktische Frage Herr Stöckle. Wenn es um die Entwicklung von komplexen Informationssystemen, z.B. in der Behörde, geht, wie lösen Sie das Problem, hochqualifizierte Fachkräfte zur Entwicklung solcher Systeme zu bekommen ? Ich sehe bei der Datel z.B. das Problem als z.Zt. unlösbar an und importiere in nicht unerheblicher Menge Amerikaner im Rahmen des brain-drain-rückwärts. Das ist im Moment recht günstig, was auch auf der inflationären Entwicklung des Dollars beruht; aber ich stelle mir vor, daß Sie bei der Entwicklung behördlicher Systeme doch auf erhebliche Schwierigkeiten stoßen.

Stöckle: Das ist richtig. Das ist auch meine Aussage vorhin gewesen, daß wir zumindest für bestimmte Bereiche hier Grenzen von den Prätentierungsmöglichkeiten überhaupt im personalen Bereich sehen. Dies gilt nicht nur im Bereich der Verfügbarkeit eigenen Personals, sondern überhaupt für auf dem Markt verfügbares Personals für die heute zu realisierenden Bereiche. Von den Anforderungen her in organisatorischer und systemmäßiger Hinsicht können die Aufgaben nur mit den Erfahrungen der öffentlichen Verwaltung ergänzt durch entsprechende Institute und auch durch das systembezogene Fachwissen des kooperierenden Herstellers gelöst werden. Inwieweit die anderen Bereiche realisierbar sind, möchte ich offenlassen.

Schmitz: Vielen Dank. Dann darf ich als letzten Herrn Lutterbeck bitten, etwas zu dem Thema zu sagen.

Lutterbeck: Ich möchte vor allen Dingen etwas zum organisatorischen Apsekt dieser Frage sagen, die uns hier gestellt ist. Der einzige, der etwas mehr zu dem technologischen Aspekt gesagt hat, waren Sie ja wohl Herr Schröder. Ich bin da von meiner Hauptaufgabe her, die Sie vorhin als'im Innenministerium für das Bundesinformationssystem zuständig'charakterisiert haben, natürlich etwas in der Lage, wie derjenige, der - sagen wir einmal - ein Taxi-Unternehmen aufmachen will. Der muß natürlich davon ausgehen, daß die technischen Apparate, die er dazu braucht, auch irgendwann und irgendwie zur Verfügung stehen. Es geht eigentlich zunächst bei mir - im Anschluß an das, was Herr von Berg gestern gesagt hat - zunächst einmal um ein organisatorisches Konzept, das bisher unter dem Namen Bundesdatenbank oder Bundesdatenbanksystem hin und wieder schon in Bundestagsdrucksachen und ähnlichen Verlautbarungen aufgetaucht ist; wir nennen es jetzt Bundesinformationssystem, wozu wir derzeit eine Konzeption zu entwickeln suchen, die Ende dieses Jahres wohl in den Abstimmungsgang mit den anderen Ressorts und mit den Ländern kommen soll. Es ist vielleicht ganz gut, wenn ich hier noch einiges an Informationen anführe: Wir gehen da von einer ganz einfachen und simplen pragmatischen Vorstellung aus. Überall in den Ressortbereichen der Länder entstehen Informationssysteme, ob Sie das wollen oder nicht; und die Frage, sind Informationszentren realisierbar, beantwortet sich im Grunde genommen mit der Zeit von selbst. Sie entstehen halt, welche Qualität sie haben und was sie alles für den Benutzer leisten können, ist dann natürlich eine zweite Frage. Aber sie entstehen und müssen miteinander in Verbund treten. Wir müssen Daten austauschen und man kann nicht früh genug anfangen, zu überlegen, wie sollen diese Informationssysteme innerhalb der öffentlichen Verwaltung miteinander Daten austauschen und in Verbund treten. Und wir sind nun dabei, uns Gedanken zu machen, wie man dies tun könnte; wenn ich darauf im Kollegenkreis hin und wieder angesprochen werde, dann wird mir gesagt: 'Mein lieber Mann, das ist ja sicher eine Jahrhundertaufgabe'. Diese Feststellung geht dann meistens von dem unbewußten Gefühl aus, es sei notwendig, es sei möglich und es sei überhaupt zulässig ein derartiges staatliches zentralisiertes Super-Informationssystem oder Regierungsinformationssystem zu realisieren. Selbstverständlich brauche ich nicht zu betonen, daß unsere Vorstellungen gerade das Gegenteil von dem sind. Wir wollen uns vielmehr darauf beschränken, dafür zu sorgen, daß die sowieso in allen Ressorts der Bundesverwaltung und der Bundesregierung entstehenden Informationssysteme in Verbund treten können und daß schließlich irgendwo eine kleine zentrale Einrichtung ist, bei der man erfahren kann, wo stecken Informationen, wo sind elektronisch geführte Dateien, mit welchem Aufbau und mit welchen Kriterien ansprechbar. Das ist natürlich nicht ohne eine sehr enge Zusammenarbeit mit den Ländern zu verwirklichen, also mit dem, was Herr Stöckle vorhin berichtet hat. Denn die meisten Vollzugsdaten stehen - wenigstens was den Vollzugsbereich angeht - ja

nicht beim Bund, sondern in den Ländern und Gemeinden. Das wäre dann der eine Teil des Bundesinformationssystems, der also nur in sehr enger Kooperation mit den Ländern und Gemeinden aufgebaut werden kann und wobei wir die einschlägigen Verfassungsbestimmungen immer sehr deutlich vor Augen haben.
Der andere Bereich ist einer der hier wahrscheinlich noch verhältnismäßig wenig angesprochen worden ist, höchstens in der Sektion, an der ich gestern nicht teilgenommen habe, in der das juristische Informationssystem dargestellt worden ist. Es geht um den Bereich, für den man die Frage dieser Podiumsdiskussion 'Sind Informationszentren realisierbar?' heute schon mit ja beantworten kann, weil in diesem Bereich - im Gegensatz zu dem, was Sie Herr Prof. Schmitz vorhin sagten, doch bereits eine ganze Reihe von sehr gut funktionierenden Informationssystemen vorhanden ist; dies ist der Bereich, den wir im allgemeinen mit der ungenauen Bezeichnung 'Literaturdokumentation' bezeichnen. Dort funktioniert das schon recht und schlecht; es könnte sehr viel besser funktionieren und wird auch im Laufe der Zeit sehr viel besser funktionieren. Natürlich wird dieser Bereich meist gar nicht gesehen, er ist aber sehr groß und natürlich für die Entscheidungsfindung in der Verwaltung auf allen Ebenen genauso notwendig. Die großen Schwierigkeiten liegen darin und gleichzeitig ist dies auch der Grund, weshalb die Informationssysteme, die wir in diesem Sektor bisher schon haben, noch nicht sehr effektiv arbeiten, daß wir es mit der Verarbeitung von natürlichen Sprachen zu tun haben. Diese sind eben nicht weitgehend formalisierbar. Das wäre derjenige Bereich im Bundesinformationssystem, den wir in den Griff bekommen wollen. Dazu sind drei Maßnahmen vorgesehen: Nämlich durch eine völlige Reorganisation, Reform und Teilautomatisierung der Schriftgutverwaltung. Soweit Sie mit Registraturen und ähnlichen Dingen zu tun haben, wissen Sie, daß dieses ganze Aktenwesen und die Registratur sich fast überall in einem schauderhaften Zustand befindet und daß in den Registraturen eine Unmenge an Informationen liegen, die 10, 20, 100 x immer wieder neu beschafft werden müssen, weil sie einfach nicht zugreifbar sind. Das wäre der eine Teil, der andere Teil wäre dann die Automatisierung des Bib-

liothekswesens und der Verbund der Bibliotheken in den obersten Bundesbehörden. Dies ist durchaus nicht so unproblematisch, wie das vorhin bereits einmal geschildert worden ist; dazu gehört auch der Zusammenschluß von Einrichtungen auf dem Dokumentationssektor, die bereits bestehen oder noch zu begründen sind. Das sind an sich zwei von einander ablösbare Bereiche. Der eine ist der Vollzugsbereich, den wir in unserem Slang den numerischen Teil des Bundesinformationssystems nennen und der vom Statistischen Bundesamt betreut werden soll. Der andere Teil ist derjenige, der mit Textinformationen zu tun hat und in Zusammenarbeit mit dem Bundesarchiv und der Bibliothek des Bundestages bearbeitet werden soll.

Das waren einige Gedanken, die ich noch in die Diskussion hineinbringen wollte; sie liegen etwas abseits von dem, was hier jetzt besprochen worden ist, aber man sollte vielleicht nicht vergessen, daß auch dieser Bereich existiert. Ich darf nur zum Abschluß noch darauf hinweisen, daß jetzt im Wissenschaftsministerium ein ziemlich großes Projekt in die letzte Phase geht. Im September soll dem Kabinett das große Förderungsprogramm 'Information und Dokumentation' zur Beschlußfassung vorgelegt werden. Mit einem Aufwand von etlichen 100 Mio. DM sollen Informationssysteme im Bereich der wissenschaftlichen-technischen Dokumentation gefördert werden; dadurch dürfte eine relativ große Struktur von Fachinformationssystemen entstehen, die den Gesamtbereich der wissenschaftlich-technischen Dokumentation überdecken.

Schmitz: Ich glaube, Herr Massat kann aus praktischer Erfahrung zu dieser Frage noch einige Ergänzungen geben.

Massat: Nicht nur aus praktischer Erfahrung, ich bin an sich durch das Studium der Literatur darauf gekommen, und habe das dann auch in der Praxis entdeckt, und zwar folgendes: Nachdem Informationskanäle und Informationswege institutionalisiert waren, hat man sehr bald festgestellt, daß die informellen Informationsflüsse zugenommen haben - erstaunlicherweise. Die Reaktion der Entscheidungsträger auf sogenannte objektive Tatbestände war ein informeller Informationsaustausch, das soll heißen ein Telefonanruf vor einer Sitzung oder ein Gespräch im Korridor 'wie stehen Sie denn dazu'.

Schmitz: Das würde bedeuten, daß das Informationssystem ad absurdum geführt wird.

Massat: Ja, weil die Intuition oder der Einfluß der Intuition nach Vorliegen objektiver Sachverhalte oft zunahm.

Lutterbeck: In Beantwortung der Bemerkung vorhin, es gibt schon jetzt schöne Beispiele von Informationssystemen, die genau an dem Benutzer vorbei konstruiert wurden, und die man in der Tat dann als Zahlenfriedhof oder Datenfriedhof bezeichnen kann. Nun ist die Frage der Feststellung des Informationsbedarfs eine weitestgehend ungeklärte. Und wenn ich dann immer so höre, wenn wir auf Konferenzen sind und diese Frage wird angesprochen, wie dann einer aufsteht und sagt 'ja, da müssen wir zunächst einmal eine ganz groß angelegte Informationsbedarfsanalyse machen', dann kann man immer nur anfangen, laut zu lachen. Denn so etwas ist überhaupt nicht durchführbar, weil es erstens viel zu teuer ist, vielzuviel Menschen braucht und vielzulange dauert und zweitens weiß man schon vorher, daß die Ergebnisse wahrscheinlich unbrauchbar sind; denn fragen Sie mal jemanden, was er von dem Informationssystem wissen will, das kann Ihnen ja keiner sagen. Ich muß hier eine Einschränkung machen, der Steuerbeamte, der die Einkommensteuererklärung zu bearbeiten hat, hat natürlich einen ganz genau definierten Informationsbedarf, den man erfüllen kann.

Aber das, was Sie als Gestaltungsaufgaben bezeichnet haben, ist natürlich sehr unklar. Deswegen gehen wir in unserem Bereich bei der Konstruktion eines Systems immer davon aus, zunächst einmal aus unserem Fachwissen heraus ein Informationsangebot zu machen, das wir anbieten können; wir arbeiten dann in stetigem Kontakt mit dem Benutzer zusammen und verbessern die Informationsdienstleitung.

Dierstein: Diese Frage hat mich eigentlich schon bei der Vorbereitung der Tagung bewegt, ich habe mich aber nicht geäußert, weil es mir doch zu gefährlich erschien. Die ganze Tagung baut offensichtlich auf der These auf: 'Information ist gut'. Das

Problem aber, was wir mit einem Zuviel an Informationen anfangen, ist bisher nicht behandelt worden. Die Frage:"Wie verhalten wir uns eigentlich, wenn wir zuviel Information kriegen?" ist bislang offen geblieben. Was Herr Massat soeben sagte, scheint eine Antwort zu sein: "Habe ich eine zu große Menge von Information, finde ich mich nicht mehr durch, so frage ich den Herrn von gegenüber, was denn seine Meinung dazu ist."

Das Problem der Informationsselektion darf nicht unterschätzt werden. Informationsselektion kann bis zur Ablehnung jeder weiteren Information gehen. So wenn etwa ein Wissenschaftler sich solange über die vorhandene Literatur zu einem Problem informiert, bis er in der Informationsflut zu ersticken droht und deshalb beschließt, ohne jede weitere Information selbst dies Problem zu lösen.

Zöllner: Sie sagten, daß Sie über die Zunahme der informellen Kommunikation verwundert seien. Information wird leider allzuoft als das Aufbauschen von Inhalten verstanden. Informationsweitergabe, Kommunikation ist immer auch die Befriedigung eines sozialen Bedürfnisses. Der Computer kann dieses Bedürfnis nicht befriedigen. Das ist etwas, was die meisten Menschen nicht sehen, dieses sozial-pragmatische Bedürfnis nach Information.

Fiedler: Ich habe noch eine kleine Bemerkung, die zugleich wieder auf den letzten Podiumsredner und das Bundesinformationssystem zurückführt. Die Frage nach Informationszentren ist ja gerade nach dem, was wir gestern von Herrn Grochla - und wie ich glaube mit Recht - gehört haben, nicht einfach mit ja oder nein zu beantworten; das hieße, nur zwei Klassen zuzulassen. Grochla hat ja vielmehr mit Recht bereits am Anfang eine Differenzierung eingeführt, etwa danach, welche Funktionen zentralisiert bzw. einbezogen werden können in ein Informationssystem.

Und unter diesem Aspekt sollten wir eigentlich auch die Ergebnisse und Beiträge unserer Podiumsdiskussion betrachten und nachträglich differenzieren und relativieren. Das gilt auch für solche großen Projekte, wie etwa das Bundesinformationssystem.

Und noch etwas anderes ist mir aufgefallen, was man vielleicht noch aussprechen sollte, nämlich die Notwendigkeit einer Terminologie-Klärung. Ich erinnere an einige schon eingebürgerte klassische Begriffe, z. B. Informationsbereitstellung, Datenverwaltung, Informationszentren, Datenschutz usw. Man könnte diese Liste weiterführen. Ich glaube, daß Differenzen in der Terminologie sicher nicht beabsichtigt sind, halte sie aber trotzdem nicht für erfreulich. In der Diskussion führen sie tatsächlich zu falschen, mißverständlichen oder falsch gestellten Problemen. Ich glaube, eine Klärung der Terminologie wäre in unserem Bereich sehr erwünscht und ein Beitrag zu einer ganz nützlichen Standardisierung.

Weigand: Wir haben bei der Benutzerforschung und bei der Analyse von Entscheidungsprozessen festgestellt, daß die durch Informationsversorgung gekennzeichneten Entscheidungsprozesse eine geringere Effizienz hatten als solche, die gekennzeichnet waren durch Informationsnachfrage. Wir erklären es damit, daß der versorgte bzw. "überversorgte" Mitarbeiter eine besondere Abwehrreaktion entwickelt. Dieses Problem ist geringer, wenn man auf seine Informationsnachfrage wartet. Dann ist er bereit, die Informationen aufzunehmen. Deswegen unsere praxeologische Konsequenz: Schaffung von Informationssystemen aktiver Art, **die** Information über Informationsmöglichkeiten anbieten. Diese Metainformation gilt es, im Sinne der gestern angesprochenen Marketing-Idee zu "vertreiben".

Lutterbeck: Ich will noch eine Anmerkung machen zu dem Terminologie-Vorschlag und gleichzeitig einen Vorschlag für Ihre Arbeit im Fachnormenausschuß. Wir haben vom Innenministerium aus einen Werkvertrag vergeben, der ein terminologisches Gutachten über das Begriffsfeld Daten, Typologie von Daten und Informationssysteme zum Inhalt hat. Ich glaube, Herr Dr. Hänse aus unserem Hause hat Sie bei seiner letzten Sitzung bereits davon unterrichtet. Wir haben es bisher nur in den obersten Bundesbehörden und in einigen Landesministerien herumgeschickt. Es soll ein erster Versuch sein, innerhalb der Bundesverwaltung zu einer etwas einheitlicheren Sprache auf dem Gebiet der Daten- und Informationssysteme zu kommen. Was da herausgekommen ist, war natürlich - und das wußten wir von vornherein - ein noch recht theoretischer, sehr gründlicher und systematischer Abriß, der so in der Verwaltung natürlich nicht brauchbar ist. Die dort sehr gründlich vorgenommenen und schwierig zu lesenden Definitionen lassen sich natürlich in der Verwaltung nicht einführen. Aber wir wollen doch versuchen, daraus etwas zu machen, was auch der normale Verwaltungsapparat dann in seiner praktischen Verwaltungsarbeit gebrauchen kann, und wir werden das Material in den Normenausschuß geben.

Schmitz: Meine Damen und Herren gestatten Sie mir, daß ich die Podiumsdiskussion beende. Ich möchte nicht versuchen, die Ergebnisse dieser Diskussion noch einmal zusammenzufassen, weil die Problematik der angesprochenen Themen doch zu heterogen war und im Hinblick auf unsere Fragestellungen nur Teilaspekte behandelt werden konnten.

Wir haben, als wir die Tagung konzipierten, einen Zielkatalog von Themen aufgestellt, die unserer Meinung nach in dieses Tagungsthema hineinpassen. Wir haben, wie nicht anders zu erwarten, nur einen ganz kleinen Ausschnitt des vorgestellten Themenkatalogs hier ansprechen können. Meiner Meinung nach ist das wesentliche Ergebnis kurz zusammengefaßt das folgende.

Im Grunde genommen sind Informationszentren, wenn überhaupt, erst im Aufbau begriffen. Es besteht eine dringende Notwendigkeit, im Hinblick auf die Schaffung von effizienten Informationszentren eng zusammenzuarbeiten. Diese Tagung war eine Demonstration einer Zusammenarbeit zwischen zwei Gesellschaften, die bisher gewissermaßen getrennte, unterschiedliche Pole darstellten. Es ist notwendig, diese Kooperation weiterzuführen, und ich meine, sie sollte über die Landesgrenzen hinaus geführt werden. Wir können sicher von anderen Ländern, insbesondere von den USA, noch sehr viel lernen und sollten von der üblichen deutschen Auffassung abgehen, alles selbst und gründlich von vorne an noch einmal durchzuführen. Was insgesamt oder mit einem Wort zu dieser Tagung zu sagen ist, das hat der Kölner Stadt-Anzeiger heute morgen veröffentlicht. Da steht unter der Überschrift 'Fleischpreise beim Computer erfragen' eine Abhandlung der auf der gestrigen Pressekonferenz gemachten Ausführungen, die vom Inhalt her sehr ordentlich ist. Aber unter dieser Überschrift möchte ich es nicht getan haben.

Die Gesellschaft für Informatik und das Betriebswirtschaftliche Institut für Organisation und Automation hoffen, daß Ihnen die Tagung einigen Nutzen und einige Anregungen für Ihre praktische Arbeit gebracht hat.

Ich möchte damit schließen und Ihnen eine gute Heimfahrt wünschen. Vielen Dank !

ADRESSEN DER AUTOREN

Berg, Dr. Malte von
Forschungsstelle für jur. Informatik und Automation der Universität Bonn
53 Bonn
Lennestr. 35

Boskma, Dr. K.
Faculteit der Economische Wetenschappen
Rijksuniversiteit
Groningen
Hoogbouw W.s.N.
Universiteitscomplex Paddepoel
Postbus 800
Niederlande

Bosman, Prof. Dr. A.
Rijksuniversiteit
Groningen
Hoogbouw W.s.N.
Universiteitscomplex Paddepoel
Postbus 800
Niederlande

Brinckmann, Dr. H.
Fachgebiet für Öffentliches Recht der Technischen Hochschule
61 Darmstadt
Hochschulstr. 1/III

Griese, Dr. J.
Lehrstuhl für Betriebs- und Wirtschaftsinformatik an der Universität
85 Nürnberg
Weidenkellerstr. 8

Grimmer, Prof. Dr. K.
Organisationseinheit Gesellschafts- und Erziehungswissenschaften der Gesamthochschule Kassel
35 Kassel
Heinrich-Platt-Str. 40

Holtham, C. W.
County Treasurer's Department
Berkshire County Council
Shire Hall
Reading RG1 3EX
England

Lenk, Dr. K.
Fachbereich Rechtswissenschaft der Johann-Wolfgang-Goethe-Universität Frankfurt/Main

6 Frankfurt/Main
Senckenberganlage 31

Lutterbeck, E., Reg. Dir.
Bundesministerium des Inneren

53 Bonn
Postfach

Massat, Dipl.-Volksw. D.,
Leiter des Finanzverwaltungsamtes der Stadt Osnabrück

45 Osnabrück
Gutenbergstr. 36

Pärli, Dipl.-Kfm. Dr. H.
Geschäftsführer des Math. Beratungs- u. Programmierungsdienst (MBP)

46 Dortmund
Kleppingstr. 26

Poths, Dipl.-Wirtsch.-Ing. W.
Verein deutscher Maschinenbauanstalten (VDMA), Abt. Informatik, Frankfurt

6 Frankfurt 71
Lyonerstr. 18

Rave, Dr. D.
Institut für DFV der Gesellschaft für Mathematik und Datenverarbeitung (GMD)

61 Darmstadt
Rheinstr. 75

Sackman, Prof. Dr. H.
Information Sciences and Mathematics Department, Rand Corporation

1700 Main Street
Santa Monica

California 90406

U.S.A.

Schmitz, Prof. Dr. P.
Prof. für Informatik an der Universität zu Köln und Direktor des Rechenzentrums der Universität zu Köln

5 Köln 41

Berrenrather Str. 136

Schneider, J.
Mitarbeiter an der Universität München, freier Mitarbeiter bei der Siemens AG, ZN München

8 München
Oettingerstr. 55

Schrammel, D.
Lehrstuhl für Betriebs- und Wirtschaftsinformatik an der Universität Nürnberg

85 Nürnberg
Elsa-Brandström-Str. 21

Schröder, Dipl.-Ing. J. L.W.
Hauptabt. DFV der DATEL GmbH

61 Darmstadt
Nieder-Ramstädter Str. 18

Steinchen, Dipl.-Volksw. J.
Lehrstuhl für Betriebsinformatik an der Universität Erlangen-Nürnberg

85 Nürnberg
Noriker Str. 19 B3/3

Steinmüller, Prof. Dr. W.
Professor an der Universität Regensburg
Fachbereich Rechtswissenschaft

84 Regensburg
Postfach 397

Stöckle, Dr. J., Reg.-Dir.
Innenministerium des Landes Hessen

65 Mainz
Moltkestr. 6

Uhlig, Dr. S., Regierungsdirektor
Bundesministerium der Justiz

53 Bonn-Tannenbusch
An der Düne 13

Windolph, Dr. A.
c/o Schimmelpfeng GmbH

6 Frankfurt/Main 16
Am Hauptbahnhof 6

Zangemeister, Priv. Doz. Dr. habil. C.
c/o WEMA-Institut für emp. Sozialforschung, Informatik und angewandte Kybernetik, Dr. Schmelzer KG

5 Köln 51
v.-Groote-Str. 34

Lecture Notes in Economics and Mathematical Systems

Vol. 48: M. Constam, FORTRAN für Anfänger. VI, 148 Seiten. 1973. DM 16

Vol. 65: W. Everling, Exercises in Computer Systems Analysis. VIII, 184 pages. 197
DM 18,–

Vol. 68: J. Loeckx, Computability and Decidability. An Introduction for Students
Computer Science. VI, 76 pages. 1972. DM 16,–

Vol. 75: GI-Gesellschaft für Informatik e. V. Bericht Nr. 3. 1. Fachtagung über P
grammiersprachen. München, 9.–11. März 1971. Herausgegeben im Auftr
der Gesellschaft für Informatik von H. Langmaack und M. Paul. VII, 2
Seiten. 1972. DM 24,–

Vol. 78: GI-Gesellschaft für Informatik e. V. 2. Jahrestagung, Karlsruhe, 2.–4. C
tober 1972. Herausgegeben im Auftrag der Gesellschaft für Informatik v
P. Deussen. XI, 576 Seiten. 1973. DM 36,–

Vol. 81: Advanced Course on Software Engineering. Edited by F. L. Bauer.
545 pages. 1973. DM 32,–

Vol. 83: NTG/GI-Gesellschaft für Informatik, Nachrichtentechnische Gesellsch
Fachtagung „Cognitive Verfahren und Systeme“, Hamburg, 11.–13. Ap
1973. Herausgegeben im Auftrag der NTG/GI von Th. Einsele, W. Gi
und H.-H. Nagel. VIII, 373 Seiten. 1973. DM 28,–